北京市属市管高等学校人才强教计划资助项目
PHR（IHLB）项目编号：PXM2007－014223－044631

中国出版业绩效评估研究

王关义　华宇虹　等著

中国财政经济出版社

图书在版编目（CIP）数据

中国出版业绩效评估研究/王关义等著．—北京：中国财政经济出版社，2010.5

ISBN 978－7－5095－2202－8

Ⅰ.中…　Ⅱ.王…　Ⅲ.出版工作－评价－研究－中国　Ⅳ.G239.2

中国版本图书馆CIP数据核字（2010）第072013号

责任编辑：周桂元　　　　责任校对：胡永立
封面设计：嘉泰利德　　　　版式设计：董生萍

中国财政经济出版社 出版

URL：http：//www.cfeph.cn

E－mail：cfeph＠cfeph.cn

社址：北京市海淀区阜成路甲28号　邮政编码：100142

发行处电话：88190406　财经书店电话：64033436

北京财经印刷厂印刷　　各地新华书店经销

787×960毫米　16开　17.25印张　270 000字

2010年9月第1版　2010年9月北京第1次印刷

定价：34.00元

ISBN 978－7－5095－2202－8/F·1748

（图书出现印装问题，本社负责调换）

本社质量投诉电话：010－88190744

项目承担单位：

北京印刷学院

项目主持人：

王关义

教授，管理学博士

北京印刷学院校长助理兼出版传播与管理学院院长

北京出版产业与文化研究基地主任

国家“653”工程专家委员会委员

中国企业管理研究会副理事长

首都企业改革与发展研究会监事

中国数量经济学会理事

北京市新闻出版行业领军人才

北京市优秀教学团队带头人

北京市拔尖创新人才

项目组成员：

华宇虹　何志勇　谢　巍

目　录

第一章　企业经营绩效评价相关理论 ……………… (1)

第一节　企业绩效评价理论 ……………… (1)
第二节　产权理论 ……………… (10)
第三节　转型经济理论 ……………… (17)
第四节　增长极理论 ……………… (24)

第二章　中国出版业发展：现状、趋势与变革 ……………… (31)

第一节　中国出版业发展现状 ……………… (32)
第二节　中国出版业发展面对的挑战与对策 ……………… (38)

第三章　新闻出版业上市公司绩效现状 ……………… (46)

第一节　概述 ……………… (46)
第二节　新华传媒 ……………… (49)
第三节　出版传媒 ……………… (62)
第四节　时代出版传媒股份有限公司 ……………… (74)
第五节　粤传媒 ……………… (91)

第四章　新闻出版企业绩效影响因素分析 …………………（107）

第一节　外在绩效影响因素分析 …………………………（107）
第二节　企业内部绩效影响因素分析 ……………………（120）

第五章　新闻出版业绩效评估指标体系 ………………（133）

第一节　概述 …………………………………………（133）
第二节　出版社绩效评价指标体系 ………………………（140）
第三节　期刊杂志社绩效评价指标体系 …………………（145）
第四节　报社绩效评价指标体系 …………………………（148）
第五节　发行企业绩效评价指标体系 ……………………（152）
第六节　印刷企业绩效评价指标体系 ……………………（156）

第六章　改善新闻出版企业经营绩效的若干建议 …………（161）

第一节　新闻出版企业绩效管理中存在的问题 ……………（161）
第二节　建立完整的绩效管理运行机制 …………………（169）
第三节　建立战略导向的绩效考评与激励机制 ……………（172）
第四节　加强绩效导向的财务管理 ………………………（181）
第五节　绩效导向的企业文化创新 ………………………（187）

附　　录 ……………………………………………………（194）

后　　记 ……………………………………………………（266）

第一章

企业经营绩效评价相关理论

企业绩效评价是为了实现企业的生产目标，运用特定的指标体系，按照统一的评价标准，采用一定的科学方法，对企业在生产经营过程中所取得的业绩进行定性分析和定量计算。绩效评价是为企业的经营管理服务的，对企业的经营起着导向性作用，直接关系到企业核心竞争力的形成与保持，影响着企业的生存与发展。新闻出版行业作为文化事业的重要组成部分，其体制改革一直受到多方关注，出版单位在改革过程中及改革后的经营绩效状况也成为改革的重要成果之一，对出版企业经营绩效评价的探讨有着重要的现实意义。经营性出版单位转制为企业，其经营绩效评价的理论依据也与其他行业企业相似，因此本章主要进行相关理论综述。

第一节　企业绩效评价理论

一、国外企业绩效评价理论演进

（一）国外企业绩效评价理论研究脉络

国外关于企业经营绩效评价问题的研究起步较早，取得了不少研究成果，不仅为后续研究奠定了坚实的理论基础，也积累了丰富的实践经验。国外企业绩效评价理论研究脉络，简要归纳可见表1－1。

表1－1　国外企业绩效评价理论研究脉络

研究基础	主要成果	备注
企业绩效评价设计的内容	亚历山大·沃尔在《财务报表比率分析》中提出7个标准比率	仅将财务比率指标纳入研究范围
	英国管理学家罗斯（1932）提出了评价部门绩效的思想，将评价范围扩展到战略、财务、管理	不仅仅局限于财务比率指标，拓展了评价范围
	杰克逊·马丁德尔（1955）提出了一套比较完整的管理能力评价指标体系，将研究范围拓展到企业的社会贡献、组织结构、研究开发等新的领域	提出较为完整的管理能力评价指标体系，但由于内容较多，仅限于使用访谈的形式，采用定性分析
	著名管理学家德鲁克（1960）经过实证研究将评价指标简化为8个，提出目标管理（MBO），关注企业的社会责任和企业的长期稳定程度	简化评价指标
	Kelvin Cross 和 Richard Lynch（1989）提出了将总体战略与财务和非财务信息结合起来的业绩评价系统	强调了组织战略在确定业绩指标中的重要作用
	1990年美国著名管理会计学家罗伯特·S. 卡普兰和戴维·P. 诺顿（1992，1993，1996）提出了用于企业战略经营业绩衡量与评价的指标体系——战略平衡计分卡	确立了以顾客、企业经营、创新和学习能力及财务效益为内容，涉及利益相关者的绩效评估体系
采用数理分析方法进行评价	Fisher，Hotelling（1930）开创了主成分分析法，将多元统计分析纳入评价理论	主成分分析法
	美国运筹学家 T. L. Saaty（1977）提出层次分析法，完成了从定性分析到定量分析的过渡，后在此基础上又提出了网络分析法	网络分析法
	美国运筹学家 A. Charnes 等人以相对效率概念为基础，以凸分析和数学规划为工具开创了数据包络分析法	数据包络分析法

续表

研究基础	主要成果	备　　注
采用数理分析方法进行评价	美国自动控制专家 L. A. Zadeh（1995）提出了模糊数学理论，进而开创了模糊评价法	①客观地按综合分值进行评价和排序；②对评定对象划分等级

资料来源：曲亮："企业经营绩效评估研究综述"，《经济师》，2004 年第 7 期，第 139—140 页。作者加以整理。

（二）国外企业绩效评价研究的发展阶段

随着企业经营环境的变化，国外对企业绩效评价理论与方法的研究与探索经历了由传统的单纯财务评价体系发展到财务评价与非财务评价相结合的综合评价体系的过程。企业仅仅依赖财务指标很难在激烈的市场竞争中胜出，必须培育自身持续发展的核心竞争力。从发展阶段来看，国外企业绩效评价经历了四个过程，见表 1－2。

表 1－2　　国外企业绩效评价的发展阶段

阶　　段	时　　间	主要特点
第一阶段	19 世纪以前	观察性绩效评价
第二阶段	工业革命后—20 世纪初	统计性绩效评价
第三阶段	20 世纪初—20 世纪 90 年代	财务性绩效评价
第四阶段	20 世纪 90 年代后	战略性绩效评价

资料来源：彭熠："我国农业上市公司经营绩效研究——基于转型经济背景的分析"，浙江大学博士学位论文 2006 年，第 14 页。

（三）绩效评价指标的演进过程

1. 绩效评价指标的改进。绩效评价体系的变革过程其实也是绩效指标的改进过程，国外企业绩效评价指标体系的发展主要经过了两个阶段，见表 1－3。指标体系的发展伴随着绩效评价指标的演进，从 20 世纪 70 年代开始，很多学者对企业绩效评价采用的指标进行了研究和探讨，简要总结见表 1－4。

表 1－3　　国外企业绩效评价指标体系的发展过程

阶段	时间	名称	经营绩效评价指标	特　点
第一阶段	19 世纪初至 20 世纪初	成本绩效评价时期	成本	标准成本制度的建立实现了成本控制，提高了劳动生产率。标准成本的执行情况和差异分析结果成为该时期评价企业经营绩效的主要工作
第二阶段	20 世纪初	综合绩效评价时期	投资回报率、销售利润率、资产周转率等	20 世纪 80 年代后，形成以财务指标为主的绩效评价体系；20 世纪 90 年代，企业追求价值最大化，强调股东财富最大化，影响企业战略性竞争优势的重要因素（如每股收益等）也被纳入企业绩效指标评价体系

资料来源：彭熠："我国农业上市公司经营绩效研究——基于转型经济背景的分析"，浙江大学博士学位论文 2006 年，第 14、15 页。曲亮："企业经营绩效评估研究综述"，《经济师》，2004 年第 7 期，第 139 页。作者加以整理。

表 1－4　　绩效评价指标演进表

时间（年）	学者/提出者	主要指标
1975	Campbell	19 种标准，其中常用的 5 种是：生产力、整体绩效、员工满意度、利润或投资报酬率、员工流动率
1993	Woo & Willard	提出 14 种常用的衡量变量
1986	Venkatraman, Ramanunijarn	提出三类不同范围的绩效衡量指标体系：财务性绩效、企业绩效、组织绩效
1996	Delaney, Huselid	采用相对绩效的衡量方式，把绩效衡量分为两部分：组织绩效、市场绩效
1981	Lindenberg & Ross	托宾 Q（Tobin' s Q）值，Tobin' s Q = 公司市场价值 ÷ 有形资产的重置成本，考虑了货币的时间价值
20 世纪 80 年代	Stern Stewart 管理咨询公司	经济附加值（Economic Valued Added, EVA），指企业资本收益与资本成本间的差额。实际上是在对公司净利润进行调整的基础上，扣除公司资本的机会成本，用于衡量企业财富的增加量

续表

时间（年）	学者/提出者	主要指标
1998	罗伯特·卡普兰	提出综合平衡计分卡（The Balanced－scorecard，BSC），包括财务、客户、内部运作过程、学习与成长四个层面
2000	安迪尼利等	提出绩效棱柱的概念。绩效棱柱是一个以利益相关者为中心的业绩评价体系，它用棱柱的五个面代表公司业绩评价的五个方面：即利益相关者的满意、贡献、战略、流程和能力，五个方面具有内在联系

资料来源：彭熠："我国农业上市公司经营绩效研究——基于转型经济背景的分析"，浙江大学博士学位论文2006年，第15页。作者加以整理。

企业绩效评价指标体系在演进的过程中，先后经历了单一指标衡量绩效（如净资产收益率、投资回报率等）和多重指标衡量绩效（如平衡计分卡Balanced－scorecard，BSC等）的过程，指标体系改进的过程也是对企业绩效评价逐渐全面的过程。

2. 平衡计分卡。在多种企业绩效评价指标体系中，平衡计分卡（The Balanced Scorecard）是一种重要的评价体系，该体系是由美国国际复兴方案国际咨询企业创始人兼总裁诺顿和哈佛商学院领导开发课程教授罗伯特·卡普兰提出的一种战略管理绩效评价工具。平衡计分卡包含六个要素，分别是角度、目标、绩效指标、目标值、行动方案、任务。角度是观察组织和分析战略的视点或镜头，每个角度都包含战略目标、绩效指标、目标值、行动方案和任务等部分；目标是由公司战略分流出来的关键战略目标，每一个战略目标都包括一个或多个绩效指标；指标是衡量公司战略目标实现结果的定量（或定性/主观）的尺度；目标值是对期望达到的绩效目标的具体定量要求；行动方案和项目类似，它由一系列相关的任务或行动组成，目的是达到每个指标的期望目标值；任务是执行战略行动方案过程的特定行为①。

平衡计分卡是对传统绩效管理系统的完善和发展，它既保留了财务方面的内容，又增加了一些非财务内容，弥补了单一财务业绩考核指标体系

① 刘建波："基于平衡计分卡的企业经营绩效管理体系研究"，《经济师》，2007年第2期，第182页。

的不足，主要包括四类指标：财务经营绩效指标，顾客导向经营绩效指标，企业内部营运及技术指标，学习、创新与成长指标，各类指标的具体内容见表1－5。

表1－5　　平衡计分卡四类指标及内容

指　标	内　容
财务经营绩效指标	企业为股东创造的投资利润
顾客导向经营绩效指标	企业为顾客创造消费与接受服务的价值
企业内部营运及技术指标	企业提高内部作业、产品质量、技术水准、生产率以及加速交货的衡量指标
学习、创新与成长指标	员工与产品创新和增加附加价值的衡量指标

资料来源：华金秋："美国企业经营绩效平衡表：一种革命性的评价工具"，《管理现代化》，2001年第6期，第58页。

平衡计分卡中的四类指标密切相连，该体系开创性地把顾客作为一个考核角度来衡量企业经营绩效，把财务目标这一经营结果与顾客价值和顾客满意这一财务结果的原因联系在一起；该体系不仅关注财务目标这一经营结果，同时关注经营过程（如企业内部营运及技术指标），并关注经营过程的支持要素——学习、创新与成长。平衡计分卡全面地考察了企业经营过程和经营结果，重视企业运营发展的多重因素，评价指标相互关联，成为一个评价企业绩效的系统整体。平衡计分卡注重战略和企业的长远发展，体现了对战略理解和执行的统一性和一致性，不仅仅是评价过去的绩效成果，更起到了促进企业绩效发展的重要指导作用。

二、国内企业绩效评价理论演进

（一）国内企业绩效评价体系指导原则

从20世纪90年代以来，因计划经济体制下的考评方法不再适用于转轨经济的需要，在对国外的企业绩效评价方法进行深入研究后，结合我国的实际情况，财政部于1993年颁布了《企业财务通则》，于1995年又对其进行改进，颁布了《企业经济效益评价指标体系（试行）》，由于这套评价考核指标不能满足新形势发展的需要，1999年，财政部等四部委又颁布了《国有资本金绩效评价规则》，后又进行修订，2002年，财政部等五部委颁布了《企业绩效评价操作细则》，见表1－6。

表1－6　　国内企业绩效评价体系指导原则及简评

时间	文件名称	主要内容	主要指标	简　评
1993年	《企业财务通则》	企业绩效评价指标体系由8项指标组成。分别从偿债能力、营运能力和获利能力三方面对企业的经营业绩进行评价	资产负债率、流动比率、速动比率、应收账款周转率、存货周转率、资本金利润率、销售利税率、成本费用利润率	该指标体系中的各项指标都是财务指标，对企业绩效的评价不全面
1995年	《企业经济效益评价指标体系（试行）》	由财政部在1993年的指标体系的基础上制定和颁发，这套指标有10项	销售利润率、总资产报酬率、资本收益率、资本保值增值率、资产负债率、流动比率（或速动比率）、应收账款周转率、存货周转率、社会贡献率、社会积累率	评价的范围和内容有所增加，但该指标体系仍以财务指标为主，未将非财务指标纳入体系，难于对无形资产进行评价
1999年6月	《国有资本金绩效评价规则》	财政部等四部委联合颁发，设计了工商类竞争性企业绩效评价指标体系。这套指标共32个	重点评价企业资本效益状况、资产经营状况、偿债能力状况和发展能力状况4项内容	对国有企业的绩效评价进行了重新规范，形成了财务指标与非财务指标相结合的评价体系，但以财务指标为核心的思想观念仍较明显
2002年2月	《企业绩效评价操作细则》	财政部等五部委根据《国有资本金绩效评价规则》进行修订，将企业绩效评价指标体系由32项指标调整为28项	企业绩效评价指标由反映企业财务效益状况、资产营运状况、偿债能力状况和发展能力状况四方面内容的基本指标、修正指标和评议指标三个层次共28项指标构成	关注企业的社会责任和企业的可持续发展，注重对企业创新能力和社会贡献能力的评价

（二）国内绩效评价体系理论研究演进

我国对于企业经营绩效评价的研究也基本沿袭了西方的发展脉络，但由于我国研究起步较晚，在相当长一段时间里都是在引进和吸收国外的先进方法，用以服务于政府发展工业、提高企业生产经营效率。因此，我国的企业绩效考核评价研究探索过程是随着国民经济的发展及经济体制的变化而渐进的。我国绩效评价理论研究主要经历了五个时期，见表1－7。

表1－7　国内绩效评价理论研究的五个时期

序号	时间	评价方法	采用指标	政府规范	发展中的局限性
第一时期	20世纪70年代以前	以实物产量为核心的评价方法	固定资产产值、利润总额完成率、销售利润率、资金利润率等	无	计划经济时代，政府对照指令性生产计划考核产品产量和质量，使企业缺乏效率
第二时期	改革开放初期	以产值和利润为主的评价方法	总产值、上缴利润、销售收入利润率、实现利润及增长率等16项指标	1982年国家经委等6部委制定“企业16项主要经济指标”	避免了单一指标的片面性，但是缺乏对指标重要程度的区分
第三时期	1991—1995年	注重经济结构和效益的评价方法	资产负债率、成本费用利润率、流动比率、销售利税率等8项指标	1993年国家颁布《企业财务通则》	采用了相对性比率指标，更具科学性，但指标不够全面
第四时期	1995—1999年	注重企业社会贡献的评价方法	资本收益率、流动比率、存货周转率、社会贡献率和社会周转率等10项指标	1995年国家颁布《企业经济效益评价指标体系（试行）》	缺乏反映企业成长性的指标，标准行业划分不细致，降低评价实践的适应性
第五时期	1999年至今	注重企业整体绩效，采用财务和非财务指标相结合的评价方法	基本指标、修正指标和评价指标三个部分，共32个指标	1999年财政部等四部委颁布《国有资本金绩效评价规则》	初步建立财务指标和非财务指标相结合的企业绩效评价指标体系，还需不断完善

资料来源：曲亮：“企业经营绩效评估研究综述”，《经济师》，2004年第7期，第139—140页；刘江峰、夏云：“企业绩效评价的理论与方法综述”，《企业经济》，2005年第6期，第88—89页。作者加以整理。

（三）国内绩效评价理论总结

自20世纪90年代以来，财政部等部委先后颁布了多项文件用于指导企业的绩效评价，评价指标体系从单一的财务指标发展成为多项综合指标，经过修正，指标体系不仅包括传统的财务指标，更注重对企业的社会贡献的评价，用政策指导企业提高经营绩效，促进企业的可持续发展。国内学者在企业经营绩效方面的理论研究主要有三方面：一是介绍国外成熟理论，因此，很多成果是以理论综述的形式呈现，在引入国外理论的基础上进行本土化，以期结合中国国情、构建中国企业绩效评估体系。二是从企业经营绩效的影响因素方面进行探索，如马丕玉、马永强以零售企业为研究对象，分析了企业规模、经营管理水平、资产运营能力等因素对不同业态零售企业的影响，认为经营管理水平的提高是企业改善绩效状况的关键。三是立足于具体的行业企业来探讨企业经营绩效评价模式，如杨宗昌、许波对电信企业集团经营绩效考评方法的探索，杨小平、巫绪芬、汪世贵对烟草行业经营绩效评价的思考，郝清民对煤炭行业上市公司绩效评价的分析和实证研究，彭熠对农业行业上市公司经营绩效的研究等。其中，也有学者针对出版行业进行绩效评价研究，如张志成、李治堂对我国图书发行行业的绩效分析，吴仁群对平衡计分卡在出版行业绩效评价中的应用的探讨，林慧南针对广西出版行业的绩效评价分析。

但是，从总体上来看，现有的研究中仍然存在一些不足，根据孙永风、李垣以及曲亮等学者的相关研究成果，这些不足具体表现在以下几个方面，见表1－8。

表1－8　　国内企业绩效评价理论研究的不足

存在的问题	解　释
评价内容选择与设计缺乏整体性，忽视不同评价内容间的关系	在企业具体运作时如何按照企业实际情况选择不同评价内容的研究相对缺乏，如何结合中国企业的实际情况建立能够帮助企业改善其经营业绩和多方评价主体要求的评价指标体系的工作相对缺乏。同时，以往的研究忽视了不同评价内容之间的相互关系。以往研究比较多的关注关键指标的分析和提取，相对忽视不同层次指标在经济关系上的内在联系

续表

存在的问题	解　释
对于企业经营利益相关者的层次和信息需求仍然没有形成较为全面的认识，没有明确提出基于利益相关者的关键指标群	以往研究比较多地把目光聚集在利益相关者的组成和价值需求上，甚至将其等同于企业的社会价值，相对忽视了利益相关者所处的不同层次和不同信息需求。在确定关键指标群的问题上，只是沿袭国外有关理论进行本土化，尤其缺少在公司治理结构和战略运营两个角度探索企业绩效指标的研究
缺乏对企业绩效评价机制的系统性研究	在研究视角和研究框架上，缺乏一个基于系统分析思想的开放式分析框架，往往忽视评价过程本身存在的不确定性等所产生的机制问题，从而降低了评价工作的有效性，没有形成综合性的企业绩效评价理论

资料来源：曲亮："企业经营绩效评估研究综述"，《经济师》，2004 年第 7 期，第 139—140 页；孙永风、李垣："企业绩效评价的理论综述及存在的问题分析"，《预测》，2004 年第 2 期，第 46—47 页。作者加以整理。

通过本节对国内外企业绩效评价理论的梳理，我们发现，企业绩效评价体系的构建离不开绩效指标的确定。对新闻出版行业来说，在财政部等五部委制定的《企业绩效评价操作细则》的指导下，结合平衡计分卡等绩效衡量指标来确定绩效评价指标体系，将对新闻出版企业提高经营绩效起到一定的推动作用。

第二节　产权理论

产权是以价值为基础的一种权利关系，产权与资源配置、效率等问题紧密相关。在新闻出版产业改革的过程中，对现有产权制度的分析必不可少。随着新闻出版业改革的逐渐深化，如何创新出版业产权制度，实施产权改革和制度创新，优化产权结构，并最终实现新闻出版业资源配置的优化，进而实现新闻出版企业绩效的提高，成为改革的重要课题。

一、对产权范畴的界定

产权即财产权利，是财产权（property rights）的泛称。由于人们研究的侧重点和视角不同，对它的内涵与外延存在着不同的理解，见表1－9。

表1－9　　产权的内涵

概念的来源	产权的定义
巴斯夏	产权是建立在价值基础之上的一种关系，它的任务是为了人们的利益去不断扩大共同体的范围，进而引导所有的人从原始的平等，即穷困与愚昧的平等走向拥有福利和真理的最终的平等
加里·D. 利贝卡普	产权是一些社会制度。这些制度划定了个人对于某些特定的财产所拥有的特权的范围，决定了经济系统中谁是经济活动的参与者，并且界定了社会中财富的分配
《新帕尔格雷夫经济学大词典》(中文版1992)	“产权是一种通过社会强制而实现的对某种经济物品的多种用途进行选择的权利”，这个定义表明产权包括多种权利内容，它的实现需要借助政府的政策、法律和社会的道德规范等措施
科斯	产权是人们由于财产的存在和使用所引起的相互认可的行为规范以及相应的权利、义务和责任。科斯指出，“产权安排确定了每个人相对于物时的行为规范，每个人都必须遵守他人之间的相互关系，或承担不遵守这种关系的成本。”
菲吕博腾、配杰威齐	产权是由物的使用引起的人们的行为关系。产权分配格局，具体规定了人们与物相关的行为规范，每个人与他人交往都必须遵守此规范，或者为违反这些规范而付出代价。这样，社会中盛行的产权制度，便可以界定为每个人利用稀缺资源地位的一组经济和社会关系
阿尔钦	把产权视为人们在资源稀缺条件下使用资源的权利与规则。他指出，产权是一个社会所强制实施的选择经济品的使用的权利
德姆塞茨	从社会整体出发来考察产权关系，把个人产权与外部性效应联结起来，在资源稀缺导致竞争性需求的背景下，以加拿大东部印第安人（猎人）出现土地所有权为例来揭示产权的功能。他还指出，产权是一种社会工具，可以界定人们如何受益及如何受损，帮助人们形成与其他人进行交易时的合理预期
诺斯	产权是人口增长压力引起的一种制度安排。满足人类需要的动植物比较充裕时，对这些资源设置产权的成本，将超过带来的收益，于是自然资源被当作部落公共财产使用。当人口持续增长，部落成员为了获得公共财产资源而展开激烈竞争时，资源就会变得日益稀缺，使取得财产的成本提高，收益减少。为此，有必要建立和行使产权，规范人们获取财产资源的行为

资料来源：史小宁：“产权理论的演变：一个文献述评”，《经济研究导刊》，2007年第7期，第7—9页。作者加以整理。

综上所述，产权是一种与财产（对象物）有关而形成的人与人之间的经济权利关系，具体包含如下几个方面的内容：①产权离不开对象物财产，必须依托于财产而存在，但产权与对象物的关系又不等同于所有权与物的关系；②产权中涉及的关系是人与人之间的关系，而非人与物的关系，虽然这种关系与对象物（财产）密切相关，但核心在于人与人之间形成的经济社会关系；③这种人与人的经济社会关系离不开社会背景，是社会认可的权利，是得到法律或其他社会规则承认的正式的制度安排，无法超越政策、法律和社会道德而孤立存在。

二、西方产权理论述评

（一）西方产权理论的主要观点

20世纪30年代以来，以美国经济学家罗纳德·H. 科斯（R. H. Coase）为代表的经济学家，逐步建立起现代产权理论，在当代西方经济学中形成了产权经济学派，也被称为新制度经济学派。科斯发表的《企业的性质》和《社会成本问题》等论文被公认为西方产权理论的开山之作。其后，科斯的追随者如阿尔钦、德姆塞茨、威廉姆森、菲吕博滕和配杰威齐等为丰富与发展产权理论作出了重要贡献，其中，科斯定理是对科斯相关研究成果的重要总结，主要观点见表1-10。产权理论的主要研究内容包括产权起源、功能、属性、产权类型与效率的关系。产权理论遵循“稀缺性——产权排他性——效率”的分析框架，认为私有产权对于促进稀缺资源配置的效率是最优的。产权制度是经济运行的重要基础，产权制度的不同要求组织类型与之适应，并引起效率的差异，通常情况下，私有产权会带来较高的效率。政府干预和私有产权都是可供选择的产权制度，选择的标准在于能否将交易成本降到最低。[①] 产权明晰、投资主体多元化和利益主体多元化是市场经济体制的内在要求。产权是一组与交易机制有关的责权利关系，其主体明确，激励与约束共同体现在产权关系之中；产权这一制度形式，对现代社会市场经济有着非常重要的意义，是现代市场经济得以顺利运行的重要基础。产权是适应市场经济的发展要求而出现的

① 彭熠：“我国农业上市公司经营绩效研究——基于转型经济背景的分析”，浙江大学博士学位论文2006年，第18页。

经济范畴，现代产权制度是现代市场经济的本质要求。从根本上说，市场经济的全部活动都是以产权为基础并围绕产权来展开的。①

表 1－10　　科斯定理

科斯定理	主要观点
科斯第一定理	在交易成本为零的情况下，产权不论如何界定，通过市场交易所达成的资源配置都是最优的
科斯第二定理	在交易成本为正值的情况下，不同权利的安排会产生不同的效率

资料来源：彭熠："我国农业上市公司经营绩效研究——基于转型经济背景的分析"，浙江大学博士学位论文 2006 年，第 18 页。

（二）产权理论与国有企业绩效

西方产权理论重视价值形态的财产和无形财产的运作，强调通过明确和保障产权以节省交易费用，提高效率，对现代企业内部如何增强约束功能和激励功能，如何改善委托代理关系进行了有益的探索。此外，西方产权理论注重主体的研究范式使产权分析有可能深入到政府、企业、组织及其各方参与人。西方产权理论的重要应用领域之一就是企业制度分析，包括对企业组织管理体制的分析和比较，主要观点包括：独资企业、合伙企业、无限公司、有限公司、股份有限公司和两合公司等，是企业在历史上演化的不同形态，这些企业采取了不同的组织管理体制，这是由生产技术和产权结构不同所决定的。②

产权理论对国有企业的相关问题进行了研究，有关国有企业绩效问题形成了三派观点（见表 1－11），一类观点认为国有企业相对于私营企业具有天然的绩效劣势，即，国有企业通常会放弃利润最大化的目标，转而追求诸如充分就业、收入再分配以及政治稳定等社会和政治目标。另一类观点则不认为国有企业相对于民营企业具有天然的绩效劣势。还有一类观点认为，民营企业在公司治理方面比国有企业有可能做得更好。

① 范恒山："建立健全现代产权制度意义重大"，《人民日报》，2003 年 11 月 18 日。

② 陈霜华："西方产权理论评述"，《云南行政学院学报》，2002 年第 4 期，第 68—69 页。

表 1-11　　产权理论关于国有企业绩效研究的主要观点

基本思想	代表学者	主要观点
认为国有企业具有天然的绩效劣势	Boycko, Shleifer & Vishny (1996)	在有关民营化理论的研究中认为，政府官员通常会向国有企业施压，迫使其雇佣过多的劳动力
	Krueger (1990)	国有企业通常倾向于雇佣具有政府背景的人，而不是那些对工作最称职的人
不认为国有企业具有天然的绩效劣势	Vichers, Yarrow (1990)	正如国有企业一样，民营企业也存在委托—代理问题。因而，如果民营企业也存在严重的公司治理问题，那么民营企业的运作效率比国有企业的运作效率低就是完全有可能的
	Chang, Singh (1997)	既然国有企业与大型民营企业都存在官僚问题，且各自的监督机制并不完善，那么民营企业并不一定比国有企业管理得更好
民营企业比国有企业有高绩效	阿尔钦（Alchian，1965）	由于所有的公民都可以被视为国有企业的所有者，因而国有企业的产权远比民营企业的产权更加分散，结果导致更严重

资料来源：胡一帆、宋敏、张俊喜："竞争、产权、公司治理三大理论的相对重要性及交互关系"，《经济研究》，2005 年第 9 期，第 44—57 页。作者加以整理。

三、国内产权理论研究述评

（一）主要观点

我国学者在研究国内产权理论的过程中，都注意到在对西方产权理论借鉴的同时需要立足于中国国情，重点研究适应中国社会主义市场经济的产权制度，进而形成比较完善的产权理论。

有些学者关注我国从计划经济体制向市场经济的转型过程，例如，范恒山从产权制度与市场经济的关系的角度评述现代产权制度，认为产权是适应市场经济发展要求而出现的经济范畴，现代产权制度是现代市场经济的本质规定。从根本上说，市场经济的全部活动都是以产权为基础并围绕产权来展开的。市场经济这种经久不衰不断攀升的循环往复就是基于归属清晰、权责明确、保护严格、流转顺畅的产权制度的安排；史小宁从企业所有制的角度来辨析企业改制的优劣，认为不能简单地推断公有制、私有制孰优孰劣，例如股份制是现代企业的一种重要组织形式，有利于两权分离，有利于提高资本运作效率。它是一种混合所有制的实现形式，就不能笼统地说是公有还是私有，关键是利益相关者权责利的明确，并且它们都能够促进我国现代市场经济的发展。

也有学者将研究重点集中于通过产权制度改革和国有企业体制改革实践来构建有中国特色的产权理论。如，刘诗白认为，构建新的社会主义产权经济学，应该是在对社会主义的财产基本制度即公有制关系的本质和特征作深刻揭示、并通过有效的制度安排来维护这一基本制度的稳定性的基础上，把研究主题放在适应社会主义市场经济的产权制度的改革和创新上，其中心环节是主体产权的构建；苏星认为，以马克思主义经济理论为指导，建立适合中国情况的公有产权制度，不能照搬西方产权理论模式。马克思没有为我们准备现成的公有产权理论。我们只有通过国有体制改革实践，创造和积累经验，并且吸收西方产权理论中对我们有用的东西，才能逐步形成中国特色的社会主义公有产权理论。

我国的经济学者对竞争、产权改革、公司治理结构及它们对企业绩效的影响也做了大量的研究，主要研究成果见表1－12。

也有学者针对出版行业产权制度的相关问题进行了研究，张近乐、曾庆宾分析了我国出版业产权制度的现状及目前存在的问题，提出了创新出版业产权制度的思路和措施，为建立良好的出版业产权结构指出了努力的方向。姚德权、乔海曙认为，中国出版业改革已进入制度攻坚的新阶段，出版业进行产权改革具有三大功能。出版业的产权改革，可以借鉴国内外成功采用过的“黄金股”制度。出版业制度创新及资本运作可从产权多元化、产权流动化等方面逐步推进。朱建纲以湖南出版产业为对象进行分析，认为产业结构的优化以及正常运作是以产权结构的优化为前提的。

表1－12　国内产权理论对国有企业绩效的研究成果

主要观点	研究成果	学　者
理论观点	产权改革是提高国有企业绩效的关键	樊纲（1995） 张维迎（1995）
	国有企业效率不高的根源在于不公平竞争条件下形成的企业预算软约束，国企改革的关键在于为其创造公平的竞争环境	林毅夫等（1995）

续表

主要观点	研究成果	学　者
实证研究：股权结构与企业绩效有密切的关系	对中国上市公司的研究表明，国有控股比例越高的公司，绩效越差；法人股比例越高的公司，绩效越好；个人股比例与企业绩效基本无关	许小年（1997）
	随着第一大股东所持股权比例的增加，Tobin Q 值先是上升，当第一大股东所持股权比例达到50%后，Tobin Q 值开始下降	孙永祥、黄祖辉（1999）
	国有企业对于效率有明显的负作用，民营企业对于效率则有正面的作用	刘小玄（2004）
	指出许小年的实证结果只在竞争性较强的行业成立，而在竞争性较弱的行业不成立。这个结果说明产权改革的影响与行业的竞争程度是紧密相关的	陈晓、江东（2000）
	中国上市公司第一大股东的所有权性质不同，其公司业绩、股权结构和治理结构也不同。第一大股东为非国家股东的公司有更高的企业价值和更强的盈利能力，经营上更灵活，其高级管理层也面临更多监督和激励	徐晓东、陈小悦（2003）
	通过研究中国上市公司治理结构，认为良好的公司治理结构能提升公司的市场价值	白重恩、刘俏、陆洲、宋敏、张俊喜（2005）

资料来源：胡一帆、宋敏、张俊喜："竞争、产权、公司治理三大理论的相对重要性及交互关系"，《经济研究》，2005 年第 9 期，第 44—57 页。作者加以整理。

（二）理论缺陷

当然，在产权理论研究的过程中也有一些不足，出现了虚假产权理论、基础层次倒置、私有化理论、把"人权"当"产权"等误区（见表 1－13）。在新闻出版行业体制改革理论研究的过程中，尤其需要注意不要走入私有化理论的误区，国内产权理论还需要结合中国的实际情况不断加以完善。

通过本节对国内外产权理论的分析，我们发现，在从计划经济体制转向市场经济体制的改革中，新闻出版单位从事业单位转制为企业，建立现代企业制度，采取不同于事业单位体制下的组织管理体制，其产权结构也应有所不同。另外，产权理论对国有企业绩效的分析也可应用于国有出版单位绩效改革的理论与实践，而我国学者立足于计划经济体制向市场经济体制的转型背景对产权制度的分析以及对企业改制的辨析，通过产权制度改革和国有企业体制改革实践来构建有中国特色的产权理论，对竞争、产权改革、公司治理结构及它们对企业绩效的影响的研究成果也都将对新闻出版单位改革及绩效评价提供有益的理论支持。部分学者对出版行业产权制度的相关研究则对改革实践的展开更有针对价值。

表 1－13　　产权理论研究的误区

误　区	主要内容
虚假产权理论	将所有权当作产权，将所有权理论当作产权理论，在产权的名义下讨论所有权问题。或抽掉所有制与产权关系的内涵，把产权泛化
基础层次倒置	生产资料私有制是西方产权理论的基础层次和前提，而有的学者却误以为产权理论的研究结论是：生产资料私有制是最有效率的经济制度。实际上颠倒了西方产权理论的层次，将理论前提当作研究结论
私有化理论	将“虚假产权理论”与“基础层次倒置”结合起来，便产生了误区积累：认为国有企业改革的方向应该是私有化。不是客观地分析各类产权存在和发展的原因、必然性和相互关系，而是一味批判公有制，说公有权违背人性，私有产权符合人性

资料来源：白暴力：“产权理论与产权制度改革的若干思考”，《西安财经学院学报》，2005年第2期；宗寒：“产权三论”，《东岳论丛》，2005年第2期。作者加以整理。

第三节　转型经济理论

转型经济一般是指由中央计划经济体制向市场经济体制的转型，与之对应，“经济转型理论”包括那些针对原来实行计划经济体制的国家转向市场经济体制过程中出现的经济波动、通货膨胀、失业、腐败等问题提出的理论解释与政策建议。[①] 新闻出版行业体制改革就是在中国转型经济背景下进行的，离不开转型经济理论对其实践的指导。

① 阮震：“斯蒂格利茨的经济转型理论述评”，《经济评论》，2003年第2期，第48页。

一、转型经济理论综述

（一）转型经济的发展阶段

20世纪初，社会主义经济理论的大论战使得社会主义市场经济理论得以提出，并为20世纪50年代以来社会主义经济的改革提供了理论依据，也促使了改革经济学的产生。20世纪70年代末开始的社会主义国家经济转型浪潮，引发了国际学术界对转型问题的讨论。20世纪80年代在世界范围内掀起了全面的经济转型浪潮，对转型经济问题进行解释直接导致了转型经济理论研究的兴起。20世纪90年代，越来越多的经济学家开始关注"转型"问题，通过对转型问题的讨论和探索，转型经济理论基本形成。1995年初，世界银行组织了一次关于转型的讨论会，与会专家普遍认为经济转型已经深化到了第二阶段。据此观点，一般认为在经济转型的发展过程中经历了两个阶段（见表1-14）。

实践证明，渐进式的经济转型不但不会破坏生产力，还会由于市场化改革的顺利进展而产生明显的推动经济增长的效应。一些国外学者在比较中国和前苏联及东欧国家的转型效果后得出结论，转型效果差异（见表1-15）的原因主要有三点：一是由于中国的市场化改革比其他国家早，二是由于中国首先推进经济改革而没有首先进行政治改革；三是由于中国在中央和地方政府之间的分权。中国实行的双轨制是渐进式改革的重要特征。

表1-14　　转型经济的两阶段论

经济转型阶段	核　心	主要内容	评　论
第一阶段	实行计划经济体制的国家纷纷进行"自由化和市场化"改革	1. 内部市场自由化（自由的国内价格，取消国家的贸易垄断） 2. 外部市场自由化（放松对外贸易的制度，包括取消出口控制和关税，通货可兑换） 3. 便利私人部门进入（私有化企业，改革银行部门）	对第一次转型思考的焦点是市场化和自由化的速度，出现大爆炸（big bang）式与渐进（grandualism）式两种改革战略的争论，前一种战略又称"休克疗法"

续表

经济转型阶段	核心	主要内容	评论
第二阶段	从1995年开始的以追求经济稳定和经济增长为内容的改革	1. 转型国家稳定、自由化和经济增长的依赖关系，特别强调控制通货膨胀和经济增长的意义 2. 企业重组（restructuring）问题。大批企业私有化后提出了企业重组问题，需要解决谁控制那些私有化的公司，谁是公司实际的所有者 3. 法律的规则。主要涉及腐败相关的问题	主要内容中的三个论题是分开的，但不是胡乱选择的，都直接关系宏观经济的稳定。论题一，宏观经济需要结构的调整来支持；论题二，宏观经济调节和产权之间的相互关系相当重要；论题三，腐败可能破坏稳定甚至延缓改革的进程，因为它可能降低政治的可信度和对政府的信心

资料来源：洪银兴："在经济稳定增长中实现转型——经济转型理论评析"，《经济社会体制比较》，1997年第5期，第36—40页。阮震："斯蒂格利茨的经济转型理论述评"，《经济评论》，2003年第2期，第48—51页。作者加以整理。

表1-15　　经济转型第一阶段效果的国际比较

国家	中国	前苏联和其他一些东欧国家
市场化的重点	经济运行机制的转换	私有化
改革的速度	渐进式改革战略	大爆炸改革战略
改革的效应	经济增长率持续处于高水平（10%），通货膨胀率也较低	通货膨胀率非常高，经济增长率非常低，甚至多年处于负增长

资料来源：洪银兴："在经济稳定增长中实现转型——经济转型理论评析"，《经济社会体制比较》，1997年第5期，第36页。

自1995年开始，经济转型进入第二阶段，该阶段主要有三大任务，直接针对该阶段改革过程中的国家稳定和经济增长问题、企业重组问题、腐败问题等（见表1-16）。

简而言之，转型经济就是由计划经济体制向市场经济转变的经济状态，其根本特征是企业的所有权结构还不明晰，正在调整过程之中，并以市场化为主要发展方向，转型的过程也就是建立现代企业制度、完善管理机制，减少计划管制并充分发挥市场作用的过程。新闻出版行业的体制改革就是在本阶段实施的。

表 1-16　　经济转型第二阶段的三大任务

	主要任务	具体内容
任务一	建立保证经济稳定增长的机制	通货膨胀和通货紧缩都可能成为经济转型过程中的不稳定因素，实际上，一些转型国家已经出现了经济的停滞或衰退，甚至是经济停滞与通货膨胀并存。因此保证经济稳定增长成为经济转型第二阶段的重要任务
任务二	企业重组	根据市场化要求改革所有制结构是调整和优化企业结构的前提，在市场化改革初期，市场化是在制度外发展非国有经济。企业重组不可避免地触及国有企业等公有企业的产权结构变动。通过吸收社会资本使企业实现股权多元化，企业重组也成为该阶段的重要任务之一
任务三	建立市场秩序和规范	在转型阶段的第一阶段，基本上是通过放开的方式实现市场化。放开以后没有建立相应的市场秩序和行为规范，就可能产生市场混乱或腐败。如果没有相应的制度安排来建立市场秩序和规范，已有的市场化成果就会丧失殆尽，在第二阶段建立市场秩序和规范刻不容缓

资料来源：洪银兴："经济转型和转型经济理论研究——洪银兴教授访谈"，《学术月刊》，2004 年第 6 期，第 95 页。

（二）斯蒂格利茨的转型经济理论研究体系

在经济体制转型的第一阶段，理论焦点在于市场化和自由化的速度问题，并出现了大爆炸式和渐进式两种转型战略的争论。到转型的第二阶段，理论焦点变成市场化的目标模式问题，斯蒂格利茨对这一焦点问题进行了解答，从而使自己的转型理论成为第二阶段的典型代表①，其主要观点如下：

1. 转型国家在理论上必须破除关于"市场和市场社会主义"的六个神话的羁绊。一是价格神话，实际上，市场经济中的经济关系不能通过线性价格关系得到有效调节；二是社会化工业神话，认为转型国家的国有企业总会自动追求"社会目标"，实际上，社会主义国家国有企业决策人总是设法使其自身收益最大化，而这些收益与社会目标却极少一致；神话三与计划有关，认为市场经济不能计划，而没有计划，就无法实现资源有效配置，斯蒂格利茨的理论范式否定了上述看法；四是集中化的神话，斯蒂

① 康立、封永平："斯蒂格利茨经济转型理论评介"，《经济问题》，2005 年第 12 期，第 2 页。

格利茨认为集中化和分散化的区别被夸大了，所有社会都存在不同程度的分散和集中化控制；五是产权神话，斯蒂格里茨认为仅仅解决产权问题是不够的，这样做忽视了竞争等产权之外的因素对效率的改善作用；六是两条道路的神话，斯蒂格里茨认为在市场和国有企业两个极端之间存在许多“中间”制度安排成功的例子，不同制度各有优劣，各转型国家在体制转型过程中最好是根据自己的现实做出选择。

2. 在确立市场化的目标模式上，新古典市场经济模式即使纳入了政府行为和政府干预，也不能作为转型的目标模式。市场经济成功的核心因素是竞争、市场和分权，在政府起重要作用的经济社会中仍然可能具备这三个要素。

3. 在转型稳定模式上，斯蒂格利茨提出全新的转型理念。即把体制转型与经济持续稳定增长相统一，从而使自己的转型理论成为第二阶段经济转型时期的代表。其中主要涉及两点内容：一是追求金融稳定；二是设计适当的社会保障体系。

4. 政府在转型经济中的作用主要体现在六方面：一是促进教育；二是促进技术改善和保护技术专利；三是支持金融部门；四是投资基础设施建设；五是防止环境恶化；六是建立和维护社会保障体系。

5. 社会主义经济转型要解决的问题是明晰产权关系，形成激励和竞争机制，但最重要的是解决信息问题。斯蒂格利茨认为信息不对称和不完备将对市场有效性产生严重的负面影响。此外，斯蒂格利茨把知识也视为一种信息，认为知识的使用和知识经济的发展对体制转型的过程有重大影响。

二、西方转型经济理论对中国的启示

转型经济理论的发展为分析转型国家的经济发展问题提供了一个新的框架，转型经济理论、方法和政策主张对中国经济发展及相关政策的制定都有重要的意义。

（一）转型经济理论在宏观层面的应用

从 20 世纪 90 年代中期至今，中国经济体制转型和经济发展实践发生了重大变化，市场态势由卖方市场转向买方市场；宏观经济非均衡的主要特征由通货膨胀转向通货紧缩；经济结构正在发生重大变动，工业化、城市化、信息化成为结构变动的重要推动力。与此同时，转型中的摩擦和矛盾正在显现，市场秩序的混乱、信用的缺失等无序现象又成为经济转型的阻力。当今阶段转型经济理论要解决的就是转型背景下的中国经济发展问题，中国经济的发展实质就是在“双重转型”背景下的发展，一是发展的转型，二是经济体制的转型。①

根据转型经济理论，中国的经济发展不是一般的发展，而是转型发展，需要从双重转型背景下来研究（见表1－17）。宏观层面的经济体制转型（从计划经济体制转向社会主义市场经济体制）以及社会转型（建立科技含量高、经济效益好、人力资源优势充分发挥的新型产业）都成为新闻出版单位体制改革特别是经营型出版单位探索绩效改革和提高之路的重要基础。

表1－17　　转型经济理论在宏观层面的应用

	任务目标/层次	主要内容
经济转型的背景和目标	发展的转型	中国作为一个发展中国家，从相对落后的农业国转向较为发达工业国的任务依然非常艰巨
	经济体制的转型	中国的经济发展必须打破旧的计划经济和行政命令机制，尽快完成从计划经济体制向开放的市场经济体制转型的任务
经济转型的层次	经济体制的转型	由计划经济体制转向社会主义市场经济体制。一方面包括所有制的转型和收入分配制度的转型；另一方面，在宏观上完善市场经济体制的基本框架，形成统一、开放、有序和竞争的市场经济秩序，在微观上加快现代企业制度的建立，促进民营经济的发展
	增长方式的转型	由粗放型增长方式转向集约型增长方式。针对中国单纯追求增长而出现的环境污染、资源高消耗、经济效益下降等问题，改变数量型的经济增长，追求经济增长的质量
	社会转型	由不发达经济转向现代化经济。走新型工业化道路，建立科技含量高、经济效益好、资源消耗低、环境污染少、人力资源优势充分发挥的新型工业

资料来源：林建华：“西方转型经济理论的演化及对我国经济转型的启示”，《新疆大学学报（哲学·人文社会科学版）》，2006年第4期，第17—19页。作者加以整理。

① 林建华：“西方转型经济理论的演化及对我国经济转型的启示”，《新疆大学学报（哲学·人文社会科学版）》，2006年第4期，第19页。

（二）转型经济理论在微观层面的应用

我国目前所处的社会主义初级阶段是一个以公有制为主体多种所有制经济共同发展的阶段，在这个阶段各类公有资本和各类非公有资本的混合所有制企业共存。股份制是其典型形式，股份制作为产权组织形式，既可以成为公有制的主要实现形式，也可以成为私有制的实现形式，而且还可以成为各种生产要素参与分配的实现形式。

在我国经济转型过程中，企业在制度层面存在明显的问题，如内部人控制问题就极为普遍，从而导致经营者腐败，国有资产大量流失，国企经营风险加大；股东大会、董事会、监事会治理职能弱化；上市公司股权结构中国有股比重过大，股权过度集中，国家股和法人股处于绝对控股地位等。① 事实上，股份制产权结构非常具有竞争力，通过股份制改革，国有资本通过流动实现国有经济的战略性调整，能够提高国有经济的整体效益。

就是在我国经济转型的背景下，新闻出版行业开始体制改革和现代企业制度的构建。在新闻出版行业，国有经济不必在所有的新闻出版单位占支配地位，对于经营型出版企业，国有资本无需控股的要求，可以采取的主要方式就是通过股份制吸收非国有资本，促进经营型出版企业在激烈的市场竞争中形成自身的优势。此外，从传统的计划经济体制下的事业单位转制为企业，出版企业应建立并完善现代企业制度，调整组织结构，形成新的公司治理机构，重视企业中人的作用，重视人力资源管理工作，形成适应新体制下企业现状的企业文化，鼓励创新，增加投入，提高新闻出版企业的竞争力。

通过本节对转型经济发展阶段、转型经济理论体系的梳理，我们发现，新闻出版行业改革正处于经济转型的第二阶段，企业重组和建立规范的市场秩序正是该阶段的重要任务，传统的国有新闻出版单位重组涉及的产权结构变动、优化企业结构等问题都有相应的理论基础和支撑，通过企业结构调整等实践，将实现新闻出版企业提高效率、提高绩效的重要目标。

---

① 彭熠：“我国农业上市公司经营绩效研究——基于转型经济背景的分析”，浙江大学博士学位论文 2006 年，第 21 页。

第四节　增长极理论

一、增长极理论的主要观点

"增长极"的概念及其理论最早由法国经济学家弗朗索瓦·佩鲁提出。后来，法国经济学家布代维尔、瑞典经济学家缪尔达尔、美国经济学家赫尔希曼、美国著名城市规划学家弗里德曼等学者在不同程度上丰富和完善了该理论。佩鲁在其《经济空间：理论与应用》，一文中首次提出"增长极"概念，区域增长极理论开始出现。该理论的主要思想是：在不同的区域、不同的时期，经济增长的速度是不同的，增长往往突出表现在某些行业、某些区域内，即增长的势头往往集中于某些主导部门和有创新力的行业中，而这些部门和行业一般聚集在某些地区，因此，国民经济的增长在不同时期往往集中在不同的地区，这种聚集地区（往往是城市中心）就是区域增长极。这种理论实质上是强调区域经济发展的不平衡性，主张关注重点行业和区域，尽可能把有限的稀缺资源集中投入到那些发展潜力大、投资效益明显的重点地区或行业，使主导部门或有创新能力的企业或行业在一些地区或大城市聚集，形成一种资源、资本、技术等高度集中，具有显著的规模经济效益，增长迅速并能对邻近地区产生积极、强大的辐射作用的"增长极"，通过这些地区的优先增长，来带动周边地区的共同发展。

佩鲁增长极理论的核心是几个效应：占支配地位的企业的支配效应，支配型企业与其他企业（或周围地区）之间存在的连锁效应，这种连锁效应产生乘数效应，占支配地位的企业通过这种乘数效应带动其他企业（或外围区）的发展，最终实现分配的均衡，即分配效应。① 佩鲁的增长极理论强调经济空间中的经济要素之间的"联系"，并认为其联系通过通

① 安虎森："增长极理论评述"，《南开经济研究》，1997 年第 1 期，第 32 页。

道（一种经济联系）发生，且增长极效应表现为一种推进作用并通过实物、货币等形式表现出来。

后来，佩鲁的增长极理论得到了其追随者的进一步补充、修正和完善，包括布代维尔（J. R. Boudeville）的增长极理论，缪尔达尔（G. Myrdal）关于地理意义上的区域增长极理论，赫尔希曼（A. O. Hirschman）关于城市意义上的区域增长极理论，弗里德曼关于空间结构意义上的区域增长极理论等，这些学者对增长极理论的补充和修正，使该理论得到完善和发展。

二、产业集群理论对区域增长极理论的新发展

20 世纪 80 年代末 90 年代初，增长极理论获得了新发展，其中，产业集群等理论是增长极理论的最新发展成果。除产业集群理论外，还有新产业空间理论、新经济地理和新贸易理论、新经济空间理论、“点轴开发”理论等也都是增长极理论新的发展成果。

产业集群，有时简称集群，指在某一特定领域（通常以一个主导产业为主）中，大量产业联系密切的企业以及相关支撑机构在空间上集聚，并形成强劲、持续竞争优势的现象。当前区域发展的时代背景与环境条件已经发生了深刻的变化，增长极理论需要修正和完善，以产业集群理论为代表的“新区域主义”产生了，该理论对区域增长极理论的补充和完善情况见表 1－18。

表 1－18　产业集群理论对区域增长极理论的新发展

学　者	主要观点	主要贡献
波特	波特的产业集群是集中在某一特定区域的、在工业上相互联系的一群企业和相关机构。产业集群是研究一定地域上的经济活动，具有明显的地理集聚性，产业关联、支柱企业和相应支撑机构集聚于一定的区域空间，形成一种具有区域核心竞争力的柔性生产综合体，这种地域综合体就是区域增长极	根据波特产业集群理论和竞争优势理论，可以打破传统的以比较优势、区位优势、市场优势、资源优势和政策优势等为基础的区域增长极的定位原则，而建立以竞争优势为区域增长极定位的新原则

续表

学　者	主要观点	主要贡献
伯格曼、弗塞尔等	认为产业集群是区域增长极的产业依托，是在特定区域和特别领域内由一群相互关联的公司、供应商，以及相关产业的专业协会所组成的	系统地阐述了区域经济聚集优势形成的机理，通过产业价值链和投入产出路径以及区位系数、网络分析等方法对区域增长极进行重新定位
王缉慈	从三个不同角度分析产业集群的空间集聚优势：第一，从纯经济学角度，着力于研究产业集群的外部规模经济和外部范围经济，认为不同企业分享公共基础设施并伴随垂直一体化与水平一体化利润，通过降低生产成本形成产业集群价格竞争的基础。第二，从社会学角度，认为建立在共同产业文化背景下的人与人之间信任基础上的经济网络关系，可以降低交易费用。第三，从技术经济学角度，研究集群如何促进知识和技术的创新和扩散，实现产业和产品创新	通过这种研究得出产业集群的空间集聚优势，从而推动区域增长极理论的新发展

资料来源：薛泽海："中国区域增长极增长问题研究——基于对地级城市定位与发展问题的思考"，中共中央党校博士学位论文 2007 年。作者加以整理。

产业集群理论强调发挥区域内各种资源的整合功能，主要利用组织力量或市场力量"自下而上"地构建区域专业化分工，充分发挥区域分工的外部性，形成聚集经济效应。产业集群的重要特点是：众多产业有着密切的联系，产业多集中于一定的地理空间，企业间以相互信任和承诺为合作或交易的基础，企业间形成稳定而又灵活的特殊的组织结构。在这种组织结构下，企业可以获得多种成本下降、共享资源等多种经济效应，从而使集群内企业比外部企业拥有更多的优势并带来更强的市场竞争力。

三、增长极理论对我国经济发展的启示

增长极理论主要针对经济比较成熟的区域，在应用过程中充分重视政府的作用。但是同时也应看到，政府大量投入并不必然出现增长极。增长极理论在应用过程中一旦出现增长极与周围地区扩散的"通道"不畅的

现象，则弱化了增长极的扩散效应，从而制约了区域经济从不平衡发展向整个区域经济协调发展的转变。[①] 因此，必须同时依靠政府和市场两种力量。政府的作用主要体现在提供制度保障和基础设施等方面的支持。当然，也要注意到政府力量可能对市场反应不及时，必须结合市场才能实现资源的有效配置。

增长极理论在我国区域经济发展规划中应该得到充分应用。在知识、技术、人力资本等要素有限的情况下，政府应当实施增长极发展战略，优先把有限的资源集中投入到发展潜力大、规模经济和投资效益明显的少数部门或地区，形成“增长极”。同时，通过强化增长极的极化效应和扩散效应，带动周围地区的发展，当某些地区发展起来后，为了防止累积性循环造成的贫富差距不断扩大，相关部门应采取一定的措施来刺激不发达地区的发展，而不应消极地等待发达地区的“扩散效应”来消除这种差别，积极的应对是必然要求。当经济发展到一定水平后，具备条件的区域应当积极实施产业集群战略，为产业集群的发展创造良好的环境，并在政府部门的支持下，积极利用各种有利因素，促进地区间产业集群的形成。

目前，我国出版产业正在建设并发展以北京、上海、广州等特大城市为中心，以省会城市为依托，辐射环渤海地区、长江三角洲地区、珠江三角洲地区的产业群。广东省倡导泛珠三角地区出版业共谋发展，在首届“泛珠三角出版论坛”上，华南及西南地区九省（区）行业部门共同签署了《泛珠三角出版合作框架协议》，在内容生产、印刷复制、出版物市场、人才交流、信息共享、行政执法、信用体系建设、合作融资、宣传推广等九大领域达成了合作意向。除此之外，北京、广州、珠海、江苏、湖南、湖北、陕西、河北等省市也正在建设出版（文化）产业园（基地）。在政府相关部门的指导下，集中并整合新闻出版行业的优势资源，扶植和培育以北京、上海、广州等城市为中心的出版产业集群，使这些地区的出版产业得到快速发展，同时，通过强化其极化效应和扩散效应，来带动周围地区的发展，促进国内新闻出版行业的整体提高。

通过对增长极理论和产业集群理论的梳理，我们发现，新闻出版行业

① 刘芬、邓宏兵、李雪平：“增长极理论、产业集群理论与我国区域经济发展”，《华中师范大学学报（自然科学版）》，2007 年第 1 期，第 132 页。

改革和发展可以以构建产业集群优先快速发展进而带动行业整体发展的方式实现，其实现的基础正是以产业集群为“增长极”，通过其支配效应、连锁效应，进而通过乘数效应带动其他新闻出版企业（或外围区域）的发展，最终实现分配的均衡，即分配效应，从而实现整个行业总体绩效的提高，达到行业整体发展的最终目的。

参考文献

[1]［法］巴斯夏著，许明龙译：《经济和谐论》，中国社会科学出版社1995年版。

[2]［美］R. 科斯、A. 阿尔钦、D. 诺斯等著，刘守英等译：《财产权利与制度变迁——产权学派与新制度学派译文集》，上海人民出版社2003年版。

[3]［美］赫尔希曼著：《经济发展战略》，经济科学出版社1981年版。

[4]［美］约瑟夫·斯蒂格利茨：“关于转轨问题的几个建议”，《经济社会体制比较》，1997年第3期。

[5] 安虎森：“增长极理论评述”，《南开经济研究》，1997年第1期。

[6] 白暴力：“产权理论与产权制度改革的若干思考”，《西安财经学院学报》，2005年第2期。

[7] 陈霜华：“西方产权理论评述”，《云南行政学院学报》，2002年第4期。

[8] 樊纲：“转轨经济理论与国有企业改革”，《云南大学学报（社会科学版）》，2003年第5期。

[9] 范恒山：“建立健全现代产权制度意义重大”，《人民日报》，2003年11月18日。

[10] 郝清民：“煤炭上市公司绩效评价理论与方法及其实证研究”，天津大学博士学位论文2004年。

[11] 洪银兴：“经济转型和转型经济理论研究——洪银兴教授访谈”，《学术月刊》，2004年第6期。

[12] 洪银兴：“在经济稳定增长中实现转型——经济转型理论评

析”，《经济社会体制比较》，1997 年第 5 期。

[13] 胡一帆、宋敏、张俊喜：“竞争、产权、公司治理三大理论的相对重要性及交互关系”，《经济研究》，2005 年第 9 期。

[14] 康立、封永平：“斯蒂格利茨经济转型理论评介”，《经济问题》，2005 年第 12 期。

[15] 林慧南：“广西出版行业绩效评价与展望（上）”，《出版经济》，2003 年第 8 期。

[16] 林慧南：“广西出版行业绩效评价与展望（下）”，《出版经济》，2003 年第 9 期。

[17] 林建华：“西方转型经济理论的演化及对我国经济转型的启示”，《新疆大学学报（哲学·人文社会科学版）》，2006 年第 4 期。

[18] 刘芬、邓宏兵、李雪平：“增长极理论、产业集群理论与我国区域经济发展”，《华中师范大学学报（自然科学版）》，2007 年第 1 期。

[19] 刘建波：“基于平衡计分卡的企业经营绩效管理体系研究”，《经济师》，2007 年第 2 期。

[20] 刘江峰、夏云：“企业绩效评价的理论与方法综述”，《企业经济》，2005 年第 6 期。

[21] 刘诗白：“构建新的产权理论，推进产权改革”，《社会科学战线》，1999 年第 2 期。

[22] 马丕玉、马永强：“零售企业经营绩效的实证分析”，《山东轻工业学院学报》，2005 年第 2 期。

[23] 彭熠：“我国农业上市公司经营绩效研究——基于转型经济背景的分析”，浙江大学博士学位论文 2006 年。

[24] 曲亮：“企业经营绩效评估研究综述”，《经济师》，2004 年第 7 期。

[25] 阮震：“斯蒂格利茨的经济转型理论述评”，《经济评论》，2003 年第 2 期。

[26] 史小宁：“产权理论的演变：一个文献述评”，《经济研究导刊》，2007 年第 7 期。

[27] 苏星：“论维护公有产权制度”，《中共中央党校学报》，2005 年第 2 期。

[28] 孙永风、李垣："企业绩效评价的理论综述及存在的问题分析"，《预测》，2004 年第 2 期。

[29] 孙玉玲："出版产业集群与出版产业竞争力"，《出版发行研究》，2006 年第 5 期。

[30] 王缉慈著：《创新的空间——企业集群与区域发展》，北京大学出版社 2001 年版。

[31] 王缉慈："地方产业群战略"，《中国工业经济》，2002 年第 3 期。

[32] 吴仁群："平衡计分卡在出版行业绩效评价中的应用"，《北京印刷学院学报》，2007 年第 3 期。

[33] 薛泽海："中国区域增长极增长问题研究——基于对地级城市定位与发展问题的思考"，中共中央党校博士学位论文 2007 年。

[34] 杨小平、巫绪芬、汪世贵："关于烟草行业经营绩效评价的思考"，《华东经济管理》，2001 年第 4 期。

[35] 杨宗昌、许波："企业经营绩效评价模式研究——我国电信企业集团经营绩效考评方法初探"，《会计研究》，2003 年第 12 期。

[36] 姚德权、乔海曙："'黄金股'助推出版业产权改革"，《出版发行研究》，2007 年第 6 期。

[37] 曾国安、冯涛："增长极、产业集群与落后地区的区域经济发展"，《生产力研究》，2004 年第 8 期。

[38] 张近乐、曾庆宾："创新出版业产权制度的思考"，《科技导报》，2005 年第 4 期。

[39] 张志成、李治堂："我国图书发行业市场结构、行为与绩效分析"，《出版发行研究》，2003 年第 12 期。

[40] 朱建纲："湖南出版业产权结构调整的思考"，《出版经济》，2003 年第 6 期。

[41] 宗寒："产权三论"，《东岳论丛》，2005 年第 2 期。

第二章

中国出版业发展：现状、趋势与变革

文化是一个民族的灵魂，也是一个国家或地区综合实力的重要组成部分。文化产业是指生产文化产品或提供文化服务以满足人们精神生活需要的各种行业门类的总称。从世界范围看，从20世纪90年代以来，电子出版、数字化技术、网络传输等应用于文化领域，推动了文化产业的迅速发展。从本质上看，出版业属于文化产业，出版物既具有不同于一般物质产品的特殊属性即意识形态属性，又具有商品属性。既要坚持把社会效益放在首位，避免市场机制的自发性、盲目性造成出版产业低俗化现象。另一方面，又要充分发挥市场机制合理配置资源的功能，推动出版产业的发展。我国有着丰富的文化遗产，出版资源富集，是出版资源大国，但并不是出版产业强国，我国的出版业在产业规模、产品质量、市场竞争力等方面与发达国家相比仍存在不小的差距。近年来，随着出版体制改革的逐步深入，我国出版业的管理体制、运行机制、生产方式、经营模式等各个方面都在发生着深刻的变化和转型。基于这种现实，如何制订切实可行的改革措施，加快出版业发展，是本章重点探讨的问题。

第一节 中国出版业发展现状

新中国成立60年来，尤其是改革开放30多年以来，我国出版业快速发展，出版物品种日益丰富，出版物市场实现了从“书荒”到“书海”的巨大变化，已形成比较完整的出版产业体系。

一、出版业发展速度快，总体规模显著扩大

2008年，全国共出版图书27.57万种（发行总量达70亿册），与1949年相比，种数增长33.5倍；全国出版期刊9549种，与1949年相比种数增长37倍；全国出版报纸1943种，与1949年相比种数增长6倍。改革开放30多年以来，我国出版业经过深化改革，已形成结构完整、门类齐全，规模不断扩大、影响力日益广泛的出版产业体系。据相关统计资料，我国报纸由1977年的186种增加到现在的1943种，2008年总印数442.92亿份，定价总金额317.96亿元；期刊由1978年的930种增加到2008年的9549种，2008年总印数31.05亿册，定价总金额187.42亿元。新兴的数字出版业态发展迅速，2006年，我国数字出版产业总产值为200亿元，2007年为360亿元，2008年达到530亿元，2009年超过750亿元，3年的平均增长速度达到56.2%，2009年，数字出版总产值首次超过纸质出版产值，成为新闻出版业强势增长的重要动力和新的经济增长点。出版业已成为我国产业体系的重要组成部分。

2009年，中国新闻出版业总产值突破1万亿元，同比增长20%，远远超过了GDP增长速度，进入世界出版大国行列。在全球性金融危机的不利环境中，我国新闻出版业呈现出逆势上扬的良好势头，其中：图书销售额1456亿元，同比增长20%，仅次于美国，位居世界第二；印刷复制业总产值达5746.2亿元，同比增长24.9%，位居世界第三；2009年北京图书订货会订货码洋达25.168亿元，比上年增加18%。另外，我国已成为世界发行总量最大的报业市场，日报出版规模已连续9年居世界首位。另据世界知识产权组织的最新统计，全球版权产业对GDP的贡献率大概

是5.6%，对就业的贡献率是5.8%，而中国版权产业对GDP的贡献率已达到6.5%，对中国就业的贡献率达6.8%，明显超过世界平均水平，中国已经成为名副其实的出版大国（参见表2-1、表2-2）。

表2-1　新闻出版事业建国60年来发展基本数据统计表

年份	图书		报纸		期刊	
	种数	总印数	种数	总印数	种数	总印数
1949	8000	1.05	315	4.12	257	0.2
1978	14987	37.74	186	127.76	930	7.62
1988	65962	62.25	1537	267.78	5865	25.5
1998	130613	72.39	2053	300.38	7999	25.37
2008	275668	69.36	1943	442.92	9549	31.05

注：图书、报纸、期刊总印数单位分别为亿册（张）、亿份、亿册。

资料来源：新闻出版总署：《新闻出版事业建国60年来发展基本数据》。http://www.gapp.gov.cn/cms/html/21/index.html。

表2-2　2001—2008年全国图书出版业主要指标数据

年份	2001	2002	2003	2004	2005	2006	2007	2008
出书种数（种）	154526	170962	190391	208294	222473	233971	248283	274123
新版图书（种）	91416	100693	110812	121597	128578	130264	136226	148978
重版重印（种）	63110	70269	79579	86697	93895	103707	112037	125145
总印数（亿册）	63.10	68.7	66.7	64.13	64.66	64.08	62.93	70.62
定价总金额（亿元）	466.82	535.12	561.82	592.89	632.28	649.13	676.72	802.45

资料来源：《中国新闻出版统计资料汇编》、《中国出版年鉴》，2001—2009年各期。

二、出版业的国际化程度日益提高，国际影响力显著提升

近年来，我国出版业对外开放、融入世界出版舞台的步伐日益加快，中国图书出版规模已居世界第一，中国出版业逐步扩大对内、对外开放，中国与世界出版业之间的交流与合作日趋紧密，中国图书在实物出口、版权贸易、合作出版、境外直接出版等方面也全面拓展。在坚持国际资源、国际市场加快发展成了行业的共识，中国出版业国际化程度逐步提高，从单纯的图书贸易和版权输出发展到越来越多的与国外同行合作。根据新闻

出版总署的统计，2008 年全国共引进出版物版权 16969 种，其中图书 15776 种，分别比上年增长 52.9%、53.8%，创近年来最高涨幅。与之相对应的，引进版图书在全国图书零售市场所占的比重也在上升。根据“开卷全国图书零售市场观测系统”的数据，2008 年 7 月—2009 年 6 月，全国图书零售市场上动销品种的近 20% 为引进版作品，它们给中国图书零售市场带来了近 30% 的码洋。2008 年全国图书进口 646807 种、437.65 万册、8155.24 万美元。进口种类的下降说明国内图书进口在品种选择上更加理性。对外开放的同时，出版业又实现了由“引进来”向“走出去”的转变，取得了参与国际竞争、成果共享的效果（见表 2 - 3、表 2 - 4、图 2 - 1）。

表 2 - 3　2004—2008 年出版物版权引进与输出情况　单位：种

年　份	类别	出版物总量	图　书	电子出版物
2008	引进	16969	15776	117
	输出	2455	2440	1
2007	引进	11101	10255	130
	输出	2593	2571	1
2006	引进	12386	10950	174
	输出	2057	2050	5
2005	引进	10894	9382	155
	输出	1517	1434	78
2004	引进	11746	10040	143
	输出	1362	1314	39

资料来源：《出版商务周报》，2009 年 8 月 30 日，第 1 版。

表 2 - 4　2001—2008 年图书版权贸易统计表

年　份	2001	2002	2003	2004	2005	2006	2007	2008
引进量（种）	8250	10235	12516	10040	9382	10950	10255	15776
输出量（种）	653	1297	811	1314	1434	2050	2571	2440
比　例	12.6 : 1	7.9 : 1	15.4 : 1	7.6 : 1	6.5 : 1	5.3 : 1	4.0 : 1	6.5 : 1

资料来源：《中国新闻出版统计资料汇编》、《中国出版年鉴》，2001—2009 年各期。

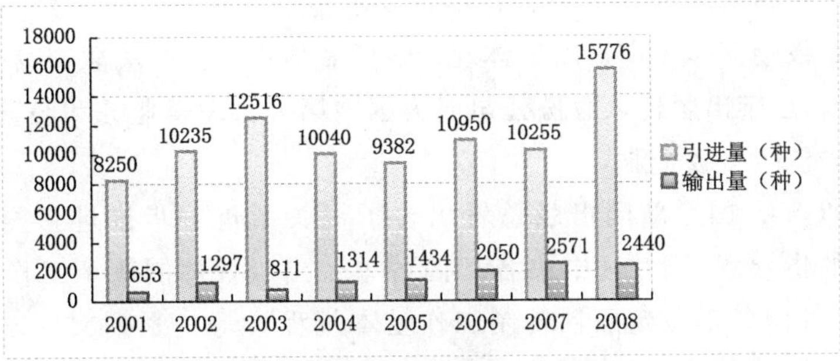

图 2－1　2000—2008 年图书版权贸易情况示意图

资料来源：《中国新闻出版统计资料汇编》、《中国出版年鉴》，2001—2008 年各期。

据统计资料，2001 年，中国共引进版权 8250 种，而仅输出版权 653 种，引进与输出比例为 12.6：1，而到了 2008 年，这一比例已降低到 6.5：1,版权引进和输出的比例进一步降低，版权进出口逆差进一步缩小。中国出版业充分利用国际书展平台，以民族文化为主体，吸收外来有益文化，推动中国出版业走向世界的国际化开放格局正在形成。

三、出版业体制改革不断深化，与社会主义市场经济体制改革的目标日益逼近

事实证明，不改革，出版业就有可能在市场经济的大潮中成为一个相对封闭的孤岛。在很长一段时间内，我国出版业赖以生存的经济基础、传播技术、运行机制和国际环境变了，许多行业都转变了经营方式，而惟独出版业没有彻底改变以往计划经济的传统模式。出版业是一个典型的创意性行业，改革是推动出版业发展的巨大动力。自 2003 年全国文化体制改革试点工作启动以来，出版领域改革顺利推进，公益性出版单位逐步实现了企事分开，建立新的运行机制。经营性出版单位转企改制，建立现代企业制度和法人治理结构。印刷、复制、发行企业逐步打破地域和行业限制，形成统一开放、竞争有序、健康繁荣的大市场格局。2007 年 4 月，新华传媒在继 2006 年通过华联超市借壳上市后，实现向解放日报报业集团和上海中润广告有限公司定向增发，突破了传媒上市的一些传统壁垒，实现了"准整体上市"。10 月 17 日，国家新闻出版总署宣布，中国政府将完全放开符合产业发展条件并经过批准的出版机构、报业企业和官方骨于新闻类网站在国内外上市，并不再要求他们将编辑业务与经营业务拆分，而是鼓励整体上市，以“体现产业的整体性，减少关联交易”。2007年12月，辽宁出版传媒股份公司成为国内第一家编辑业务和经营业务整体上市的新闻出版企业。

2009年，国家新闻出版总署出台了《关于进一步推进新闻出版体制改革的指导意见》、《中央各部门各单位出版社体制改革工作方案》、《中央各部门各单位出版社转制工作基本规程》等一系列文件，有效推进了出版发行单位现代企业制度的建立。重点将在推动跨媒体、跨地区、跨行业、跨所有制的战略重组的同时，开辟了市场化的投融资渠道，支持条件成熟的出版传媒企业，特别是跨地区的出版传媒企业上市融资，积极引导出版企业采取内部融资、业内融资、业外融资、发行企业债券、引进外资、上市融资等方式进行融资，企业上市融资和跨地域重组取得新的进展。江苏凤凰出版传媒集团公司成为首家资产、销售“双百亿”企业，中国出版集团公司内外重组都有突破，北方联合出版传媒（集团）股份有限公司与天津出版总社、内蒙古新华发行集团股份有限公司签署了《战略合作框架协议》，实施跨地区重组。据国家新闻出版总署数据显示，截至2009年12月底，全国580家图书出版社中，除保留和拟保留公益性质的4家出版社以及26家军队出版社外，有453家出版社已完成或正在完善转制工作。148家中央各部门各单位出版社转制全面展开，103家高等院校出版社和268家地方出版社转制工作基本完成，29家出版企业集团公司已组建完成，报刊出版单位分类改革稳步实施，非时政类报刊转制和时政类报刊宣传、经营两分开改革工作积极推进。全国已有1069家非时政类报刊出版单位转制或登记为企业法人。出版、报业、印刷、数字出版已有39家上市公司，融资达2000多亿元，壮大了实力。据对全国24家出版集团调查，17家完成转企改制的出版集团公司，平均总资产增长66.2%，利润总额增长25.3%，最多的翻了三番；而7家未改制的出版集团，平均负增长43%。全国有40多家报业集团完成了事企分开，发行业的股份制改造和跨地区经营形成了新的格局。新闻出版产业整体实力进一步增强，涌现一批品牌、效益俱佳的出版单位（参见表2-5）。

表 2－5　　全国百佳图书出版单位名单

（各类别不分先后，按拼音排序）

社科类（31 家） 安徽人民出版社　北京出版社　长春出版社 重庆出版社　党建读物出版社　法律出版社 湖南人民出版社　吉林出版集团有限责任公司 江苏人民出版社　江西人民出版社　解放军出版社 经济科学出版社　九州出版社　青岛出版社 山东人民出版社　商务印书馆　上海人民出版社 生活·读书·新知三联书店　外文出版社 学习出版社　知识产权出版社　中国财政经济出版社 中国大百科全书出版社　中国金融出版社 中国劳动社会保障出版社　中国民主法制出版社 中国青年出版社　中国社会出版社 中国时代经济出版社　中信出版社　中央编译出版社	科技类（18 家） 电子工业出版社　湖南科学技术出版社 化学工业出版社　机械工业出版社 江苏科学技术出版社　科学出版社 人民交通出版社　人民军医出版社 人民卫生出版社　人民邮电出版社 上海科学技术出版社　星球地图出版社 中国电力出版社　中国纺织出版社 中国建筑工业出版社　中国轻工业出版社 中国人口出版社　中国中医药出版社
大学类（20 家） 北京大学出版社　北京大学医学出版社 北京师范大学出版社　北京语言大学出版社 重庆大学出版社　东北财经大学出版社 复旦大学出版社　湖南师范大学出版社 华东师范大学出版社　清华大学出版社 上海外语教育出版社　外语教学与研究出版社 西安交通大学出版社　西南师范大学出版社 厦门大学出版社　浙江大学出版社 中国矿业大学出版社　中国人民大学出版社 中国人民公安大学出版社　中国政法大学出版社	教育类（6 家） 高等教育出版社　广东教育出版社 江苏教育出版社　教育科学出版社 人民教育出版社　浙江教育出版社 古籍类（4 家） 国家图书馆出版社　黄山书社 岳麓书社　中华书局 少儿类（6 家） 安徽少年儿童出版社　二十一世纪出版社 江苏少年儿童出版社　接力出版社 明天出版社　浙江少年儿童出版社
美术类（6 家） 安徽美术出版社　湖南美术出版社 吉林美术出版社　江苏美术出版社 江西美术出版社　浙江人民美术出版社	文艺类（9 家） 长江文艺出版社　湖南文艺出版社 人民文学出版社　人民音乐出版社 上海文艺出版社　上海译文出版社 译林出版社　浙江摄影出版社 作家出版社

资料来源：《中国新闻出版报》，2009 年 9 月 17 日。

四、我国尽管可以称得上出版大国，但却不是出版强国

从总体上看，与发达国家的出版企业相比，我国出版企业规模小、实力弱、影响力不强，与当前我国在国际经济、政治领域的地位极不相称。改革开放以来，虽然出版业有了快速发展，但大多数出版社规模不大，竞争力不强，发展水平与我国经济建设水平和国际地位相比，仍有较大的差距，并不能反映出我国文化竞争力有质的提高。以我国最大的单体出版社——高等教育出版社为例，2009 年销售码洋也只有不到 30 亿元人民币（合 4 亿多美元），与国际著名出版社相差甚远。这其中一个很重要的原因，就在于我国现有的出版资源是按照部门、行业和行政的条块化格局进行配置的，这种体制与我国已经建立并不断完善的社会主义市场经济体制存在着结构性的矛盾，地区封锁、行业壁垒、同业无序恶性竞争等现象严重，造成出版单位规模相对较小、资源分散、产品同质化倾向严重，难以产生有强大影响力的出版企业。

第二节 中国出版业发展面对的挑战与对策

国家新闻出版总署提出今后十年我国建设新闻出版强国的目标是：到 2020 年，新闻出版产业总产值占当年全国 GDP 的 5% 左右，成为经济发展的重要产业；基本实现全国年人均消费图书 6 册、期刊 3.2 册，报纸每千人日 130 份以上；数字媒体等新兴产业的发展达到世界先进水平。特别是要使新闻出版业形成有利于发展的新格局：一是形成科学合理的新闻出版产业结构；二是形成能够创造出更多社会效益与经济效益俱佳的新闻出版产品的生产机制；三是形成一批拥有自主知识产权和国际竞争力突出的骨干出版传媒企业；四是形成以企业为主体、市场为导向、产学研相结合的新闻出版创新体系；五是形成统一开放、竞争有序、健康繁荣的新闻出版大市场体系；六是形成参与国际竞争的体制机制；七是形成公共服务和市场监管到位的政府行政管理体系；八是培养一批适应行业发展新要求的

人才队伍。

回顾过去，我国出版业尽管取得了长足的进展，但与世界强国相比，无论发展规模、格局、方式、质量来看，我国新闻出版业发展水平与世界先进水平都存在着很大差距。数据显示，2009 年，我国 27 家出版集团中，资产额在 50 亿元以上的有 11 家，还有 10 家是在 20 亿元以下。国家新闻出版总署提出的建设目标是要尽快实现由出版大国向出版强国的转变。柳斌杰署长描绘了今后十年从出版大国到新闻出版强国的发展目标：形成科学合理的新闻出版产业结构，形成能够创造出更多社会效益与经济效益俱佳的新闻出版产品的生产机制，形成一批拥有自主知识产权和知名品牌、国际竞争力突出的骨干出版传媒企业，形成以企业为主体、市场为导向、产学研相结合的新闻出版创新体系，形成统一开放、竞争有序、健康繁荣的新闻出版大市场体系。

目前我国新闻出版体制改革已经触及深层次的矛盾和问题，如产业集中度较低，结构性矛盾较突出，新兴业态缺乏核心技术和人才，市场环境尚不理想，统一开放、竞争有序的市场体系还没有最终形成。因此，学习和借鉴国外出版业的先进管理经验，着力打造一批具有国际竞争力的外向型出版发行企业，提高我国出版业的总体实力，是理论界和政府职能部门应当共同关注的课题。

一、宏观经济环境对出版业持续发展构成有效的支撑，传统出版管理体制面临严峻挑战

2008 年，我国城镇居民人均可支配收入为 15781 元，农村居民人均纯收入为 4761 元，全国城乡居民家庭文化娱乐消费支出总量约为 6931 亿元。2009 年城镇居民人均可支配收入 17175 元，农村居民人均纯收入 5153 元。

出版业所生产的主要是精神性产品，它的源头是创意，核心是内容。从国际经验看，人均 GDP 突破 1000 美元以后，国民对精神文化的需求会越来越大，文化消费支出总量将稳步增长，文化消费的比重也将逐步提高。2008 年我国人均 GDP 已经超过了 3200 美元，这预示着文化需求旺盛的时代正在到来。城乡居民文化消费稳步增长，为推动文化快速发展提供了巨大的需求动力。近年来，国家连续出台提高城乡居民收入的一系列重大措施，使城镇居民人均和农村居民人均纯收入持续增长，而人均收入不断提高使文化消费空间进一步扩大，各类居民用于学习方面的支出都会增长，对出版物的需求也会不断增长。人民群众精神文化需求的多样性和价值观念的多元化，给出版业发展带来了新的挑战。

出版产业发展向高层次递进，出版产业发展呈现新态势，出版形态混业经营的趋势更加明显，出版单位从单一媒体形态向多种媒体形态演进；集团化、集约化经营的步伐进一步加快，跨地区、跨媒体、跨所有制的兼并重组不断出现，出版产业微观经营主体呈现融合趋势；数字出版、在线出版、电子商务、物流配送等新型业态的蓬勃发展，使出版的载体形式、传播方式、运营模式、生产流程发生了革命性的变化；出版业的国内国际竞争日趋激烈。在这种形势下，出版资源将被重新调整和整合，行业界限、业态界限、地区界限将逐渐被打破，传统的出版管理体制面临极大挑战。

二、数字技术对传统出版构成巨大的威胁，必须借此积极推动传统出版产业升级

数字出版是一种新兴的出版业态，也是近几年国内出版界最热门的话题之一。数字出版就是利用数字化技术，将各种图、文、声、像信息以数字形式存入信息库中，出版者根据市场需要对这些信息进行筛选、编辑、加工、整合，然后以纸介质出版物、光盘或网络出版物等形式投放市场的出版活动。它包括以 CD、VCD、DVD、EVD 光盘为载体的数字音像出版，以 CD - ROM、FD、DVD - ROM 光盘等为主要载体的电子出版，以互联网为平台的网络出版，同时传输相同内容到不同媒体上以满足受众的不同需求的跨媒体出版（如手机出版）等。简单地说，数字出版就是利用计算机技术或网络技术来代替一些传统的出版活动。

近年来，进入新世纪以来，数字出版技术日益成熟，数字出版企业稳步发展，数字阅读的受众面持续扩大，世界范围内纸质媒体的阅读率正在下降。美国传统图书出版物平均印数一直呈下降趋势，据统计，2008 年美国图书销售环比减少 1.5%。目前，美国 80% 以上的出版企业开展了电子书业务。美国出版商协会统计的会员单位销售情况显示，2005—2008 年，在传统出版物市场销售减少的情况下，电子书的总销售额增长了

37%。2009年6月底，Kindle电子书库中约有28万种图书，而亚马逊电子书库图书的iPhone阅读销售量是Kindle的2倍，在有电子书和纸质图书可选择的情况下，电子书已占销售额的35%。同国际发达国家相比，传统纸质图书的出版，中国尚处落后位置，但数字化出版，中国已和先进国家处于同一起跑线，有的技术甚至领先世界。目前，数字化出版已成为中国出版业的新增长点。2006年9月，中共中央办公厅、国务院办公厅出台了《国家“十一五”时期文化发展规划纲要》、2009年7月，国务院常务会议通过了《文化产业振兴规划》，两个文件都把数字出版作为重点产业。新闻出版总署专门设立了科技与数字出版司，启动了多项重大数字出版工程，数字出版的发展进入了一个新的历史时期。据新闻出版总署统计，截至2008年年底，中国图书出版社中已有90%开展了电子图书出版业务，年出版电子图书约50万种，与2007年相比，增长了25%；电子书发行总量超过3000万册，同比增长50%，中国数字出版业的整体收入达到530亿元，比2007年增长46.42%。有调查数据显示，2009年，中国包括在线阅读、手机阅读、手持式阅读器阅读等方式的数字图书阅读开始普及，国民各类数字图书阅读率为24.5%，全国约有2.8%的成年人只阅读各类数字图书而不读纸质书。这表明，数字阅读正在悄然改变着读书人的习惯，同时也正在深刻地影响并改变着传统出版业。据有关方面预测，2030年，预计90%的中国出版物都是电子出版物。未来几年中，数字出版用户将以年递增30%、总产值年递增50%的高速度发展。截至2009年年底，中国网民规模达到3.6亿人，超过全球平均水平。根据欧美国家的经验，当网民人数超过全国总人口的10%之后，电子商务销售平台就会逐步成为主流销售渠道，并呈现爆发式增长。目前，各大图书出版机构、报业组织纷纷成立数字出版公司，网罗数字出版人才、加大数字出版投入、研发数字出版产品。数字出版受到空前重视，数字出版已经对传统出版构成了很大的挑战，已形成数字出版与传统出版两种业态融合发展的格局。

基于这种现实，必须制定积极可行的措施，推进数字出版等新业态的发展。数字出版等新业态具有不受地域出版资源限制的特点，使不同产业基础条件的地区在新闻出版资源的占有上站在同一起跑线上。政府职能部门应当加大对数字出版的引导、发展和管理力度，引导社会资本投入到数字出版产业上来，为以数字出版为核心的新兴业态的发展在资金、资源、人才等方面提供政策支持和基础保障：一是加大产业发展必需的资金投入，建议设立出版产业发展专项资金，采取贴息、补助、奖励等方式，加大对创新型出版企业开发项目的支持，加强国家出版基金对传统出版业向数字出版转型的支持力度，支持新兴出版业态的可持续发展；二是科学配置出版资源，对大型传媒集团公司以及转制到位的出版企业在出版资源上给予优先配置和政策倾斜，充分鼓励跨媒体、跨地区出版，提高出版资源配置质量和利用效率，为企业创新发展提供保障。

三、必须加快培育文化市场主体，为出版业健康发展创造良好的制度环境和市场环境

出版业是从事文化产品生产和提供文化服务的经营性行业，在社会主义市场经济条件下，出版业必须进入市场，在市场中通过竞争优化资源配置、提高集约化经营水平、促进产业升级、实现跨越式发展。随着出版体制改革的深入推进，出版产业格局发生了深刻变化。我国出版业赖以生存和发展的经济基础、体制环境、社会条件发生了深刻变化，同时出版管理体制的改革也取得了明显进展。但从解放和发展文化生产力的需要看，还必须进一步深化出版体制改革，努力破除制约出版产业发展的体制性障碍。自 2003 年出版体制改革试点以来，在管办分离、政企分开、政事分开、转企改制、股份制改造、上市融资、跨媒体跨地域跨所有制兼并重组等方面取得了突破性进展，出版体制改革正从试点层面转向全面铺开。2006 年，中共中央、国务院发出《关于深化文化体制改革的若干意见》，明确提出了文化体制改革的目标任务：以发展为主题，以改革为动力，以体制机制创新为重点，形成科学有效的宏观文化管理体制、富有效率的文化生产和服务的微观运行机制、以公有制为主体、多种所有制共同发展的文化产业格局和统一、开放、竞争、有序的现代文化市场体系。作为文化产业的重要组成部分，如何深化出版业管理体制的改革，是推动出版产业发展的关键问题。转企改制是实现出版产业发展的必要条件，通过改制，出版业要逐步与市场、资本、产业接轨，要解决市场主体失位的问题，出版业的改革必须适应社会主义市场经济的要求，在把社会效益放在首位的同时，实现社会效益和经济效益的统一。2009 年，国务院常务会议审议通过了《文化产业振兴规划》，着眼于深化文化体制改革和应对当前国际经济形势变化，大力推动我国文化产业的振兴。未来几年内，随着经营性出版单位转企改制的全面完成，新闻出版行业将面临重新洗牌，全国出版格局必将发生重大变化。2010 年第一批 101 家中央各部门各单位出版单位转制工作按要求基本完成，103 家高校出版社和 268 家地方出版社体制改革工作全面完成。深化出版体制改革，应着力抓好以下几个方面的工作：一是加快重塑和培育出版市场主体。除公益性出版事业单位需要在政府扶持下规范运作外，其他出版单位都应以建立现代企业制度为目标，创新体制、转换机制，真正成为自主经营、自负盈亏、自我发展、自我约束的文化市场主体；二是加快出版领域的结构调整，建立健全统一、开放、竞争、有序的现代出版市场体系，促进出版业内各种生产要素的合理流动；三是积极运用高科技改造、提升传统出版产业，开发新兴出版业态。

从长远来看，我国出版产业发展应坚持以市场为导向，充分发挥市场资源配置的基础性作用。针对我国出版产业发展面临的市场活力不足、企业融资困难、投资渠道不畅等问题，迫切需要国家财政发挥示范性和导向性作用，帮助弥补市场失灵和市场缺陷，推动出版产业的发展。2009 年，财政部参与制定了《关于深化中央各部门各单位出版社体制改革的意见》，积极研究制定相关措施，旨在促进中央各部门各单位出版社改革。财税部门应当进一步完善相关财税优惠政策，有计划、有步骤地推动经营性出版单位转企改制，力争打造一批有实力、有活力的国有或国有控股的出版企业，使之成为市场上的主导力量，带动我国出版产业的整体发展。

四、适应出版业市场化、产业化这一趋势，逐步转变出版管理部门的职能

在市场经济条件下，基于市场经济固有的自主性、平等性、竞争性、开放性的特点，要求与之适应的政府是有限政府、服务型政府和法治政府。政府要转变职能，集中精力抓好经济调节、市场监管、社会管理和公共服务，要从传统的管理型政府向现代的服务型政府转变。要求政府职能限定在提供公共产品、建立市场交易规则、维护市场秩序、实施宏观调控。必须进一步加强监管和行业自律，营造一个尊重知识、鼓励创新、健康有序的产业发展环境。政府要强化宏观管理职能，出版行政管理要从微观管理转向宏观管理，工作重点要放在以下几方面：一是构建和完善出版社会公共服务体系。出版行政管理部门要以优质的公共产品和社会服务，为人民群众参与社会经济、政治、文化活动提供保障和创造条件。在转型和变革背景下，面对出版产业发展的新态势和国内国际市场竞争的新形势，决定了引导出版产业发展、增强产业竞争力应成为出版行政管理的核心经济职能；二是要加强宏观调控，制定宏观产业发展政策。通过加强信息统计和调查研究，定期发布新闻出版产业发展的状况、前景和趋势，制定产业发展规划、重点项目和产业政策，调控出版总量、产业结构和产业布局，推进产业升级和结构调整；三是要加强对出版发行体制改革指导和协调。我国出版发行体制改革是在政府主导下自上而下推进的。政府主导改革仍是现阶段出版发行体制改革的主要特征；四是加强出版市场制度建设。建立出版微观运行制度，将试点经验和政策性措施转化为制度性安排，重塑出版市场主体。这也是现阶段深化出版发行体制改革基本目标。要建立和完善各类事关行业发展的管理制度，如出版内容审查制度、行业准入和退出制度、数字新媒体监管制度、出版业公平竞争制度、民营资本介入出版制度等。要加强行业自律，建立和完善行业诚信制度和职业道德制度等；五是加快出版物市场体系建设。加快建设统一开放、竞争有序、健康繁荣的现代出版物市场体系；六是加强出版行业监管。树立依法行政的理念，切实完善书报刊传统媒体和数字新媒体以及印刷发行业的监管机制，积极开展反侵权盗版斗争，建立良好的出版秩序。

我国出版产业的优势是人口规模大、文明历史悠久、文化资源丰富。但从总体上来看，我国出版业在国际竞争中还处于弱势，产业实力不强、规模不大、集中程度不高，出版业也是我国市场化进程最迟缓的产业之一。近年来，中央大力推进出版体制改革，实施管办分离，进行公益性和经营性出版单位分类改革，加快产业化进程，通过转企改制重塑市场主体，提高市场化水平，提升竞争能力，这些改革措施已经显现出良好的结果，推动我国出版业可持续发展需要继续进行理论上的探索和实践上的推进，需要设计出系统的综合性的改革方案。

参考文献

［1］柳斌杰："新闻出版业正处于重要的战略机遇期"，《中国新闻出版报》，2009 年 10 月 28 日。

［2］朱伟峰："打造国际一流传媒集团迫在眉睫"，《中国新闻出版报》，2009 年 10 月 27 日。

［3］魏玉山："数字出版仍需要全面深入地研究"，《中国新闻出版报》，2009 年 11 月 2 日。

［4］吴珺、苏超："改革：加快文化产业发展的重要动力——关于文化产业的研究综述"，《人民日报》，2009 年 10 月 19 日。

［5］柳斌杰："文化体制改革，既有路线图也有时间表"，《人民日报》，2008 年 6 月 19 日。

［6］张少春："加大财政支持力度　推动振兴文化产业"，《人民日报》，2009 年 10 月 10 日。

［7］朱建纲："论转型和变革背景下的新闻出版行政管理职能"，《中国新闻出版报》，2009 年 11 月 25 日。

［8］李舫、刘阳："六问中国文化产业——访文化部副部长欧阳坚"，《人民日报》，2009 年 10 月 28 日。

［9］庄建："新闻出版体制改革：从攻坚到决胜——访新闻出版总署署长柳斌杰"，《光明日报》，2010 年 1 月 4 日。

［10］韦金良："我国数字出版的现状及思考"，《中国新闻出版报》，2010 年 1 月 20 日。

［11］璩静："改革·发展·跨越——我国新闻出版业迈上新台阶"，《光明日报》，2010 年 1 月 16 日。

［12］王燕青："引进仍增长　输出均受阻"，《出版商务周报》，2009 年 8 月 30 日。

第三章

新闻出版业上市公司绩效现状

第一节 概 述

因数据获取存在一定难度，我们拟以主营业务集中于新闻出版业的上市公司为例，对新闻出版企业的运营模式、运营绩效进行概括分析。

根据传媒类企业的上市情况，我们从中挑选了10家比较具有代表性的企业，详细分析其主营产品构成情况以及各项收入占总收入的比重，从中筛选出主营业务集中于新闻出版业的上市公司。

具体情况如表3－1所示。

表3－1　2008年度10家传媒类企业主营产品构成情况及各项收入占总收入比重

公司名称	主营产品构成	各主营产品占总收入比重	主营产品中出版传媒类占总收入比重
博瑞传播	印刷相关业务	50.26%	64.42%
	广告业务（纸媒广告代理业务）	29.39%	

续表

公司名称	主营产品构成	各主营产品占总收入比重	主营产品中出版传媒类占总收入比重
博瑞传播	发行及投递业务（《成都商报》、《成都日报》、《成都晚报》独家代理权）	13.92%	
	学校收入	4.64%	
	杂志书籍销售及租赁业务	0.24%	
	其他业务收入	1.58%	
时代出版	教材教辅	56.82%	86.79%
	一般图书	16.08%	
	期刊杂志	2.47%	
	电子音像	0.34%	
	印装业务	8.53%	
	光盘销售	2.53%	
	印刷器材销售	2.54%	
	电子类产品	0.91%	
	辐射化工产品	0.87%	
	房产销售	8.59%	
	其他	0.31%	
中视传媒	影视业务	35.23%	54.48%
	广告业务	54.48%	
	旅游业务	10.20%	
新华传媒	图书	27.53%	91.91%
	音像制品	2.32%	
	文教用品	6.69%	
	广告报刊（广告：平面媒体、广告代理；报刊：《申江服务导报》、《晨刊》、《I时代报》）	62.06%	
	其他	3.64%	

续表

公司名称	主营产品构成	各主营产品占总收入比重	主营产品中出版传媒类占总收入比重
出版传媒	一般图书	44.43%	73.98%
	纸张、印刷耗材等	23.22%	
	教材教辅	24.35%	
	期刊	0.45%	
	音像制品	2.09%	
	票据印刷	2.66%	
	文化用品	1.60%	
	其他	1.19%	
华闻传媒	信息传播服务业	50.97%	59.61%
	印刷	8.64%	
	商品销售及配送	3.88%	
	其他代理业务	3.82%	
	管道天然气	10.20%	
	燃气管网施工及安装	1.16%	
	橡胶贸易	9.64%	
	锌贸易	3.98%	
	铝贸易	2.02%	
广电网络	广告代理收入	11.70%	11.70%
	有线电视收入	88.19%	
	其他收入	0.11%	
粤传媒	印刷	85.64%	97.17%
	广告（广告代理业务）	7.96%	
	书报刊销售	3.56%	
	旅店服务业	2.83%	
赛迪传媒	传媒业务收入	32.16%	32.16%
	存储产品销售收入	67.21%	
	物业管理收入	0.62%	

续表

公司名称	主营产品构成	各主营产品占总收入比重	主营产品中出版传媒类占总收入比重
电广传媒	广告制作代理	67.67%	69.31%
	影视节目制作发行	1.64%	
	网络传输服务	25.72%	
	旅游业	4.35%	
	房地产	0.61%	

资料来源："主营收入构成"版块，证券中国，http：//stock.zgjrw.com/sh/。作者加以整理。

通过表3-1的数据可知，时代出版、新华传媒、出版传媒、粤传媒四家公司新闻出版业务在总收入中占比较高，其中时代出版的新闻出版类业务占86.79%，新华传媒的新闻出版类业务占91.91%，出版传媒占73.98%，粤传媒占97.17%，这四家出版传媒类上市公司对于我们研究新闻出版企业绩效现状具有一定的代表性，下面对这4家上市公司进行系统描述与分析。

第二节 新华传媒

一、概述

（一）公司历史

上海新华传媒股份有限公司（简称"新华传媒"）承继了新华书店70年的光荣传统，是我国文化战线上的一支重要力量，是中国出版发行行业第一家上市公司，目前已成为一家综合性传媒类上市公司。

2000年6月，上海新华发行集团成立，集团原为新华书店上海总店，主要从事图书、电子出版物等的批发和零售业务，它也是全国文化体制改革综合试点地区的试点发行集团。该集团成立之初为国有控股公司，是以上海新华网点为基础，整合上海书城、中国科技图书公司等29家企业，经资产重组而组建的现代文化企业。

2008年1月，公司完成定向增发，解放日报报业集团、上海中润广告有限公司分别以其传媒类经营资产认购公司124367268股股份。定向增发后，新华传媒在以图书发行业务为主业的基础上，增加报刊经营、报刊发行、报刊广告代理等业务，打造出完整的平面媒体经营产业链，进而提高其竞争能力，实现其在该领域的发展战略。

（二）上市历程

在国内图书发行市场，2003年新华书店面临着“民营书店”和“洋书店”两方面的挑战。2003年中国政府高层开始推行主动出击的思路，在新华系中，国家新闻出版总署确定了全国七家发行集团率先试点股份制改造，包括新华发行集团总公司以及浙江、江苏、辽宁、四川、福建、上海等六省市的新华发行集团。因此，从2003年8月开始，上海新华发行集团开始筹备改制事宜，并实行了“三步走”战略。即从国有独资发展到国有多元，再从国有多元到混合所有制，最后一步就是上市。

第一步，将国有股权分流。2004年9月9日，由上海精文投资有限公司、解放日报报业集团、文广集团、世纪出版集团、文艺出版总社分别按照36%、34%、10%、10%、10%的比例担任股东，使上海新华发行集团从国有独资形式转变成“国有多元投资”格局。这样，该集团开始由上海最有名的几家媒体、出版集团共同持有，实现了国有股权的分流，使上海新华集团从国有独资转变成了国有多元化。

第二步，从国有多元制到混合所有制。2004年9月6日，上海新华发行集团在实现国有多元化后，在上海联合产权交易所正式挂牌，公告出让49%股权，底价为2.97亿元。2004年11月24日，上海房地产巨子——绿地集团以3.48亿元购得上海新华49%的股份，成为第一大股东。

二次改制，上海新华发行集团没有以牺牲职工利益为代价。改制，不是走人，是留人。在这样的思想指导下，上海新华发行集团出台了《上海新华发行集团公司改制职工权益保障方案》，从股权转让所获得的3.48亿元人民币中，拿出2亿元作为职工权益保障的专用基金。这一举措的积极效应是，2005年集团净利润比2004年增长了123%。二次改制，使得上海新华发行集团获得“强身健体”的效果：集团正从传统的文化事业单位，走向现代化文化企业，并为以后的成功上市铺平了道路。

第三步，借壳上市，成为上市公司。“华联超市”公司前身为上海时装股份有限公司、华联超市股份有限公司。

1993 年 10 月，上海时装股份有限公司向社会公众公开发行普通股股票 2000 万股，公司股票于 1994 年 2 月 4 日在上海证券交易所上市交易，股票简称“时装股份”，股票代码“600825”。

2000 年 7 月，公司原控股股东华联（集团）有限公司将其所持有的本公司 51425082 股国家股转让给上海华联商厦股份有限公司，并受让其所持有的上海华联超市公司 100% 股权，公司更名为“华联超市股份有限公司”（简称“华联超市”）。

2005 年 5 月，全国上市公司实施股权分置改革，所有新股上市被停止。上海新华传媒不得不选择了置换资产，借壳上市。

2006 年 9 月，上海新华发行集团有限公司受让本公司股份 118345834 股（占总股本的 45.06%），成为公司第一大股东，经过资产置换，公司主营业务由原来的商业连锁业变更为经营文化传媒业务，公司名称变更为“上海新华传媒股份有限公司”（简称“新华传媒”）。

（三）上市后市场表现

从图 3－1 可看出新华传媒上市后的股价走势，从 2006 年借壳上市以来，虽然有过长时间的大幅度上涨，但经过中国牛市的崩盘，也一度直线下跌，后在每股 10 元到每股 18 元波动，比起初上市还是有一定的上涨。股价在经济危机期间还是能够维持相对的稳定。

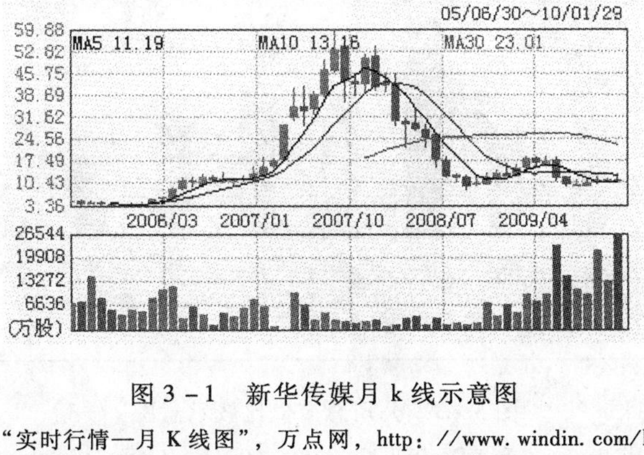

图 3－1　新华传媒月 k 线示意图

资料来源：“实时行情—月 K 线图”，万点网，http：//www. windin. com/home/stock/html/600825. SH. shtml? &t = 1&q = % e6% 96% b0% e5% 8d% 8e% e4% bc% a0% e5% aa% 92

从图 3－2 可以看出新华传媒的市场表现并不出色，从 2009 年 2 月到 11 月间一直低于市场平均水平，但还是在起伏中缓慢上升。但不容乐观的是公司与市场水平的差距也随之加大，这对新华传媒无疑是一个警示。

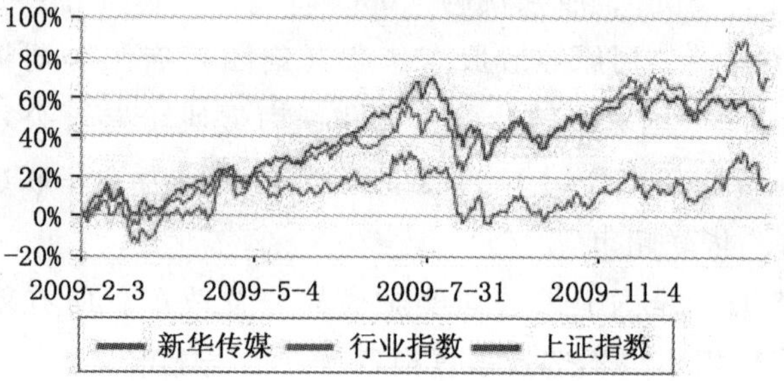

图 3－2　市场走势示意图

资料来源："市场表现"，万点网，http：//www. windin. com/home/stock/industry/600825. SH. shtml

以上被列的十家企业均是具有出版业务的传媒上市公司，由图 3－3 可知，新华传媒的总市值仅次于博瑞传媒位列第二位，说明该企业有着良好的基础和坚固的基石，高市值对提高公司的知名度和价值有利，而且将来公司的再融资可以高溢价发行，得到更多的资金。这样便为公司以后的强大做好了准备。

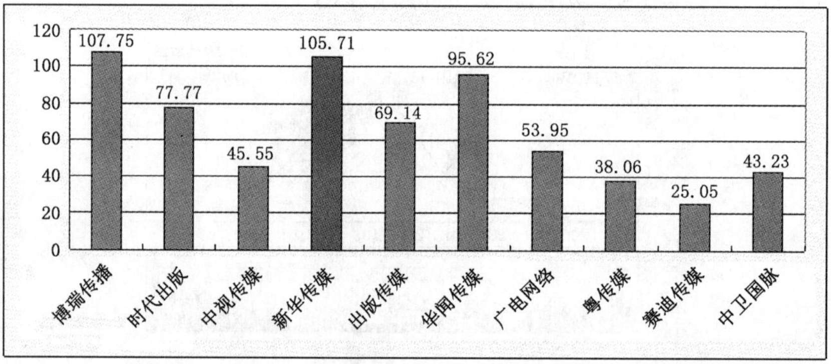

图 3－3　公司总市值比较示意图

资料来源："资料——总市值"，万点网，http：//baidu. hexun. com/stock/ic. php? code =600551. sh，作者加以整理。

二、公司业务范围

（一）产业链布局

新华传媒上市后公司整体架构如图 3－4 所示。

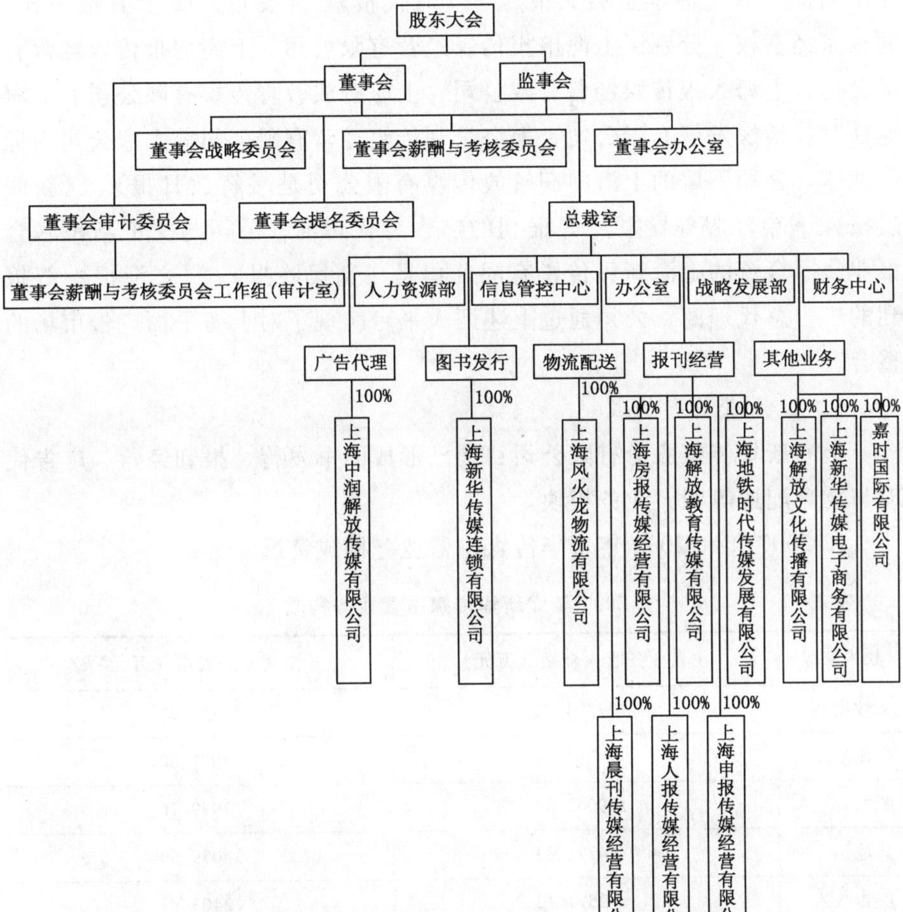

图 3－4　新华传媒组织结构示意图

资料来源：“公司概况——组织结构”，新华传媒，http：//www. xhmedia. com/about _ framework. asp

新华传媒由原本单纯以图书发行为主发展到综合广告、报刊、图书和电子商务等多途径的发行体系，将企业的发行业务横向扩张，形成强大的横向链条，并且，新华传媒还通过扩展物流配送业务，具备了配送能力，从而进一步提升了企业的发行能力。这种向下游铺开的业务链，无疑增强了企业的竞争力，使企业在激烈的出版业竞争中处于优势状态。

在报刊业务方面，公司拥有《申江服务导报》、《房地产时报》、《人才市场报》、《上海学生英文报》、《I时代报》、《晨刊》等"五报一刊"的独家经营权，分别以上海申报传媒经营有限公司、上海房报传媒经营有限公司、上海人报传媒经营有限公司、上海解放教育传媒有限公司、上海地铁时代传媒发展有限公司、上海晨刊传媒经营有限公司等六家公司为运作载体。公司下属的上海中润解放传媒有限公司是《解放日报》、《新闻晨报》、《申江服务导报》等报刊的广告总代理商，公司与文汇新民联合报业集团合资的上海新民传媒有限公司是《新民晚报》、《文汇报》等报刊的广告总代理商，公司通过上述两大平台实现了对上海平面广告市场的整合。

（二）主营业务构成

上海新华传媒股份有限公司目前已形成图书发行、报刊经营、广告代理与物流配送等四大业务板块。

1. 2007年和2008年新华传媒主营业务构成情况

表3-2　2007年度新华传媒主营业务构成

收入来源	主营业务收入金额（万元）	主营业务成本（万元）
文教用品	27224.72	23173.21
音像制品	10782.05	8091.62
图书	109062.09	7979.76
其他	14771.83	14079.69
广告收入	2577.12	2403.83

资料来源：上海新华传媒股份有限公司2007年年度报告，作者加以整理。

通过2007年、2008年两年的数据可以看出，新华传媒所包括的出版业务有音像制品、图书和广告报刊。由此可见新华传媒的出版业务组合很宽，包含了平面出版，音像出版，图书出版和广告报刊，但业务组合深度上还是有所欠缺，只有发行这个环节。图3-7为新华传媒2007年和2008年出版相关的业务两年间的变化关系示意图。

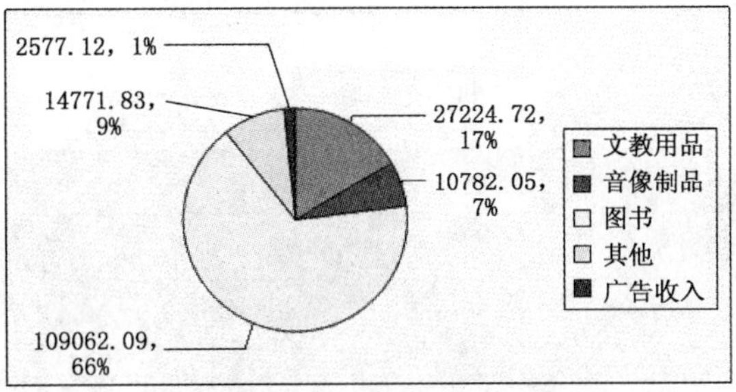

图 3－5　2007 年新华传媒收入构成示意图

资料来源：上海新华传媒股份有限公司 2007 年年度报告，作者加以整理。

表 3－3　　2008 年度新华传媒主营业务构成

收入来源	主营业务收入金额（万元）	主营业务成本（万元）
音像制品	6554.31	4447.61
其他	10305.11	7067.02
报刊及广告收入	175648.57	129633.13
文教用品	18930.37	15953.63
图书	77945.67	51042.85

资料来源：上海新华传媒股份有限公司 2008 年年度报告，作者加以整理。

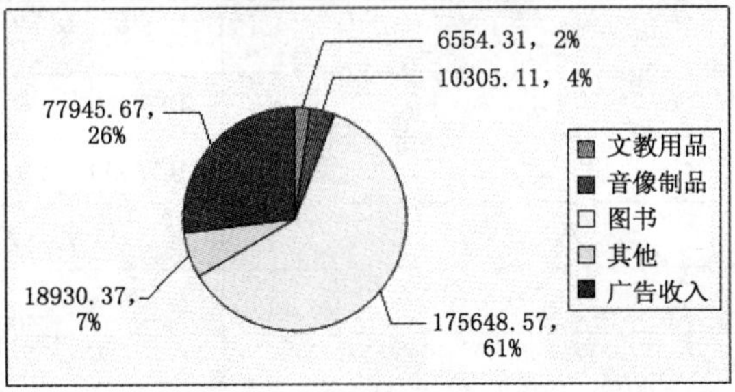

图 3－6　2008 年新华传媒收入构成示意图

资料来源：上海新华传媒股份有限公司 2008 年年度报告，作者加以整理。

由图 3－7 可知，2008 年公司的音像制品业务和图书业务比 2007 年都有所下降。究其原因，我们认为：（1）人均购买图书少，截至 2005 年年底，我国每年人均购买图书 4.5 本，不足发达国家的 1/10；（2）网络发展迅速，近几年我国国民图书阅读率一直低于 50%，人们通过互联网

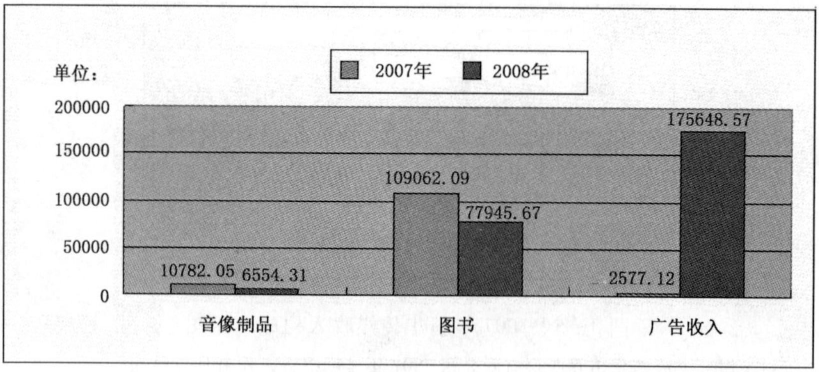

图 3－7　新华传媒出版相关业务构成示意图

资料来源：上海新华传媒股份有限公司年度报告，作者加以整理。

获取信息的倾向不断上升。但传统纸质图书在很多方面仍具有不可替代的优势。随着国民消费水平的提高，图书消费将会保持平稳增长，数字出版物仅会在部分领域（如小说、休闲类图书）对纸质图书造成较大冲击。

2. 新华传媒2009年主营业务构成情况（表3－4）

表3－4　　合并利润表

2009年1—6月

编制单位：上海新华传媒股份有限公司　　单位：元；币种：人民币

项　　目	本期金额	上期金额
一、营业总收入	1074950921.60	1240461170.81
其中：营业收入	1074950921.60	1240461170.81
利息收入		
已赚保费		
手续费及佣金收入		
二、营业总成本	944199420.81	1153079450.88
其中：营业成本	62051438.64	890791781.90
利息支出		
手续费及佣金支出		
退保金		

续表

项　　目	本期金额	上期金额
赔付支出净额		
提取保险合同准备金净额		
保单红利支出		
分保费用		
营业税金及附加	28141631.51	23772263.58
销售费用	180455797.17	156757522.74
管理费用	56063152.52	68646926.76
财务费用	8101995.64	9647853.62
资产减值损失	9385405.33	3463102.28
加：公允价值变动收益（损失以“－”号填列）	1304578.09	1103767.47
投资收益（损失以“－”号填列）	1304578.09	1103767.47
其中：对联营企业和合营企业的投资收益	1304578.09	1087767.47
汇兑收益（损失以“－”号填列）		
三、营业利润（亏损以“－”号填列）	132056078.88	88485487.40
加：营业外收入	7778712.79	30954190.01
减：所得税费用	34849076.56	14038607.86
五、净利润（净亏损以“－”号填列）	104706178.56	105001157.25
归属于母公司所有者的净利润	100561977.95	105220847.51
少数股东损益	4144200.61	－219690.26
六、每股收益：		
（一）基本每股收益	0.173	0.181
（二）稀释每股收益	0.173	0.181

资料来源：“合并利润表”，上海新华传媒股份有限公司2009年上半年度报告。

由表3－4可知2009年上半年新华传媒实现营业收入10.7亿元，同比下滑13.3%，归属于上市公司股东的净利润1亿元，同比减少4.43%；扣除非经常性损益后的净利润为7369万元，同比下降5.55%。业绩下滑的主要原因仍然是广告业务随当前经济景气下滑以及图书发行业务持续调整下的营业收入规模收窄，同时销售费用同比增长 15.1%，造成销售费用率提高 4.2 个百分点至 16.8%，有效所得税率恢复至 25%，而媒体经营公司取得的税收返还和扶持资金比上年同期减少 59.0%。

广告业务同比大幅下滑值得关注。2009 年第 2 季度并非宏观经济环境最恶劣时期，但公司广告收入下滑幅度却为近几个季度中最大，伴随着毛利率的大幅提升，我们认为可能是因为广告平台的形成，报纸广告单价提升，既提高了毛利水平，也相对抑制了广告业主对报纸广告的需求，转而寻求其他媒体的广告投放，而图书发行业务享受免税优惠，考虑到教材和教辅业务的防御性较强，利润还是维持相对稳定的。

三、公司财务分析

公司财务情况见表 3 – 5。

表 3 – 5　新华传媒主要财务比率一览表

新华传媒	财务效益		运营状况		发展能力	
时间	净资产收益率（%）		总资产周转率	资产负债率（%）	主营业务增长率（%）	
2005 – 12 – 31	–4		1.86	39	23	
2006 – 12 – 31	2		1.40	52	20	
2007 – 12 – 31	8		0.96	44	30	
2008 – 12 – 31	13		0.94	42	10	
时间	主营业务利润率（%）	成本费用利润率（%）	存　货周转率	速动比率	净利润增长率（%）	净资产增长率（%）
2005 – 12 – 31	16	–1	6.97	0.92	–216	–7
2006 – 12 – 31	17	0.7	5.7	0.93	–139	–5
2007 – 12 – 31	22	4	4.84	0.88	354	2
2008 – 12 – 31	29	12	3.7	0.83	66	136

资料来源：上海新华传媒股份有限公司年度报告，作者加以整理。

（一）营运能力分析

从图 3 – 8 可知，新华传媒的资产负债率虽然在第一年是上升的，但从 2005—2008 年呈现逐渐下降的趋势，反映出版传媒的偿债能力是逐步增强的。速动比率也是判断偿债能力的一个指标，速动比率越高，说明企业的短期偿债能力越强。该企业 2005—2008 年的速动比率尽管是缓慢地上升，但足以说明企业的偿债能力是逐渐增强的。从总资产周转率来看，新华传媒的总资产周转率从 2005—2008 年整体是下降的，虽然在 2008 年有所恢复，但仍不改下降趋势，反映出该企业的营运能力是逐年下降的。另一个指标存货周转率说明了一定时期内企业存货周转的次数，可以用来测定企业存货的变现速度，也反映企业的销售效率和存货使用效率，正常情况下，如果企业经营顺利，存货周转率越高，说明存货周转的越快，企业的销售能力越强，营运资金占用在存货上的金额也会较少。从 2005—2008 年存货周转率是下降的，说明企业的存货周转速度减缓，企业的经营不是很顺利。

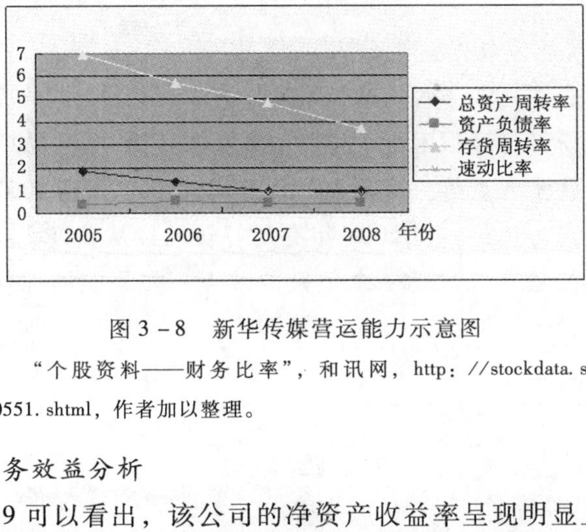

图 3－8　新华传媒营运能力示意图

资料来源：“个股资料——财务比率”，和讯网，http：//stockdata. stock. hexun. com/2009 _cwbl _ 600551. shtml，作者加以整理。

（二）财务效益分析

从图 3－9 可以看出，该公司的净资产收益率呈现明显上升趋势，说明这一期间所有者投资的获利能力持续增加，收益上涨。

该企业 2005—2008 年度主营业务利润率直线上升，综合考虑企业的主营业务收入和主营业务成本两方面的因素，可以看出企业成本控制、费用管理、产品营销、经营策略等方面不足，但 2006—2008 年主营业务利润率开始稳步上升，也说明出版传媒公司的主营业务的获利空间在逐步加大。

成本费用利润率指标表明每付出一元成本费用可获得多少利润，体现了经营耗费所带来的经营成果。该项指标越高，反映企业的经济效益越好。由图 3－9 可知 2005—2008 年成本费用利润率稳步上升，反映了新华传媒的经济效益越来越好。

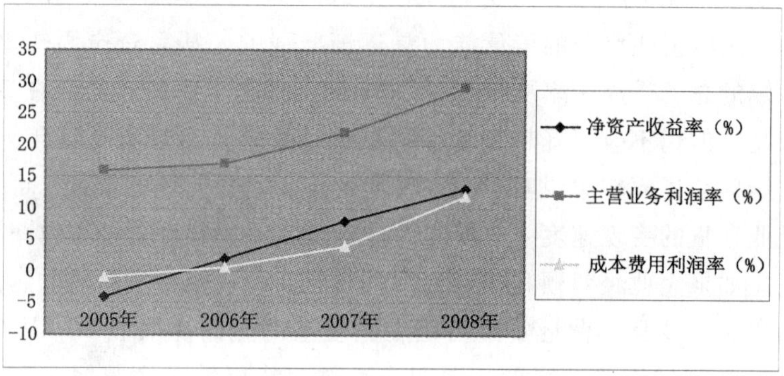

图 3－9　新华传媒财务能力分析示意图

资料来源：财务报表，上海新华传媒股份有限公司年度报告，作者加以整理。

（三）发展能力分析

一般来说，主营业务收入增长率低于5%，说明公司产品已进入衰退期，保持市场份额已经很困难，主营业务利润开始滑坡，如果没有已开发好的新产品，将步入衰落。从图 3－10 可知，2005 年到 2007 年主营业务收入增长率一直为负值，但 2008 年有所好转已经从负变为正，说明该公司还是有成长的势头，这是一个关键的节点，如果能够抓住机会顺势而上，企业必将创造佳绩。

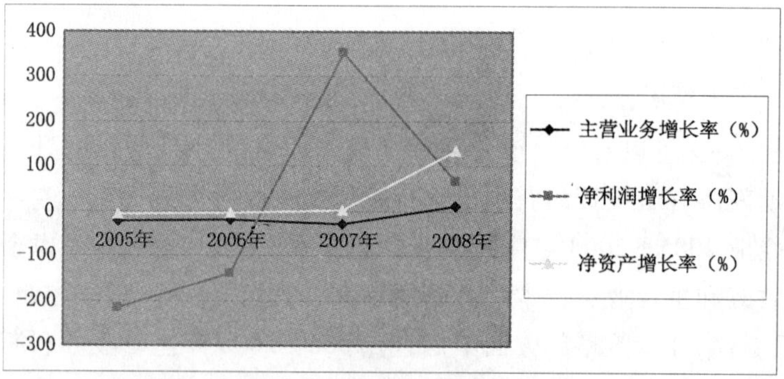

图 3－10　新华传媒发展能力分析示意图

资料来源：财务报表，上海新华传媒股份有限公司年度报告，作者加以整理。

公司从 2005 年到 2008 年净利润增长率和净资产增长率都在起伏中上

涨，说明企业的经营效益较好，具备较好的发展能力。

四、公司目前存在的问题与未来发展

（一）公司目前运营中存在的问题

2009年上半年，为应对国际金融危机、促进经济平稳较快发展，国家出台了一系列方针、政策和措施，实施了积极的财政政策和适度宽松的货币政策，使整体经济出现企稳回升。国家新闻出版总署也出台了《关于进一步推进新闻出版体制改革的指导意见》。这一系列政策措施对公司上半年的经济工作产生了积极的影响和促进作用。

在这样的利好消息下，新华传媒2009年前3季度公司实现营业收入却只有16.11亿元，同比下降21.27%；营业利润1.97亿元，同比增长6.84%；归属母公司所有者净利润1.62亿元，同比下降15.29%，每股收益0.19元。第3季度公司实现营业收入5.36亿元，同比下降33.47%；净利润6189万元，同比下降28.49%；每股收益0.071元。造成这样的结果主要原因是主营业务下滑和所得税费用大幅提高。除退出新民传媒广告公司对营业收入造成影响外，公司图书业务和广告业务均有一定程度的下降。尽管公司有效控制成本费用，毛利率提升近10个百分点，营业利润实现6.8%的同比增长。但因2008年同期新华传媒连锁公司、上海解放教育传媒公司及四家报纸经营公司均处于免税期，今年有效所得税率提高10多个百分点，大大挤压了利润空间。

（二）公司未来发展

2009年11月25日，新闻出版总署副署长李东东在接受采访时表示，中国出版物的发行领域已全面开放，允许外商在中国投资出版物分销企业，从事国内（不包括港、澳、台）版图书、报纸、期刊、电子出版物的批发和零售业务。中国目前积极鼓励境外出版机构同国内出版机构开展多种形式的单一项目合作。据介绍，近年来，中国已有62种期刊与国外同行开展了版权合作。

全国除4家公益性出版社以及军队出版社外，其他的575家出版社将在2010年12月31日之前全部改制完毕。李东东用“三个一批”简要介绍报刊改革目标，即做强做大一批、整合重组一批、停办推出一批，解决中国报刊多而不强、大而不好的局面。

在这样的背景下，新华传媒应在做强做大出版物发行主业的基础上，根据市场和产业发展的要求，通过渠道整合、产品整合和管理整合，与其他各子公司积极推行和实施跨媒体、跨区域的多元化合作和经营，实现产业链的上下延伸和关联产品的业务联动。公司将通过业务运作和资本运作，努力打造成一个集图书、音像制品、文化用品等产品于一体，中盘批发、连锁经营、跨区域发展的优秀出版物发行经销商。

新华传媒在出版业变革的大潮中要稳扎稳打，夯实基础，寻求发展，创建品牌。

第三节　出版传媒

一、概述

（一）公司历史

辽宁出版集团2000年3月正式运营。集团以“导向正确，主业突出，品牌名优，综合能力强的大型出版传媒集团”为发展目标，不断提高以纸介质为主体的传统出版物质量，全力促进纸、光、电、磁等多介质的互动发展，为文化发展和文明进步提供载体丰富多元、传递迅捷高效的优质产品和服务。

辽宁出版集团积极致力于传统出版向现代出版的快速转变，率先以网络化、数字化和信息化，建立现代出版发展平台，为产业可持续发展奠定了坚实基础。先后建成中国出版业第一个应用现代网络技术，实现编辑手段数字化的出版智能大厦；运行中国出版业第一个实现出版物计算机网络配送，与世界先进配送技术全面接轨的“出版物配送中心”；引进国内第一套数字化印刷制版系统（CTP）；应用世界先进的POD数码印刷设备；生产第一例标准中文电子图书“掌上书房”；开发中国出版业第一个电子图书资源数据库……实现编辑、印刷、发行主要环节与世界发达国家出版产业最前沿的高新技术一步到位接轨。

辽宁出版集团提倡“以人为本”，倡导靠人的知识、素质、技能提高产出的效率和质量。坚持培训和引进并重，积极创造专业人才脱颖而出的机制和条件。符合现代出版发展要求的人才队伍，成为产业发展的强力支撑。

在中国出版业高速发展的新阶段，辽宁出版集团已经展现出现代出版产业新形象。国务院原副总理李岚清来辽宁出版集团集团视察工作时，给予高度评价，他说："一个中国现代出版业出现了"；中共中央政治局委员、书记处书记、中宣部部长刘云山和时任中共国家新闻出版总署署长的石宗源前来视察时称赞："辽宁出版集团搞得很成功"；时任中共中央政治局常委、国家副主席曾庆红看到集团的发展成果时，高兴地连连说："大开眼界"，"没想到出版业发展到这样"。

辽宁出版集团先后被中共辽宁省委命名为改革发展先进典型，被辽宁省政府授予先进集体光荣称号。2003 年 6 月，成为中央文化体制改革试点单位。

（二）上市历程

2003 年，辽宁出版集团"走出去"取得了看得见的进步，与美国国家地理学会、企鹅出版公司、普林斯顿出版公司、麦格劳—希尔公司等达成版权贸易合同和意向 239 项，其中输出版权 57 种，引进版权 182 种。

在 2000 年 4 月 6 日，辽宁出版集团和辽宁出版投资公司在辽宁省工商局登记成立辽宁出版传媒股份有限公司。

2005 年 5 月 15 日，辽宁出版集团参股的四川新华文轩连锁股份有限公司（以下简称"新华文轩"）挂牌成立。这是我国第一家按照上市公众公司标准，规范设立的大型股份制出版发行企业。5 月 30 日，它在香港联交所敲响"开市"锣，是在港上市的第一家纯书店股。

2006 年 8 月 9 日，在辽宁省工商行政管理局登记成立。2006 年 8 月 29 日，经辽宁省人民政府（辽政［2006］74 号文《辽宁省人民政府关于同意辽宁出版集团有限公司改制重组并赴香港联交所主板上市（H 股）的批复》）和中华人民共和国新闻出版总署（新出图（2006）551 号文《关于同意辽宁出版集团有限公司改制重组赴香港联交所主板（H 股）上市有关事宜的批复》）批准，由辽宁出版集团有限公司、辽宁省电视台广告传播中心作为发起人，以发起方式设立股份有限公司。公司控制人是辽宁出版集团有限公司，最终控制人是辽宁省人民政府。

辽宁出版传媒股份有限公司辽海出版社分公司在2007年1月18日登记成立。2007年12月18日，辽宁出版传媒股份有限公司发布《首次公开发行A股定价、网下发行结果及网上中签率公告》（下称《公告》）宣布，公司预计于12月21日在上海证券交易所挂牌上市，证券简称出版传媒，证券代码为601999。

（三）上市后市场的表现

上市，大概是现代出版传媒企业最具雄心的一项战略布局。2007年辽宁出版传媒首发上市时，曾以16.63元开盘、19.93元收盘，较发行价4.64元大涨329.53%，成为当时沪市最牛的新股，开盘仅两个小时，市值即由20多亿元涨至80余亿元。

从图3－11可以看出，出版传媒的股价随着宏观经济形势的演化而不断变化，2008年11月28日达到最低，自此以后该股股价一路上扬，截至2010年1月29日持续增长，这说明公司有一定的发展潜力，为广大投资者所认可。

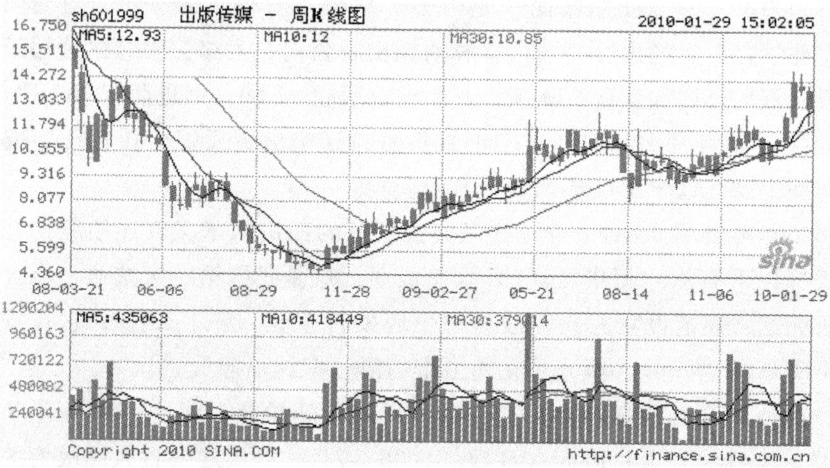

图3－11 出版传媒周k线示意图

资料来源："出版传媒周k线图"，新浪财经网，http://finance.sina.com.cn/realstock/company/sh601999/nc.shtml

二、业务范围

（一）产业链布局

辽宁出版传媒股份有限公司的首发获得通过后，成为国内第一家将编辑业务与经营业务合并打包上市的出版企业。此前的博瑞传播、赛迪传媒、北青传媒、华闻传媒、粤传媒、新华传媒、新华文轩等传媒概念上市公司中均只有媒体经营性资产，其核心的采编业务资产被排除在外。公司设立时，按照中共中央宣传部和新闻出版总署的要求，公司控股股东辽宁出版集团有限公司将经国家出版行政管理机构批准的意识形态属性较弱的出版业务投入公司，同时将其出版物发行业务、票据印刷及印刷物质供应业务投入公司。公司同时拥有图书的出版、批发、零售、物资供应和相关优质资产，形成了较为完整的一体化产业链，同时，各项业务均已实现规模化，并在细分领域建立了良好的竞争优势。上市后公司组织结构如图3－12所示。

辽宁出版传媒主要依靠板块制胜，并非某些个别书目。时政、经济、科技、文教、美术、生活六大领域的图书成为主业发展的核心竞争力和重要标志。出版传媒主营图书出版业务、发行业务、票据印刷及印刷物资供应业务，是首家获得中共中央宣传部和新闻出版总署批准将编辑业务连同经营业务整体发行上市的出版企业。完整的产业链布局大大提升公司业务的竞争能力和抗风险能力。

全球出版市场增速约不足3%，我国市场为5%，高于全球平均。我国出版行业平均利润率一般为15%—25%，其中图书出版环节占全行业利润额的70%以上。图书发行各环节的平均利润率在5%—10%，利润增长一般依赖于销售规模的扩大。出版传媒公司是出版发行行业的区域龙头企业，主要拥有：辽海社、辽科社、电子社、辽美社、万卷公司等5家出版社；北方图书城、北方配送公司、典雅公司、辽宁省新华书店、辽宁省出版发行中心等5家发行公司；1家印刷物资供应公司；1家票据印刷公司以及吉尼斯（辽宁）俱乐部。此外，公司控股股东辽宁出版集团未来还有计划将辽少社、辽教社、春风社、音像社等通过增资方式注入公司。

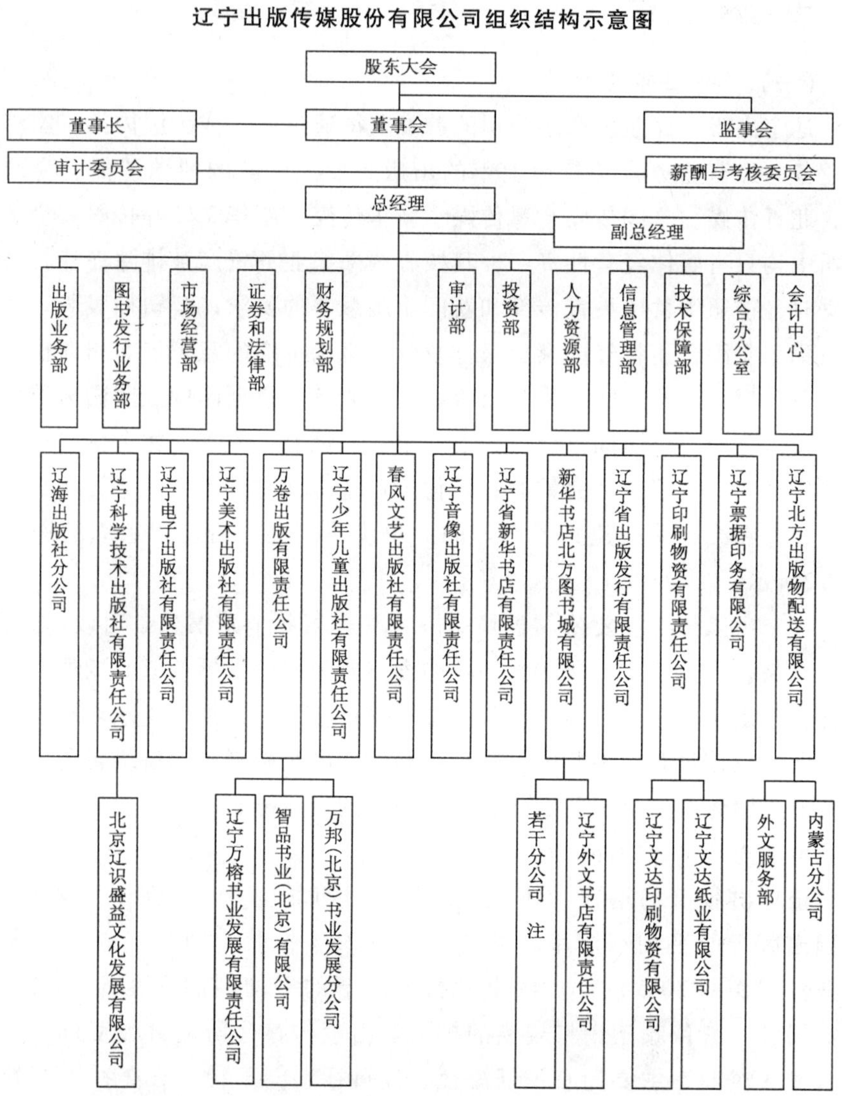

注：分公司包括新华书店北方图书城有限公司快餐店、丹东分店、本溪分店、抚顺分店、抚顺南站分店、鞍山胜利连锁店、营口分店、葫芦岛分店、三好街分店、滑翔分店、辽大分店、天津街店、大连学院店、吉林市分店、锦州直营店、铁西保工店、铁西齐贤店、哈尔滨乐松店、大连西安路店。

图 3－12　辽宁出版传媒股份有限公司组织结构示意图

资料来源："出版传媒组织机构图"，出版传媒官方网站公司基本信息，http：//www.lnpmc.com.cn/dverview/chengyuan.aspx？bid＝46

出版传媒公司拥有的5家出版社在细分行业中占据领先地位；公司还建立了完善的发行体系，拥有集批发和零售为一体的东北三省区域性出版物发行网络，网络成熟、辐射能力强；公司在中国出版业率先利用高科技手段改造传统出版业的运作方式，在出版、发行和配送各环节引进了数字化和网络化技术；公司积极参与多种方式的国际资本及业务合作，并在图书对外出口方面树立了行业领先地位。

（二）公司主营业务分析

出版传媒企业，是精神文化产品的生产者和推广者，既要通过有形产品的生产销售，获得经济效益，还必须通过对无形产品——先进文化的弘扬与引领，获得社会效益。辽宁出版传媒公司的业务范围已经国家新闻出版总署批准为：图书、报刊、音像、电子出版物编辑出版，出版物总批发、批发与分销、零售，印刷、复制，出版、发行、印刷物资购销，版权贸易和对外出版、发行、印刷贸易，互联网出版、发行。

由图3－13可以看出：辽宁出版传媒年度总收入中占比重最大的是发行业务53%，其次是出版业务31%，物资销售业务是14%，另外还带有2%的印刷业务。从表3－6可以看出，主营业务收入中“其他业务”的收入是45.07万元，成本是26.99万元。

由图3－14可知，2008年度辽宁出版传媒发行业务占主营业务的最大份额，为48%，其次是出版业务，为30%。

表3－6　　辽宁出版传媒2007年度主营业务分析表

行业名称	主营业务收入（万元）	主营业务成本（万元）
出版业务	33614.75	22783.86
发行业务	57754.27	47265.13
物资销售业务	15023.34	13943.64
印刷业务	2577.42	1735.03
其他	45.07	26.99

资料来源：“收入构成——按行业分布”，百度和讯，http：//baidu.hexun.com/stock/ic.php?code=601999.sh&t=1。作者加以整理。

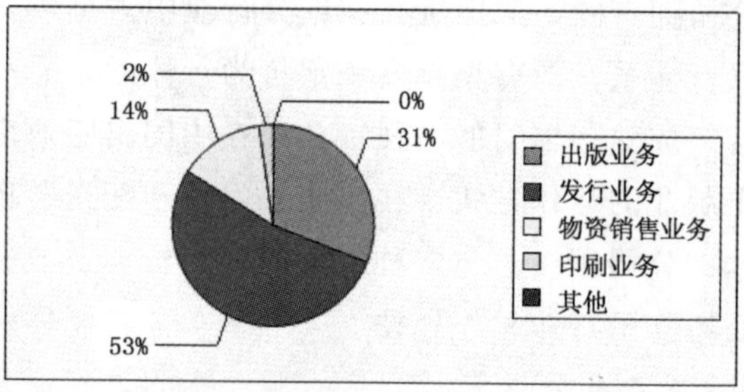

图 3－13 辽宁出版传媒 2007 年度主营业务构成比率示意图

资料来源："收入构成——按行业分布"，百度和讯，http：//baidu. hexun. com/stock/ic. php？ code = 601999. sh&t = 1。作者加以整理。

表 3－7 辽宁出版传媒 2008 年度主营业务分析表

	主营业务收入（万元）	主营业务成本（万元）
出版业务	39355. 30	26511. 17
发行业务	62773. 15	52051. 94
物资销售业务	24618. 81	23078. 13
印刷业务	2816. 72	1975. 53

资料来源："收入构成——按行业分布"，百度和讯，http：//baidu. hexun. com/stock/ic. php？ code = 601999. sh&t = 1。作者加以整理。

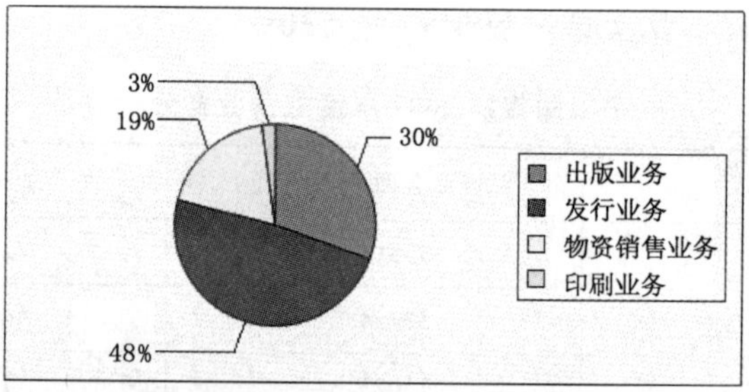

图 3－14 辽宁出版传媒 2008 年度主营业务构成比率示意图

资料来源："收入构成——按行业分布"，百度和讯，http：//baidu. hexun. com/stock/ic. php？ code = 601999. sh&t = 1。作者加以整理。

由图 3－15 可知：公司在出版业务、发行业务以及物资销售业务上，2008 年度数据均超过了 2007 年度，在印刷业务上 2008 年度与 2007 年度数据几乎持平；另外 2007 年度的其他业务到 2008 年已经消失。

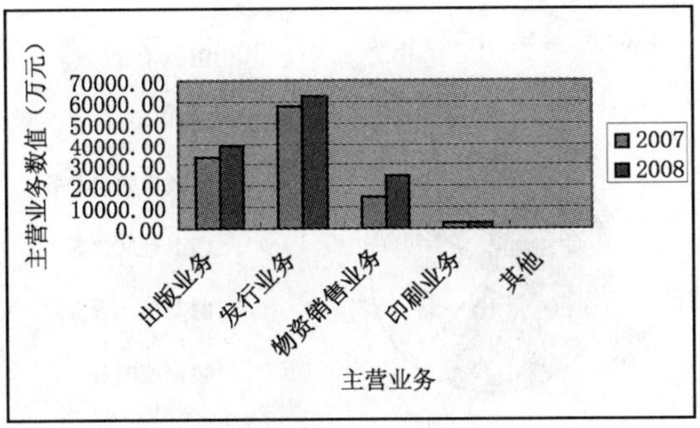

图 3-15　2008 年度与 2007 年度主营业务对比示意图

资料来源："收入构成——按行业分布"，百度和讯，http：//baidu. hexun. com/stock/ic. php？code = 601999. sh。作者加以整理。

表 3-8　　　　2009 年上半年主营业务分析表

行业名称	主营业务收入（万元）	主营业务成本（万元）
抵销数	-6461.70	-6357.56
印刷业务	1660.28	1198.68
物资销售业务	11192.39	10493.52
其他（含期刊）	2109.01	1142.89
其他（含音像、文化用品等）	1837.88	1453.20
一般图书	17662.37	14886.56
教材教辅	9267.50	7784.57

资料来源："收入构成——按行业分布"，百度和讯，http：//baidu. hexun. com/stock/ic. php？code = 601999. sh&t = 1。作者加以整理。

由图 3-16 可以看出，主营业务收入占很大比重的是一般图书，其次是物资销售业务，占市场份额最小的印刷业务。图中显示印刷业务与其他（含音像、文化用品等）业务所占比率相等均为 4%。

从以上所有图表中可以分析，2007—2009 年上半年出版业务与发行业务已经发展很快，印刷业务有小规模的增加，物资销售业务有所增长，目前出版传媒倾向于一般图书的发行印刷以及物资销售业务。

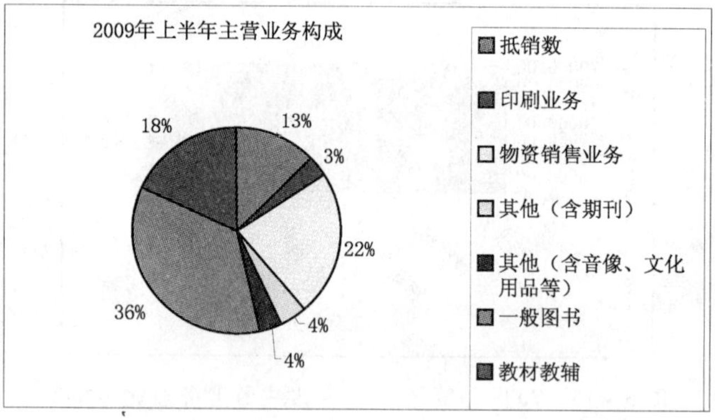

图 3－16　2009 年上半年主营业务构成示意图

资料来源："收入构成——按行业分布"，百度和讯，http：//baidu. hexun. com/stock/ic. php？code＝601999. sh&t＝1。作者加以整理。

三、公司财务分析

出版传媒主要财务情况见表 3－9 所示。

表 3－9　　出版传媒主要财务情况一览表

出版传媒	财务效益		运营状况		发展能力	
时间	净资产收益率（%）		总资产周转率	资产负债率（%）	主营业务增长率（%）	
2006－12－31	20		0.89	60	2	
2007－12－31	8		0.68	32	1	
2008－12－31	8		0.62	30	15	
时间	主营业务利润率（%）	成本费用利润率（%）	存　货周转率	速动比率	净利润增长率（%）	净资产增长率（%）
2006－12－31	8	9	2.14	0.57	38	—
2007－12－31	7	11	2.10	1.78	15	181
2008－12－31	8	11	2.25	1.88	10	8

资料来源："个股资料——财务比率"，和讯网，http：//stockdata. stock. hexun. com/2009_cwbl_601999. shtml。作者加以整理。

（一）营运能力分析

从图 3－17 中可以看出，出版传媒的资产负债率曲线从 2006—2008

年呈下降的趋势，速动比率从2006—2008年是上升的，其中在2006—2007年大幅上升，说明企业的偿债能力是逐渐增强的。其次从总资产周转率来看，出版传媒的总资产周转率从2006—2008年中期呈下降趋势，反映出该企业的总体营运能力不容乐观；而从2006—2008年存货周转率是上升的，正常情况下说明企业的存货周转速度加快，流动资产管理良好。

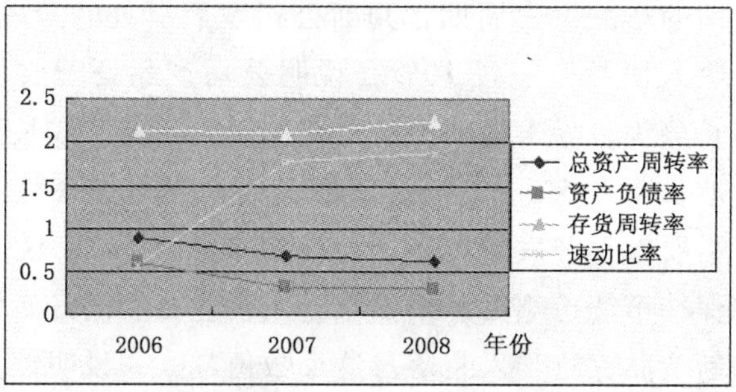

图3-17　辽宁出版传媒营运能力分析示意图

资料来源："个股资料——财务比率"，和讯网，http：//stockdata. stock. hexun. com/2009_cwbl_601999. shtml。作者加以整理。

（二）财务效益分析

从图3-18可以看出，该公司的净资产收益率呈下降的趋势，其中2006—2007年急剧下降，说明这一期间所有者投资的获利能力下降；2007—2008年期间主营业务利润率呈现上升的趋势，说明出版传媒公司的主营业务市场竞争力增强，获利水平提高。

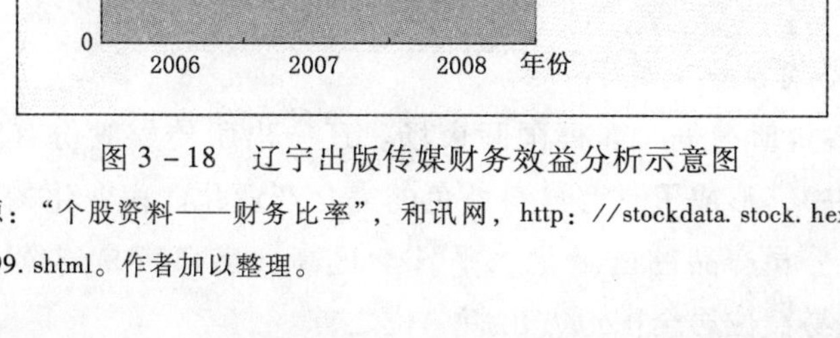

图3-18　辽宁出版传媒财务效益分析示意图

资料来源："个股资料——财务比率"，和讯网，http：//stockdata. stock. hexun. com/2009_cwbl_601999. shtml。作者加以整理。

（三）发展能力分析

从图 3－19 可以看出，从 2006—2008 年总体来看，企业的净利润增长下降；从 2007—2008 年，企业的净资产增长率也直线下降；另外，2006—2007 年公司主营业务收入增长率徘徊在 3% 左右，从 2007—2008 公司主营业务收入增长率逐步提升，超过 10%。主营业务收入增长率可以用来衡量公司的产品生命周期，判断公司发展所处的阶段。一般来说，如果主营业务收入增长率超过 10%，说明公司产品处于成长期，将继续保持较好的增长势头，尚未面临产品更新的风险，属于成长型公司。如果主营业务收入增长率在 5%—10%，说明公司产品已进入稳定期，不久将进入衰退期，需要着手开发新产品。若该比率低于 5%，说明公司产品已进入衰退期，保持市场份额已经很困难，主营业务利润开始滑坡，如果没有已开发好的新产品，将步入衰落。这个数值越大，说明该企业未来发展的潜力越大。

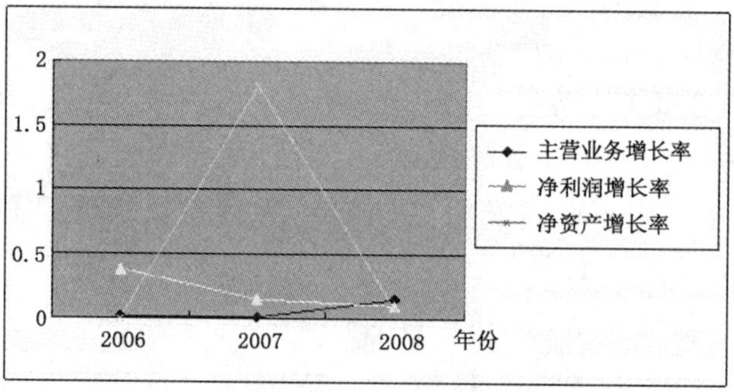

图 3－19　辽宁出版传媒发展能力分析示意图

资料来源："个股资料——财务比率"，和讯网，http：//stockdata. stock. hexun. com/2009 _cwbl _ 601999. shtml。作者加以整理。

四、公司未来发展及目前存在的问题

（一）公司未来发展

1. 靠"价值竞争"赢得国际市场。辽宁出版传媒股份有限公司在国际化的发展中，形成了具有自身特色的完全产业化、商业化的发展道路和经营模式，公司产品的国际化水平日渐提高，出口贸易连续几年高速增长，出口贸易额位居全国地方出版单位之首。

辽宁出版传媒公司实施“走出去”发展的目标是以市场主体的身份参与全球出版竞争，并在全国最早完成了单一的版权出口到成品书出口的转型，率先完成了小批量出口到规模型出口的转变。同时，公司正努力把作为“中国出版传媒第一股”率先上市的先发优势转化为深入发展“走出去”新优势，充分利用国外的书稿资源和渠道资源，建立布局合理的稳固的海外合作伙伴网络，在欧美以及亚洲国家寻找更广泛的战略合作伙伴。

2. 提升优势推进外延式扩张。出版传媒与国家开发银行辽宁省分行在沈阳共同签署《开发性金融合作协议》，公司成为首家获得30亿开发性金融合作资金支持的出版企业。

按照合作协议，在签约后5—8年，双方意向合作额度为30亿元，用于出版传媒在资源整合、跨界发展、资产并购及产业升级等方面的资金需求，主要项目包括：出版、发行业务创新开发；拓展海外市场，建立国外出版发行机构；投资网络出版、数字出版、手机动漫等新兴媒体；实施优质出版资源的跨地区并购与整合等项目。

3. 营销手段创新促进发行业务辐射能力继续走强。出版传媒扩大发行业务市场份额，提高运营效率，区域性出版物发行体系和销售网络不断完善。北方出版物配送公司深度挖掘市场增量空间，利用募投资金实施电子商务平台系统升级改造，打造智能化采购控制中心，通过高效化的采购管理，优化在途和库存图书结构。开发图书馆市场，使图书馆终端客户中标率由原来的30%提升至70%，与山东、湖南、重庆、广东等省实力信誉俱佳的图书馆中盘商签订了区域代理协议。继续扩大公司在周边省、区等发行市场份额，与内蒙古新华发行集团公司全面合作，建立覆盖内蒙古全境的书店配送网络，实现内蒙古地区销售收入同比增长42.9%；在有关省的市场销售同比翻三番。北方图书城在发展图书零售连锁经营的基础上，将图书卖场经营与文化娱乐、学习、益智培训等多种商品与服务经营形式结合起来，体现单店多层次的满足能力，提升卖场使用效率，提高了连锁店盈利水平。成功开发商业培训市场，形成了新的盈利增长点。

（二）目前企业发展所存在的问题

辽宁出版传媒虽然有其个性，但是其上市前景与存在的诸多问题与其他传媒企业大同小异。当前，我国对承担舆论导向功能的传媒企业实施特许经营的管制方式和属地化管理，这无疑能够为现有的传媒企业提供一定的垄断优势。但是在传媒企业上市获得大量的资金后，现有的管理体制以及传媒企业自身的管理水平低下等问题会严重阻碍传媒企业的正常发展，甚至会导致传媒企业没有合适项目进行融资的窘局。这些问题主要有：第一，传媒企业，尤其是意识形态领域的传媒企业，具有很高的政治风险。截至2009年年底，辽宁出版传媒旗下的辽宁人民出版社等6家出版社没有进行上市也应该是出于这种考虑。第二，传媒企业采取的是特许经营方式，刊号资源成为最为稀缺的资源。在这种情况下，传媒企业即使有充足的资金和人才也很难进行扩张。第三，属地化管理政策以及多个管理部门的分割化管理，导致传媒业的区域化分割和行业化分割，导致“优不胜劣不汰”，不仅严重制约了优势媒体的快速扩张和发展，也致使传媒企业在上市后很难有可持续发展的项目，更不要去谈去实施跨区域、跨行业的收购和兼并。

第四节　时代出版传媒股份有限公司

一、概述

（一）公司历史

时代出版传媒股份有限公司的前身是科大创新股份有限公司。科大创新股份有限公司系经安徽省人民政府皖政秘［1999］198号文批准，由中国科学技术大学科技实业总公司作为主发起人，联合合肥科聚高技术有限责任公司、中国科学院合肥智能机械研究所、安徽省信息技术开发公司、日本恒星股份有限公司等发起人以发起方式设立的股份有限公司。于1999年12月12日在安徽省工商行政管理局注册成立。科大创新股份有限公司发行的2500万股社会公众股于2002年9月5日起在上海证券交易所上市交易，证券简称为“科大创新”，代码为“600551”。科大创新股份有限公司设有“辐化”、“中佳”、“科聚”、“天安”、“自动化”五个分公司。

2005年11月，安徽出版集团有限责任公司成功组建。2007年8月，安徽出版集团有限责任公司提前4个月实现转企改制。2008年9月18日，经中国证监会正式批复核准，安徽出版集团以其所持有的出版、印刷等文化传媒类资产，认购科大创新定向发行股份，成为上市公司第一大股东，上市公司更名为“时代出版传媒股份有限公司”。2008年10月23日，安徽省工商行政管理局核准下发了“企业法人营业执照”，公司全称变更为“时代出版传媒股份有限公司”。2008年11月18日，以安徽出版集团有限责任公司为第一大股东的上市公司——时代出版传媒股份有限公司正式宣告成立。

新组建的时代出版传媒股份有限公司包括安徽省教材出版中心、安徽科学技术出版社、安徽教育出版社、安徽文艺出版社、安徽少年儿童出版社、安徽美术出版社、黄山书社、安徽电子音像出版社、安徽画报社、安徽新华印刷股份有限责任公司、安徽旭日光盘公司、安徽省印刷物资公司、安徽新九雅图书有限公司、原科大创新股份有限公司14家出版、传媒及相关业务单位。

根据资产特点，时代出版传媒股份有限公司将主要从事出版传媒、印刷复制、高科技研发与成果转化三大主业。一是出版传媒主业，重点着手于内容的创作、开发、经营、推介，主要从事教材教辅、图书、期刊以及数字出版、新媒体业务等的开发、策划、出版、发行等业务。二是印刷复制主业，重点着手于推动印刷复制、传媒新技术等改造、推广与应用，主要从事书刊印制、商业印刷、彩盒包装、高科技彩印、数字印刷、光盘复制等业务。三是高科技研发与成果转化，重点着手于开拓电子信息工程等高科技研发与应用，主要从事信息传播技术、信息控制技术以及其他电子信息类产品的研发与推广。

（二）上市历程

时代出版传媒股份有限公司的上市历程以其前身科大创新股份有限公司的上市为开始：科大创新股份有限公司于1999年12月12日在安徽省工商行政管理局注册成立。成立之时的注册资本为5000万元，总股本为5000万股，其中：中国科学技术大学科技实业总公司2754.59万股，占总股本的55.09%；合肥科聚高技术有限责任公司945.41万股，占总股本的18.91%；中国科学院合肥智能机械研究所464.81万股，占总股本的9.30%；安徽省信息技术开发公司424.71万股，占总股本的8.49%；日本恒星股份有限公司410.48万股，占总股本的8.21%。经中国证券监督管理委员会证监发行字［2002］83号文核准，科大创新股份有限公司于2002年8月首次公开发行人民币普通股股票（A股）2500万股。该次发行后，科大创新股份有限公司的注册资本为7500万元，总股本为7500万股，其中：发起人股份为5000万股，社会公众股为2500万股。经上海证券交易所上证字［2002］147号文同意，科大创新股份有限公司已发行的2500万股社会公众股于2002年9月5日起在上海证券交易所上市交易。证券简称为"科大创新"，证券代码为"600551"。

此后，时代出版传媒股份有限公司在2008年9月18日，经中国证监会正式批复核准，安徽出版集团以其所持有的出版、印刷等文化传媒类资产，认购科大创新定向发行股份，成为上市公司第一大股东，在全国率先以出版业务整体上市。上市公司更名为"时代出版传媒股份有限公司"，成为出版主营业务净资产收益率较高、极具成长潜力和投资价值的文化传媒类上市公司。

（三）上市后市场表现

时代出版上市后市场表现如图3－20所示。

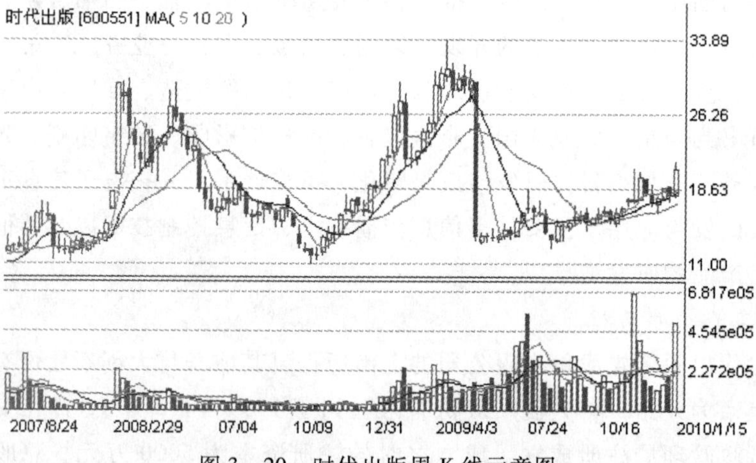

图3－20　时代出版周K线示意图

资料来源："实时行情——K线图"，统一股市网，http：//www.stock1.com.cn/stock%5C600551.htm

上市后公司的股本结构见表 3－10。

表 3－10　　时代出版公司的股本结构表　　单位：万股

	2009－9－30	2008－12－31	2007－12－31	2006－12－31
总股本	39060.61	19530.30	7500.00	7500.00
限售的流通股	24060.61	14369.80	2727.62	4175.00
实际流通 A 股	15000.00	5160.50	4772.38	3325.00
流通 A 股	39060.61	19530.30	7500.00	7500.00

资料来源："股本股改"，东方财富网——股吧网，http：//gubaf10.eastmoney.com/guba_f10.aspx？code＝600551&f10＝005

上市后主要指标信息见表 3－11。

表 3－11　　上市后主要指标信息表

主要指标	2009－9－30	2009－6－30	2009－3－31	2008－12－31	2008－9－30
每股收益（元）	0.4300	0.2900	0.2600	1.5400	0.0804
每股净资产（元）	4.8900	4.7519	9.1700	8.9000	1.9000
净资产收益率（%）	8.7600	6.0500	2.8300	12.3600	4.2200
总股本（亿股）	3.9061	3.9061	1.9530	1.9530	0.7500
实际流通 A 股（亿股）	1.5000	1.0321	0.5160	0.5160	0.5160
限售流通 A 股（亿股）	2.4061	2.8740	1.4370	1.4370	0.2340

资料来源："最新提示"，东方财富网——股吧网，http：//gubaf10.eastmoney.com/guba_f10.aspx？code＝600551&f10＝001

（四）上市后时代出版传媒股份有限公司组织结构

原科大创新股份有限公司组织结构如图 3－21 所示。

安徽出版集团入主后，时代出版传媒股份有限公司主要控股公司及参股公司架构如图 3－22 所示。

由时代出版传媒股份有限公司 2008 年年度报告摘要可知其关联控股公司及参股公司详细信息（见表 3－12）。

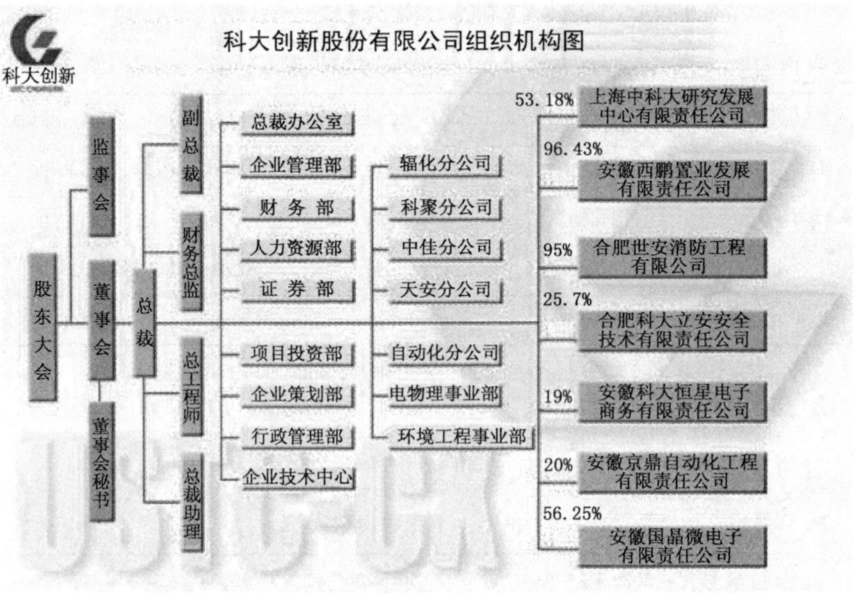

图 3－21　科大创新股份有限公司组织结构示意图

资料来源：“科大创新股份有限公司组织机构图”，新浪网，http：//finance. sina. com. cn/s/20040525/1607777544. shtml

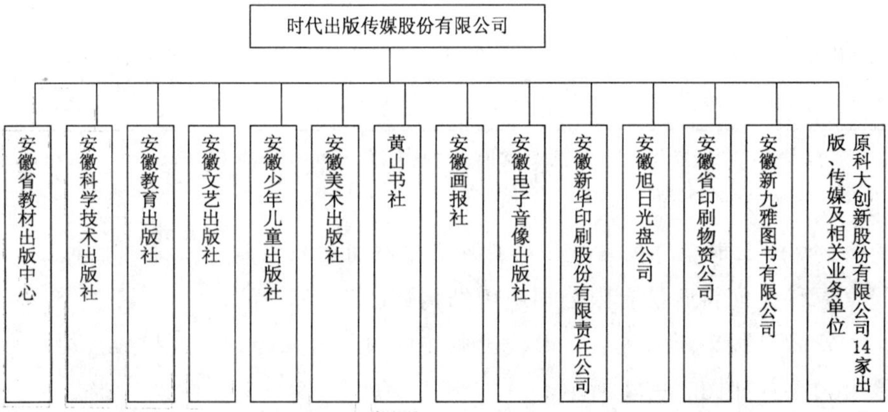

图 3－22　时代出版传媒股份有限公司主要控股公司及参股公司架构示意图

表 3-12　　关联控股公司及参股公司信息表

关联方名称	关联关系	所占权益（万元）	比例（%）	是否控制
安徽出版集团有限责任公司	控股股东	24060.61	61.60	是
安徽芜湖新华印务有限责任公司	控股孙公司	425.50	60.00	是
安徽旭日向扬空压机有限公司	控股孙公司	100.00	100.00	是
安徽科技音像有限公司	控股孙公司	50.00	100.00	是
合肥西鹏物业管理有限责任公司	控股孙公司	50.00	100.00	是
安徽九歌文化有限责任公司	控股孙公司	200.00	100.00	是
安徽新华胶辊制品有限公司	控股孙公司	50.00	100.00	是
安徽红晴蜓杂志社	控股孙公司	25.50	51.00	是
安徽秋山工贸有限公司	控股孙公司	\	51.00	是
安徽雅特文化发展有限公司	控股孙公司	30.00	100.00	是
安徽少年儿童期刊中心	控股孙公司	50.00	100.00	是
安徽新德国际印务有限公司	控股孙公司	60.00	60.00	是
上海市中科大进修学院	控股孙公司	50.00	100.00	是
安徽北人印刷技术服务有限公司	控股孙公司	\	51.00	是
安徽青苹果杂志社	控股孙公司	50.00	100.00	是
合肥同升印务有限责任公司	控股孙公司	\	60.00	是
安徽古藉发行有限公司	控股孙公司	50.00	100.00	是
上海大科物业管理有限公司	控股孙公司	5.10	51.00	是
安徽信诚置业有限责任公司	控股孙公司	800.00	100.00	是
合肥市皖新覆膜有限责任公司	控股孙公司	50.00	100.00	是
安徽银美文化传播有限公司	控股孙公司	50.00	50.00	是
安徽乐居物业管理有限公司	控股孙公司	100.00	100.00	是
安徽远航文化传播有限责任公司	控股孙公司	50.00	100.00	是
安徽教育网络出版有限公司	控股孙公司	105.00	100.00	是
安徽华鼎文化传媒有限公司	控股孙公司	90.00	60.00	是

续表

关联方名称	关联关系	所占权益（万元）	比例（%）	是否控制
合肥新景印务股份有限公司	控股孙公司	1225.00	35.00	是
安徽新华票证印务有限责任公司	控股孙公司	300.00	100.00	是
合肥恒升印务有限公司	控股孙公司	200.00	100.00	是
安徽时代创新科技投资发展有限公司	控股子公司	\	100.00	是
合肥世安消防工程有限责任公司	控股子公司	\	100.00	是
安徽文艺出版社	控股子公司	2662.53	100.00	是
安徽新九雅图书有限公司	控股子公司	\	100.00	是
安徽新华印刷股份有限公司	控股子公司	\	89.68	是
安徽旭日光盘有限公司	控股子公司	\	100.00	是
安徽少年儿童出版社	控股子公司	18545.63	100.00	是
安徽科学技术出版社	控股子公司	4476.06	100.00	是
安徽西鹏置业发展有限责任公司	控股子公司	\	100.00	是
安徽画报社	控股子公司	92.44	100.00	是
安徽出版印刷物资有限公司	控股子公司	1240.62	100.00	是
安徽教育出版社	控股子公司	47280.66	100.00	是
上海中科大研究发展中心有限责任公司	控股子公司	\	72.60	是
安徽美术出版社	控股子公司	5284.32	100.00	是
安徽电子音像出版社	控股子公司	543.44	100.00	是
黄山书社	控股子公司	4345.42	100.00	是
合肥科大立安安全技术有限责任公司	联营公司	\	25.26	否
安徽亚施文化用品有限公司	其他下属关联方	\	\	否
安徽时代漫游股份有限公司	同一控股股东	\	\	否
安徽出版集团物业管理有限公司	同一控股股东	\	\	否
安徽华文国际经贸股份有限公司	同一控股股东	\	\	否
安徽医药（集团）股份有限公司	同一控股股东	\	\	否
安徽华文投资管理有限责任公司	同一控股股东	\	\	否

续表

关联方名称	关联关系	所占权益（万元）	比例（%）	是否控制
安徽道济置业有限责任公司	同一控股股东	\	\	否
安徽新华包装印刷有限责任公司	同一控股股东	\	\	否

资料来源："公司概况"，东方财富网——股吧网，http：//gubaf10.eastmoney.com/guba_f10.aspx？code=600551&f10=002

二、公司业务范围

（一）产业链布局

1. 产业链布局。时代出版传媒股份有限公司的产业链的本质是一个具有某种内在联系的企业群结构，各个产业间有一定的联系。各主要控股公司及参股公司分工与图书出版行业的需求程度联系紧密，产业链中各环节分别布局或配置适合其经济活动特征的特定地点且经济区划尺度较大，基本囊括图书出版行业产业链的所有环节的地域空间，产业链比较完整。

具体来说，依据时代出版传媒股份有限公司网站公布的信息，时代出版传媒股份有限公司产业链主要包括出版传媒、印刷复制、高科技研发与成果转化三大主业。一是出版传媒主业，重点着手于内容的创作、开发、经营、推介，主要从事教材教辅、图书、期刊以及数字出版、新媒体业务等的开发、策划、出版、发行等业务。二是印刷复制主业，重点着手于推动印刷复制、传媒新技术等改造、推广与应用，主要从事书刊印制、商业印刷、彩盒包装、高科技彩印、数字印刷、光盘复制等业务。三是高科技研发与成果转化，重点着手于开拓电子信息工程等高科技研发与应用，主要从事信息传播技术、信息控制技术以及其他电子信息类产品的研发与推广。

2. 公司产业链的完善。为了完善公司产业链，提升竞争力，2009 年 9 月时代出版股份有限公司增发了股份，募集了资金。通过增发募集来的资金主要围绕图书出版业务，对出版策划、数字出版、印刷技术改造、出版物物流和出版基金等 5 个项目进行投资。募投项目将降低对公司中小学教辅教材业务的依赖；推动公司选题策划、数字出版、营销资源整合等方面取得突破。项目投资总额为 72812 万元，相关项目达产后将实现收入

5.28 亿元，净利润 1.08 亿元，使公司 2008 年收入及净利润增长 36%、50%，将显著提升公司盈利及竞争力。出版总署《关于进一步推进新闻出版体制改革的指导意见》明确指出将推动行业重组，在三到五年内，培育出六七家资产、销售收入双百亿元的大型出版传媒企业。《意见》的出台标志着政府主导的出版行业并购整合大幕已经拉开。公司出版规模和综合实力处于行业前列，增发募集资金有助于公司扩大生产规模，建立涵盖内容制作、印刷出版、新媒体出版和衍生产品开发等完整的产业链，强化公司在出版行业的优势地位，为跨地区、跨媒体、跨行业经营，建立具有市场竞争力和影响力的综合性文化产业内容运营商及服务提供商奠定基础。

出版策划项目将围绕原创文学、动漫游戏、新媒体等九大类作品进行投资和运作，通过加大对出版资源的投入，甄选好的选题、作者、版权，以市场化运作实现图书出版业务的良性发展。出版策划项目将提高公司选题策划能力，项目建设期 0.5 年，项目完成可实现收入 11831 万元，净利润 2595 万元。

数字出版项目：随着信息技术的快速发展、消费者阅读习惯和环境的变化，我国的数字出版产业高速发展，2008 年数字出版产业收入同比增长 46.42% 至 530 亿元，预计 2009 年将同比增长 42% 达 750 亿元，首次超过传统出版业务收入。公司将通过整合数字出版资源，建立数字出版运营与商业模式，打造完整的数字出版产业链，推动传统出版与数字出版业务的共同发展。项目建设期 10 个月，项目完成可实现年平均销售收入 19640 万元，年均净利润 3969 万元。

印刷技术改造项目和仓储物流配送项目将完善公司出版产业链，提高印刷自给率和出版配送能力，降低出版成本。随着出版物业务的快速增长，公司印刷能力已远不能满足要求，超过 50% 业务需外包，印刷技改项目新增产能主要为公司内部配套，解决印刷产能瓶颈。项目建设期 1 年，项目完成可实现年平均销售收入 12126 万元，年均净利润 1161 万元。

伴随着中国图书零售市场的全面放开，外资和民营企业纷纷涉足图书零售领域，出版物分销渠道逐渐多元化。公司旗下各出版社物流资源处于分散、粗放经营状态，有效利用率较低。仓储物流配送项目将整合内部物流资源，有效地节省人力、物力，保障公司物流渠道优势，实现对区域市场终端的掌握，扩大了教辅教材市场份额。项目建设期2年，项目完成可实现年平均销售收入9275万元，年均净利润3090万元。

出版基金作为公司未来战略储备的实施主体，主要对新产品、新模式的开发和运作以及优质资源进行整合。项目将重点投资：（1）国家重点出版工程和大型主题等重点出版工程项目；（2）新教材的研发、跨专业选题和策划、应用数据库自主开发以及全媒体的立体网络平台等产品研发和创新；（3）向动漫、影视、游戏等跨媒体产业链延伸；（4）对项目创作团队以及出版发行企业资源类整合；（5）建立多层次人才培育体系。出版基金通过发挥"孵化器"功能，对具有发展前景的版权、重点工程项目、优质资源以及专业团队进行长线投资，通过产品创新体系和核心能力的建设，形成公司未来战略储备，提升公司创新能力，获取可持续发展的动力。

（二）主营业务分析

公司主营业务详细情况见表3－13、表3－14、表3－15、表3－16。

表3－13　　2009年半年度主营业务情况表

行业名称	主营业务收入		主营业务成本
	金额（万元）	所占比率（%）	（万元）
新闻出版业	51693.08	62.55	33640.38
制造业	4791.82	5.8	3182.3
印刷业和记录媒介复制	9244.62	11.19	8197.39
其他	1253.6	1.52	892.12

资料来源："收入构成——按行业分布"，百度和讯，http://baidu.hexun.com/stock/ic.php?code=600551.sh

由图3－23可知，2009年上半年时代出版传媒股份有限公司的主营业务由新闻出版业、制造业、印刷业和记录媒介复制业、其他行业的业务构成。其中新闻出版业所占比例最多，高达62.55%；印刷业和记录媒介复制业排在第二位，比重高达到11.19%；制造业和其他业务所占比例较少。

具体情况见表3－14。

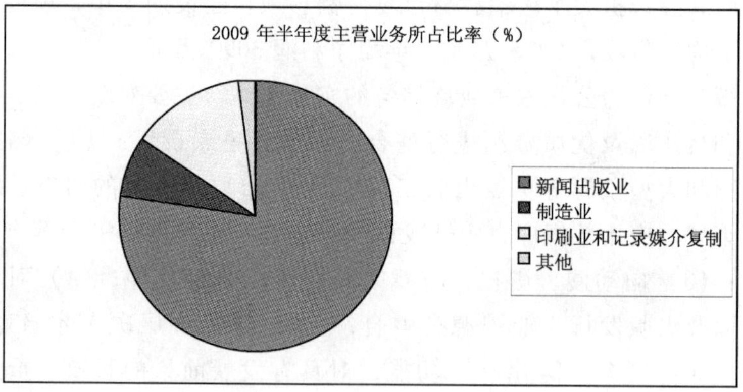

图 3－23　2009 年 1—6 月主营业务收入构成饼状示意图

资料来源：“收入构成——按行业分布”，百度和讯，http：//baidu. hexun. com/stock/ic. php？code＝600551. sh。作者加以整理。

表 3－14　2009 年 1—6 月主营业务分行业、产品情况表

分行业或分产品	营业收入（元）	营业成本（元）	营业利润率（%）	营业收入比上年增减（%）	营业成本比上年增减（%）	营业利润率比上年增减（个百分点）
分行业						
新闻出版业	516930811. 30	336403751. 48	34. 92	11. 45	13. 19	－1. 00
印刷业和记录媒介复制	92446194. 67	81973905. 12	11. 33	20. 18	24. 49	－3. 07
制造业	47918173. 68	31822966. 63	33. 59	—	—	—
其他	12536014. 48	8921242. 60	28. 84	749. 45	1325. 56	－28. 76
分产品						
教材教辅	408249995. 95	259565347. 43	36. 42	14. 93	16. 60	－0. 91
一般图书	91995861. 25	63937192. 16	30. 50	－1. 13	0. 41	－1. 06
期刊杂志	13082551. 46	9759025. 93	25. 40	1. 24	10. 90	－6. 50
电子音像	3602402. 64	3142185. 96	12. 78	35. 49	49. 83	－8. 35
印装业务	61375640. 78	48788820. 07	20. 51	33. 78	35. 73	－1. 14
光盘销售	13413125. 19	17267764. 87	－28. 74	－9. 53	9. 80	－22. 67
印刷器材销售	17657428. 70	15917320. 18	9. 85	8. 88	12. 30	－2. 75
电子类产品	24898825. 13	16845675. 76	32. 34	—	—	—

续表

分行业或分产品	营业收入（元）	营业成本（元）	营业利润率（%）	营业收入比上年增减（%）	营业成本比上年增减（%）	营业利润率比上年增减（个百分点）
辐射化工产品	23019348.55	14977290.87	34.94	—	—	—
其他	12536014.48	8921242.60	28.84	749.45	1325.56	-28.76

资料来源：时代出版传媒股份有限公司2009年上半年度报告。

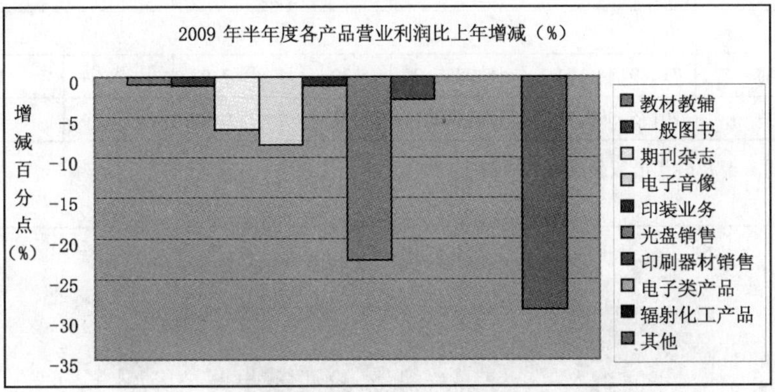

图3-24　2009年1—6月公司营业利润同比变化示意图

资料来源：时代出版传媒股份有限公司2009年上半年报告，作者加以整理。

由表3-15可知，2008年年度时代出版传媒股份有限公司的主营业务主要由新闻出版业、印刷业和记录媒介复制业构成。其中出版和传媒业所占比重最多，高达64.82%；印刷业和记录媒介复制业排在第二位，比重达到11.64%。

表3-15　　2008年度主营业务情况表

行业名称	主营业务收入		主营业务成本（万元）
	金额（万元）	所占比率（%）	
新闻出版业	94996.12	64.82	58178.91
印刷业和记录媒介复制	17064.84	11.64	14904.83

资料来源：“收入构成——按行业分布”，百度和讯，http：//baidu. hexun. com/stock/ic. php? code=600551. sh

表 3－16　　2008 年度主营业务分行业、产品情况表

分行业或分产品	营业收入（元）	营业成本（元）	营业利润率（%）	营业收入比上年增减（%）	营业成本比上年增减（%）	营业利润率比上年增减（个百分点）
分行业						
新闻出版业	949961188.54	581789128.05	38.76	6.37	1.30	3.07
印刷业和记录媒介复制	170648398.65	149048280.39	12.66	－2.68	－5.07	2.20
分产品						
教材教辅	712891346.01	434630837.09	39.03	7.92	4.64	1.91
一般图书	201750598.19	123799219.41	38.64	－0.22	－10.14	6.78

资料来源：时代出版传媒股份有限公司 2008 年年度报告。

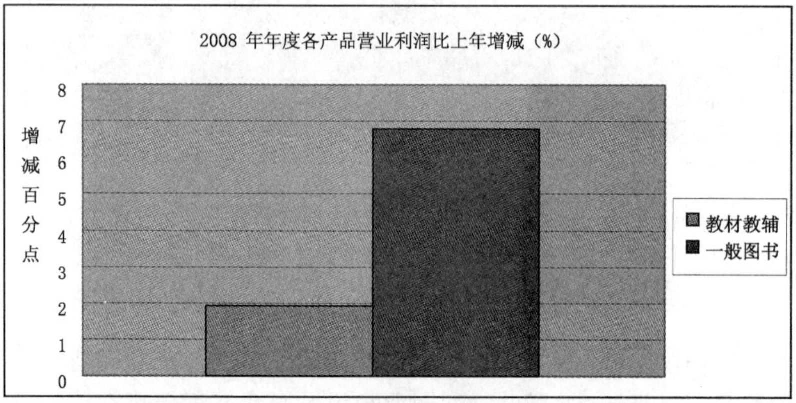

图 3－25　2008 年度各产品营业利润比上年增减示意图

资料来源：时代出版传媒股份有限公司 2008 年年度报告，作者加以整理。

综上所述 2009 年上半年和 2008 年年度的主营业务所占比率变化可见图 3－26。

这里要说明的是：由于时代出版传媒股份有限公司年报中主营业务以行业划分为新闻出版业、印刷业和记录媒介复制、制造业、其他。此处新闻出版业应代指：教材教辅、图书、期刊杂志、电子音像以及数字出版、新媒体业务等的开发、策划、出版、发行等业务。印刷业和记录媒介复制应代指：光盘销售、印刷器材销售、印装业务、书刊印制、商业印刷、彩盒包装、高科技彩印、数字印刷、光盘复制等业务。制造业、其他业务应

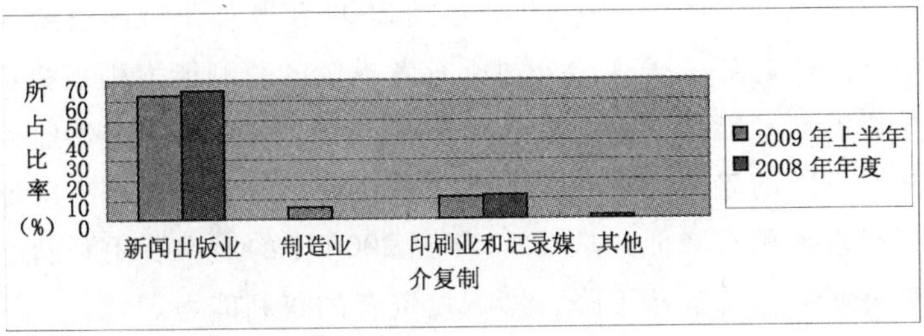

图3－26　2009年上半年和2008年年度的主营业务所占比率变化示意图

资料来源："收入构成——按行业分布"，百度和讯，http://baidu.hexun.com/stock/ic.php? code＝600551.sh，作者加以整理。

代指：电子类产品、辐射化工产品、房产销售、等业务。

三、财务分析

表3－17　　时代出版传媒公司主要财务数据列表

时代出版	财务效益	运营状况		发展能力
时间	净资产收益率（%）	总资产周转率	资产负债率（%）	主营业务增长率（%）
2007－12－31	12.4	0.43	32.99	21.3
2008－12－31	14	0.67	19.5	22
2009－12－31	11.8	0.26	24.1	18

时间	主营业务利润率（%）	成本费用利润率（%）	存　货周转率	速动比率	净利润增长率（%）	净资产增长率（%）
2007－12－31	14	20.3	1.73	1.76	2.8	15.8
2008－12－31	13	18	1.91	2.01	14	26
2009－12－31	11.8	13.7	2.93	1.98	0.45	15.3

资料来源："个股资料——财务比率"，和讯网，http://stockdata.stock.hexun.com/2009_cwbl_600551.shtml，作者加以整理。

（一）财务效益分析

由图3－27可知，时代出版传媒股份有限公司从2007年到2008年的净资产收益率是上升的，但从2007年到2009年整体来说净资产收益率呈现出小幅下降的趋势，表现出公司所有者投资的获利能力稍不稳定，公司所有者投资的获利能力稍有降低；从2007年到2009年的主营业务利润呈现小幅直线下降的趋势，表明公司的主营业务市场竞争力稍有降低，发展潜力和获利水平稍有降低；从2007年到2009年的成本费用利润率下降明显，表明公司的经济效益下降，影响投资者的获利能力。

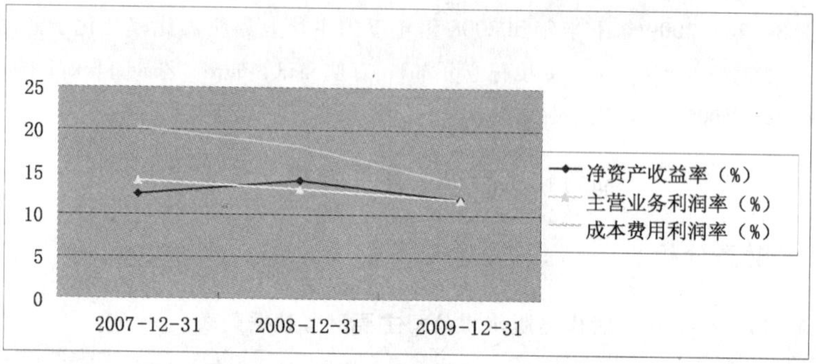

图3-27　财务效益分析示意图

资料来源："个股资料——财务比率"，和讯网，http：//stockdata. stock. hexun. com/2009_cwbl_600551. shtml，作者加以整理。

（二）运营能力分析

由图3-28可知，时代出版传媒股份有限公司从2007年到2008年的资产负债率大幅下降，从2008年到2009年的资产负债率又有所回升，但整体还是下降的，表明公司的偿债能力提高；从2007年到2009年的总资产周转率呈现很小的下降趋势，表明公司的总资产周转速度、销售能力、资产利用效率稍有下降；从2007年到2009年的存货周转率上升，可以说明，公司的存货周转速度提高、短期偿债能力、变现能力、销售能力也都有所提高，用于存货的营运资金有所增加；从2007年到2009年速动比率基本持平，说明此公司的短期偿债能力基本稳定。

（三）发展能力分析

由图3-29可知，时代出版传媒股份有限公司从2007年到2008年的主营业务收入增长率呈现小幅增长的趋势，但从2008年到2009年的主营业务收入增长率又有所下降；从2007年到2008年的净资产增长率大幅提高，但从2008年到2009年净资产增长率又大幅回落，反应公司资产保值

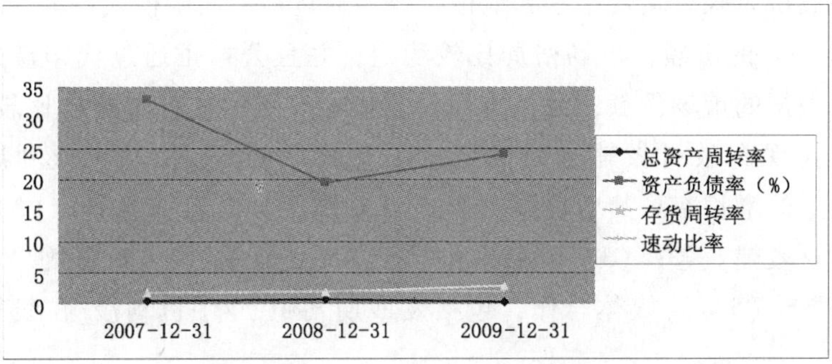

图 3-28　运营能力分析示意图

资料来源："个股资料——财务比率"，和讯网，http：//stockdata. stock. hexun. com/2009_cwbl_600551. shtml，作者加以整理。

增值的情况不稳定；公司从 2007 到 2008 年的净利润增长率是呈现上升的趋势，但从 2008 年到 2009 年净利润增长率也大幅回落，说明公司的净利润增长不稳定，盈利不稳定，从 2007 年到 2009 年的整体来看，公司净利润是下降的，资产保值增值的情况不乐观。

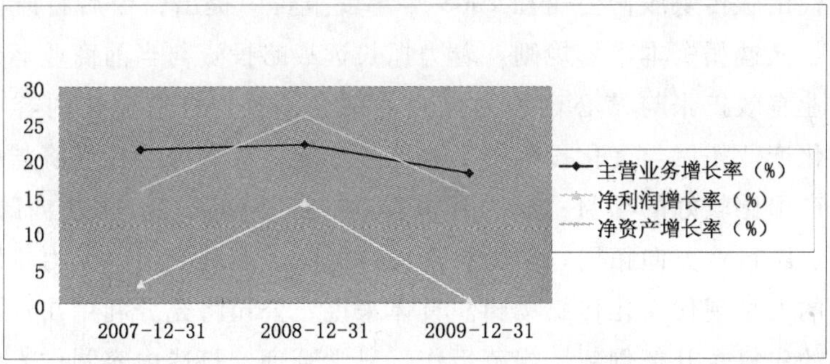

图 3-29　发展能力分析示意图

资料来源："个股资料——财务比率"，和讯网，http：//stockdata. stock. hexun. com/2009_cwbl_600551. shtml，作者加以整理。

四、公司未来发展

（一）公司目前优势

时代出版传媒股份公司目前有两方面的优势：

1. 教材市场竞争优势。一方面，就安徽省的出版市场而言，时代出版传媒股份有限公司占据垄断地位。公司通过租型出版模式占据安徽省教材市场70%的份额，市场格局比较稳定，并且公司正通过代印模式开拓原创社占据的市场份额；另一方面，招投标改革后的教材价格比较稳定。公司依托现有教材教辅垄断优势，在未来5年里，依然有望利润保持10%以上的增长率。其增长点在于：（1）高中教材教辅业务；（2）职业教育教材教辅业务；（3）安徽中小学图书馆配业务；（4）安徽“农家书屋工程”；（5）跨媒体合作，包括发展期刊中心/手机动漫/在线教育等业务。

2. 一般图书印装业务快速增长。多重因素导致时代出版传媒股份有限公司教材教辅业务增长的动能不足，但公司一般图书和印装业务近几年快速增长，公司拥有一支优秀的编辑和策划团队，策划出版了一系列精品常销和畅销书，如《鬼吹灯》、《虹猫蓝兔》等。此外，公司印刷业务除了承担集团的书刊印刷以外，还积极向商务印刷等领域拓展。国元证券预计公司一般图书和印装业务仍有望保持15%左右的年增长率。

（二）公司发展规划

时代出版传媒股份公司在2008年年度报告中提出，今后将既坚持正确导向、又遵循资本市场规则。着力抓长远战略投资与当前商业运作的结合、产业有效扩张与核心竞争力提升的结合；着力打造文化内容商业运营、文化产业拓展与文化投融资平台等业务板块；着力寻找经济与社会效益投入产出比较好的项目；着力寻求新的、经济增长点，加快向跨媒体、跨地区、跨行业方向拓展。努力打造面向国际、品牌突出、实力雄厚、影响广泛的大型现代文化传媒集团。具体来说，公司将充分利用在资本市场上取得的先机，开拓创新，规范运作，科学管理，打造内容制作、印刷出版、新媒体出版和延伸业务开发等完整的产业链。运用上市公司的平台，进行文化产业的跨地区、跨媒体、跨行业经营，成为具有市场竞争力和文化影响力的综合性文化产业内容运营及服务提供商。在具体运作上，通过加强图书品牌建设、调整图书出版产品结构、拓展教育图书出版、发展期刊出版业务、发展新媒体出版、基于ERP推动出版业务流程再造、整合优质资源、统一原材料采购、建设新型发行网络、延伸出版产业链等措施来实现公司的发展战略及目标。

第五节　粤　传　媒

一、概述

(一) 公司历史

广东九州阳光传媒股份有限公司（以下简称“粤传媒”）是一家由广州日报报业集团控股的广州大洋实业投资有限公司，在对原 NET 系统挂牌上市企业清远建北（集团）股份有限公司进行重组的基础上，加上在 2000 年 10 月注入印刷业务相关资产、大洋连锁 95% 的股权以及《广州日报》招聘广告 10 年的独家代理权和部分现金等优质资产，从而成为粤传媒第一大股东，使其从一家以经营建材业务为主的企业转变为以经营广告代理及制作、印刷、书刊零售为三大主业的报业服务性企业。

(二) 上市历程

1992 年 12 月，公司前身清远建北大厦股份有限公司成立。

1993 年 4 月，经中国证券交易系统有限公司批准，公司定向募集法人股 15870 万股在中国证券交易系统有限公司的全国电子交易系统（NET 系统）上市交易。

1999 年 10 月，公司贯彻落实国务院办公厅国办发［1998］10 号文的精神，向 NET 系统申请停牌，并着手进行重组工作。

2000 年 11 月 28 日，公司召开 2000 年第一次临时股东大会审议并通过了资产重组的议案，广州日报报业集团控股子公司广州大洋实业投资有限公司受让了“建北集团”持有的公司 36.79% 的股权，成为公司第一大股东，广州大洋实业投资有限公司将其印刷业务相关资产、广州大洋文化连锁有限公司 95% 的股权、《广州日报》招聘广告 10 年的独家代理权和部分现金等优质资产注入公司，与公司原有的其他应收款和对外股权投资进行资产置换。由此，公司从以经营建材业务为主的企业转变为以经营广告代理及制作、印刷、书报刊零售为主的报业服务性企业。

2001 年 8 月，公司在原 NET 系统上市流通的法人股 10093.32 万股开始在代办股份转让系统进行股份转让。

2001至2002年，公司不断完善公司法人治理结构，并取得省、市有关部门同意公司申请上市的批准文件。

2003年，公司的彩色印刷业务实现突破性转变，营业收入大幅提升，当年实现销售收入超过1亿元，由原来的亏损经营转变为当年实现利润近千万元。

2003年12月，公司顺利通过中宣部和国家新闻出版总署的联合考核，取得国家新闻出版总署签发的新出发［2003］1463号文同意公司申请上市的批文，公司上市工作取得重大进展。

2005年5月，公司更名为“广东九州阳光传媒股份有限公司”，证券简称“粤传媒”。

2005年7月，中国证监会正式受理公司股票上市申请。

2005年10月，经广东省国资委出具的粤国资函［2005］373号文同意，公司将大洋实业委托自然人代持的625万股公司内部职工股直接转为国有法人股。至此，大洋实业持有粤传媒39.93%的股份。

2007年初，公司与广州民营科技园、广州市润丰实业有限公司签署厂房建设租赁合作协议，公司在广州民营科技园的厂房已起用并投产，随着公司新厂房、新设备的投入使用，公司印刷能力又上一个新台阶。

2007年7月30日，根据中国证监会发行监管部发布的《发审委2007年第92次会议审核结果公告》，公司首次公开发行7000万股股票申请获通过。

2007年11月16日，粤传媒在深交所正式上市交易，证券代码002181。

主营业务：设计、制作、代理国内各类广告业务；出版物、包装装潢印刷品、其他印刷品印刷（印刷许可证有效期至2009年12月31日）。销售建筑材料及设备、金属材料、机电产品、汽车（除小轿车）、汽车零部件、皮革制品、五金交电、纺织品、计算机硬件和软件、矿产品、日用百货、化工原料（除化危品）、服装、书报刊。

（三）上市后表现

粤传媒的上市开创了中国证券市场的两个先河：它是第一家经过国家新闻出版总署批准的在境内主板上市的传媒公司，同时也是首家成功由三板转到主板的公司。

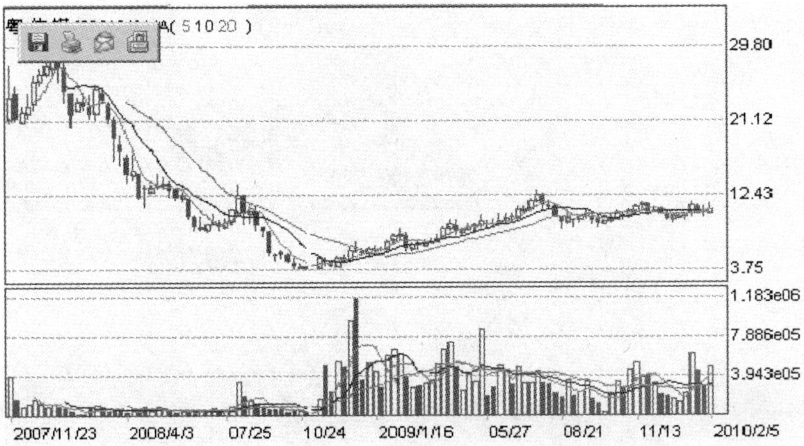

图 3－30 2007 年粤传媒上市以来大盘走势截示意图

资料来源：“实时行情——K 线图”，统一股市网，http：//www. stock1. com. cn/stock/002181. htm

粤传媒上市后首日开盘价为 22 元，较发行价大涨 193%，下午收盘时报 23 元，最终上涨了 207%。通过图 3－30 可以看出，粤传媒 2007 年一直保持着良好的发展态势，但是 2008 年从最高点 29. 80 一直跌到最低点 3. 75，呈现出大幅下跌的情况。直到 2009 年才实现平稳增长的态势。

（四）粤传媒组织机构设置

粤传媒控股股东为广州大洋实业投资有限公司（下称“大洋实业”，原名为“广州大洋文化传讯有限公司”），广州日报社作为大洋实业全资母公司为粤传媒实际控制人。公司的最高决策机构是股东大会，股东大会下设董事会，由 13 名董事组成，是股东大会的常设执行机构，在股东大会闭会期间，负责本公司的重大决策，并向股东大会负责。如图 3－31。

粤传媒的组织结构是以股东大会为首，在董事会和总经理的领导下，办公室、人力资源部、金融证券部、投资策划部、传媒运营部、会计出纳部和印务分公司 7 个部门各司其职。这种直线制组织结构的优点是管理结构简单，管理费用低，命令统一，决策迅速，责任明确，指挥灵活，上下级关系清楚，维护纪律和秩序比较容易。采用这种组织结构应当注意的是直线制是最古老的一种企业管理组织形式。它需要企业领导精明能干，具

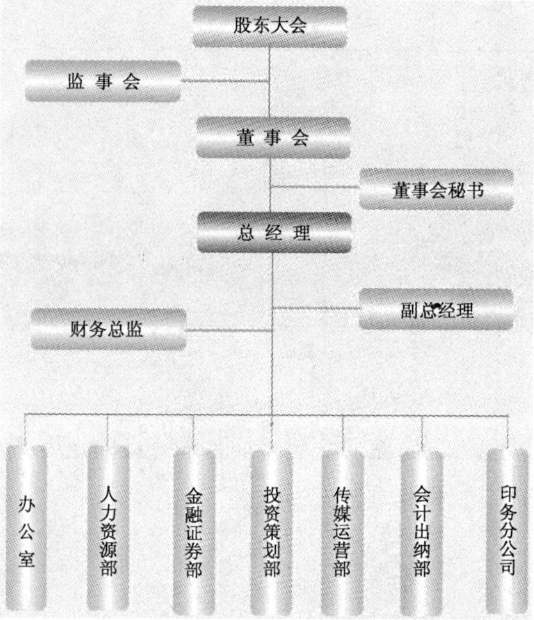

图 3-31　粤传媒的组织结构示意图

资料来源："粤传媒组织机构图"版块，粤传媒官方网站，http：//www.gdcncm.com/jiaguo.asp

有多种管理专业知识和生产技能知识。

粤传媒的组织机构设置也存在着一些缺点，如管理工作简单粗放，成员之间和组织之间横向联系差。比如印务分公司应该主要负责印刷部分，也应该是公司的核心部门。但是它和办公室之间是横向关系，他们之间的联系较少，会导致办公室常与印务部门进行繁琐的沟通。

而对于公司所要形成的产业链来说，这样的结构会对产业链中各个环节的沟通形成一定的阻碍，因为粤传媒所要形成的印刷、广告代理及书报刊发行于一体的完整产业链所影响的各个部门均处在组织结构的最底层，这样横向的关系会产生一定的沟通问题。

二、业务范围

（一）产业链布局

粤传媒的核心竞争优势更在于集印刷、广告代理及书报刊发行于一体的产业链。无疑，粤传媒的这一核心竞争优势让竞争对手在短期内难以复制，尤其是印刷业务。目前，除《广州日报》外，粤传媒几乎承接了广州日报报业集团旗下所有子报和部分杂志及教科书的印刷业务，同时也包括各类商业印刷。但是，在这条产业链中，却缺少了传媒类产业链的核心，即编辑出版。这也是粤传媒的产业链的不足所在。

通过图3－32可以看出，粤传媒拥有大洋连锁95%的股权，拥有大洋广告90%的股权，拥有公明景业70%的股权，拥有华美洁具32.42%的股权，为这四家公司的控股股东。

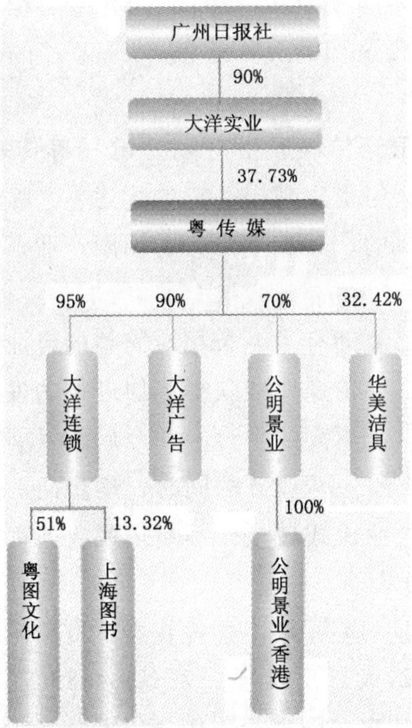

图3－32　粤传媒股权控制示意图

资料来源：股权结构版块，粤传媒官方网站 http：//www.gdcncm.com/jieguo.asp

广州大洋文化连锁店有限公司主要经营范围：零售：书报刊（持许可证经营）；批发、零售：国内版图书、期刊；代理自制广告的发布业务。广州大洋广告有限公司主要经营范围：设计、制作各类广告；代理自制广告的发布业务。广东公明景业有限公司主要经营范围：出版物、包装装潢印刷品、其他印刷品印刷；印刷品设计、制作。华美洁具有限公司经营范围：生产和经营高级卫生洁具及其塑料等。

从形成产业链情况来看，这样的控股结构对形成一条集印刷、广告代理及书报刊发行于一体的产业链来说，大有益处。可以通过控股公司，集成一条相对完整的产业链。

2005 年 12 月，广州日报社在相关文件中将粤传媒明确定位为：以广告代理和制作、印刷、书报刊批发零售等业务为主业，同时逐渐进入相关媒体服务和文化领域的实力雄厚、管理一流的大型媒体服务性企业。

根据现实条件，2006 年粤传媒在报纸印刷和商业印刷方面的年设计生产能力分别为 8.64 亿对开张和 279.36 万色令，但当年实际产量却分别达到了 9.91 亿对开张和 301.14 万色令，两者的产量都超过了设计产能。

对此，广东九州阳光传媒股份有限公司（粤传媒）董事长、总经理梁汉辉尽管信心十足，但也表现出一定的忧虑："目前，媒体服务性企业在中国仍属于一个新兴的、最有生命力的朝阳产业，但我们却处于产业链的下游。"

虽然粤传媒现在已经拥有了一条相对完整的产业链，但是只有不断提高产品和服务附加值，粤传媒才能获得更加广阔的发展空间，而上市则为提升公司产业形态提供了更高的平台。在今后的发展过程中，公司还需要进一步明确定位，在突出主营业务的同时，逐步向一个以市场为主导、更科学、更具前瞻性的产业模式转型，不断拓展业务种类。

（二）主营业务构成

从表 3－18 和图 3－33 可知，粤传媒在 2007 年业务中，印刷业务收入占主营业务收入的绝大部分比重，高达 84.83%。其次是广告代理业务，占了 6.26%。再其次是图书音像销售以及旅店服务业。

表 3－18　　2007 年全年粤传媒主营业务收入情况

行业名称	主营业务收入		主营业务成本（万元）
	金额（万元）	所占比率（%）	
印刷业务	30836.13	77.78	26712.70
广告代理业务	5197.95	13.11	142.05
图书音像销售等	1172.53	2.96	826.71

续表

行业名称	主营业务收入		主营业务成本（万元）
	金额（万元）	所占比率（%）	
旅店服务业	1500.72	3.79	321.65

资料来源："收入构成——按行业分布"，百度和讯，http：//baidu. hexun. com/stock/ic. php? code = 002181. sz&t = 1

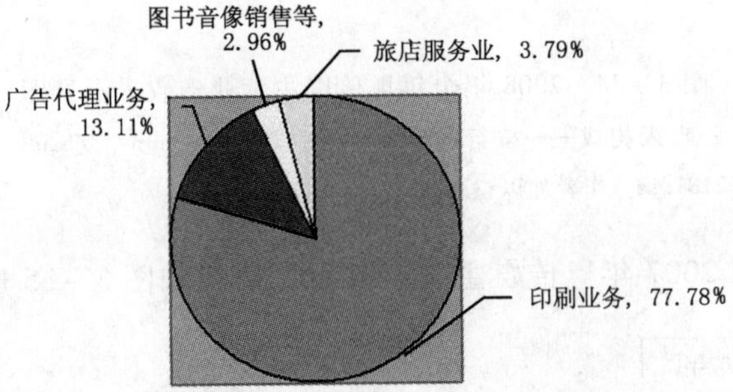

图 3 - 33　2007 年全年粤传媒主营业务收入构成示意图

资料来源："收入构成——按行业分布"，百度和讯，http：//baidu. hexun. com/stock/ic. php? code = 002181. sz&t = 1。作者加以整理。

从表 3 - 19 和图 3 - 34 看出，在 2008 年全年粤传媒主营业务收入中，印刷还是占据绝大部分的比重，占了 82.87%，其次的广告业占了 9.82%，书报刊销售和旅店服务业所占比重较少，分别占据 3.3% 和 2.44%。

表 3 - 19　2008 年全年粤传媒主营业务收入情况

行业名称	主营业务收入		主营业务成本（万元）
	金额（万元）	所占比率（%）	
旅店服务业	1274.37	2.75	300.47
书报刊销售	1604.51	3.46	1183.07
广告	3586.62	7.73	158.15
印刷	38571.26	83.18	32575.93

资料来源："收入构成——按行业分布"，百度和讯，http：//baidu. hexun. com/stock/ic. php? code = 002181. sz

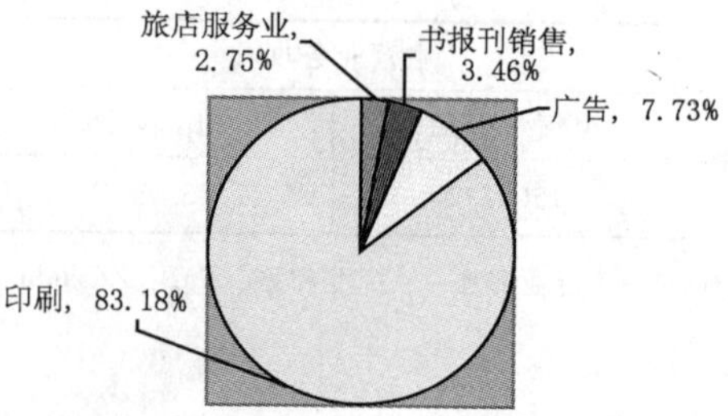

图 3－34 2008 年全年粤传媒主营业务收入示意图

资料来源："收入构成——按行业分布"，百度和讯，http：//baidu. hexun. com/stock/ic. php？code＝002181. sz。作者加以整理。

2008 年与 2007 年粤传媒主营业务对比情况如图 3－35 所示。

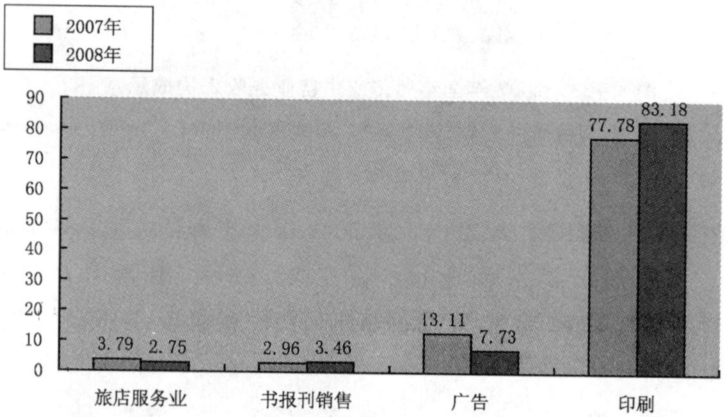

图 3－35 2008 年与 2007 年粤传媒主营业务对比示意图

资料来源："收入构成——按行业分布"，百度和讯，http：//baidu. hexun. com/stock/ic. php？code＝002181. sz。作者加以整理。

印刷业务：印刷业务是公司的主要收入来源，也是公司主营业务收入的支柱。可喜的是，公司在 2008 年的印刷业务较 2007 年实现平稳增长，2008 年公司克服了原料价格、人工成本上涨以及金融危机导致的市场需求萎缩对公司业务的影响，实现商业与报纸印刷业务收入 29883 万元，比 2007 年增长 10.44%；实现包装印刷业务收入 8687.87 万元，比 2007 年增长 127.81%。收入的增长摊薄了单位固定成本，使总体营业利润率也有所上升。

广告业务：广告业务是公司主营业务收入的第二大支柱。但是受整体经济环境影响，客户广告投放意欲降低，导致公司2008年公司广告业务收入有所减少。实现广告代理收入3587万元，比2007年同期减少31.00%。

书报刊销售业务：2008年公司采取了积极拓展书报刊批发业务，多次参与图书馆馆配图书招标业务，使公司2008年书报刊业务有所增长，全年实现书报刊销售1605万元，同比增长36.84%。

旅店服务业：公司下属广州大洋文化连锁店有限公司新闻培训中心受下半年经济环境转差的影响，旅店服务业收入1274.37万元，同比减少15.08%，营业利润率下跌2.15个百分点。

三、公司财务分析

（一）效益分析

净资产收益率又称股东权益收益率，反映股东权益的收益水平，用以衡量公司运用自有资本的效率。由表3-20和图3-36可知，粤传媒的净资产收益率2005—2006年基本平稳，但是2006—2008年就开始呈现出逐年下降的趋势。

主营业务利润率反映了企业主营业务的获利能力，是评价企业经营效益的主要指标。粤传媒从主营业务利润率2005—2008年下降明显，从2005年的0.41，逐年下降，直至下降到2008年的0.02。

成本费用利润率体现了经营耗费所带来的经营成果。2005—2008年成本费用利润率连年下降的。

粤传媒财务效益整体呈现明显下降趋势。净资产收益率大幅下降，说明这两年投资者收益的获利能力不佳，给所有者投资带来的收益减少。主营业务利润率下降充分反映出企业成本控制、费用管理、产品营销、经营策略等方面的不足，这时公司要提高警惕。对于投资者而言，成本费用利润率下降，会丧失更多的投资机会，对企业而言，其获利能力也逐渐下降。

表 3－20　　粤传媒财务分析数据表

粤传媒	财务效益		运营状况		发展能力	
年份	净资产收益率（%）	总资产报酬率（%）	总资产周转率	资产负债率（%）	主营业务增长率（%）	
2005－12－31	9	6	0.24	29	－4	
2006－12－31	9	6	0.32	29	6	
2007－12－31	5	4	0.28	22	16	
2008－12－31	8	6	0.28	18	17	
年份	主营业务利润率（%）	成本费用利润率（%）	存　货周转率	速动比率	净利润增长率（%）	净资产增长率（%）
2005－12－31	41	38	7.07	1.26	－3	9
2006－12－31	35	29	6.34	1.26	12	8
2007－12－31	21	24	6.32	2.53	3	72
2008－12－31	2	3	5.64	2.68	－99	－1

资料来源："个股资料——财务比率"，和讯网，http：//stockdata. stock. hexun. com/2009 _ cwbl _ 002181. shtml。作者加以整理。

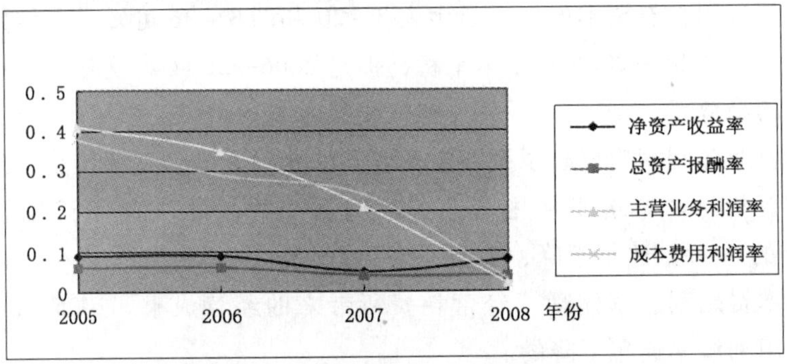

图 3－36　粤传媒财务效益分析示意图

资料来源："个股资料——财务比率"，和讯网，http：//stockdata. stock. hexun. com/2009 _ cwbl _ 002181. shtml，作者加以整理。

（二）运营分析

总资产周转率是综合评价企业全部资产经营质量和利用效率的重要指标，是从资产的流动性方面反映总资产效率的指标。

资产负债率反映在总资产中有多大比重是通过借债来筹资的，也可以衡量企业在清算时保护债权人利益的程度。

存货周转率说明了一定时期内企业存货周转的次数，反映了企业的销售效率和存货使用效率。是衡量和评价企业购入存货、投入生产、销售收回等各环节管理状况的综合性指标。粤传媒的存货周转率有所下降，2005—2006 年一直处于下降状态，2006—2007 年度有所好转，能够保持比较平稳状态，但是 2007—2008 年度又开始呈现出下降的状态。

速动比率，是衡量企业流动资产中可以立即变现用于偿还流动负债的能力。由图 3－37 可知，粤传媒从 2005—2006 年度速动比率保持平稳，2006—2007 年度保持着很快的增长速率，到 2008 年保持平稳。

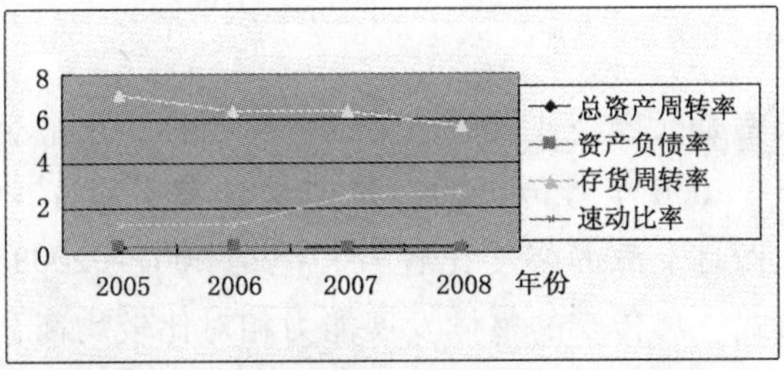

图 3－37　粤传媒营运能力分析示意图

资料来源："个股资料——财务比率"，和讯网，http：//stockdata. stock. hexun. com/2009_cwbl_002181. shtml，作者加以整理。

总体上粤传媒 2005—2008 年度营运能力相对平稳。但变动较大的是存货周转率和速动比率这两项。公司存货周转速度减慢，存货的占用水平较高，流动性较弱，说明公司的存货有所增加，需要进行一些促销手段，提高存货周转率。对于速动比率，速动比率的增长，说明公司的偿债能力有所增强。

（三）发展能力分析

主营业务增长率可以用来衡量公司的产品生命周期，判断公司发展所处的阶段。由图 3－38 可知，粤传媒的主营业务增长率呈现较平稳的增长效果，说明公司经营状况比较良好。但是，随着主营业务的增长，公司也将面临更大的风险。

净利润增长率是衡量一个企业经营效益的主要指标。粤传媒净利润增长率 2005—2007 年一直保持平稳，但是 2007—2008 年来看，又呈现的下降趋势。一直下降到－0. 99。

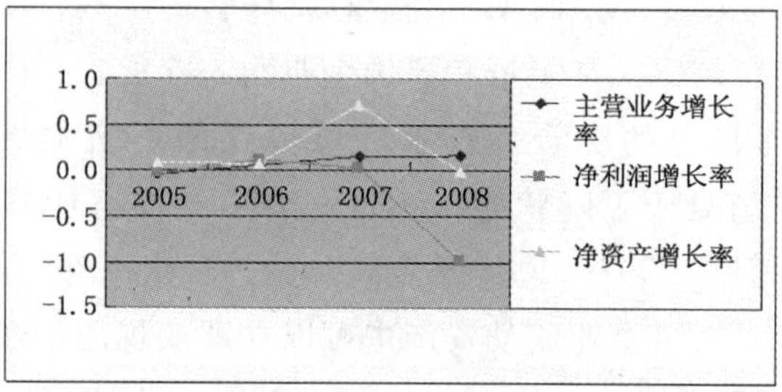

图 3－38 粤传媒发展能力分析示意图

资料来源："个股资料——财务比率"，和讯网，http：//stockdata. stock. hexun. com/2009_cwbl_002181. shtml，作者加以整理。

净资产增长率是代表企业发展能力的一个指标，反应企业资产保值增值的情况。2005—2006 年粤传媒的净资产增长率平稳，2006—2007 年呈现上涨的趋势，而且上涨的幅度比较大，但是 2007—2008 年却出现了比较严峻的下跌形式。粤传媒的整体发展能力相对比较均衡，但是有时候各比率会出现较大的起伏，企业要把握好净利润增长率和净资产增长率的两个重要指标。

四、粤传媒目前存在的问题及未来发展

（一）公司目前运营中存在的问题

1. 企业外部竞争压力较大。印刷工业在 2010 年将面临的竞争压力越来越大。电子媒体的出现使印刷品的需求有所下降；整个印刷供应链上各个环节对浪费的抵制，使得未来不太可能恢复到前些年印刷品较高的增长速度；生产能力过剩将导致印刷工价不断降低；互联网使用于商务以及竞标体制的不断普及会进一步导致价格的下跌；随着数字媒体的强劲增长，印刷正慢慢丢失其在广告消费上的份额；其他媒体形式以及其他印刷方式正在对传统商业印刷领域造成越来越深远的影响。凡此种种，在国际金融危机的大背景下，印刷资源的整合、企业的合并与拆分将从 2009 年继续延续到 2010 年。重组题材向来是股市热炒的对象，近一段时间，部分以印刷业务为主业经营的上市公司，其股价涨跌幅度较大，皆源于企业重组和资源整合。

2. 企业内部经营不善。作为广州日报社控股的上市公司，广东九州

阳光传媒股份有限公司（简称“粤传媒”）的主营业务包括印刷、广告、书报刊销售业务、旅店服务业。2010 年 1 月 12 日，粤传媒发布 2009 年度业绩预告修正公告。公告显示，由于该公司控股子公司公明景业经营不善，所有资产均已被债权人查封，预计 2009 年该公司归属于母公司所有者的净利润亏损 4000 万—5000 万元。经该公司财务部门初步测算，预计 2009 年该公司归属于母公司所有者的净利润为亏损 8000 万—1 亿元。1 月 13 日，粤传媒股东大会通过了《关于申请控股子公司公明景业破产的议案》。

粤传媒在开完股东大会后复牌，其股价稳步上升，于当日 11 点左右封上涨停。有市场人士认为，其主业经营不善使得投资者对大股东注入相关资产的预期升温。但该公司有关人士在接受媒体采访时表示，目前无重组打算，未来仍将努力经营印刷主业。

3. 受金融危机影响。2006 年公司的投资收益为 2627.7 万元，当中投资基金的收益为 1913 万元；2007 年公司投资收益 4368.69 万元，占公司扣除非经常性损益后归属上市公司股东净利润的 67%；2008 年受金融危机影响，公司投资开放式基金出现亏损，亏损额上千万元。

（二）公司未来发展

通过公司发展能力分析可知，未来粤传媒的发展前景不容乐观。

虽然主营业务在 2005—2008 年有所增长，但是净利润增长率却在 2008 年出现了大幅下降。就 2009 年粤传媒的情况来看，截至 2009 年三季度末，公司总资产 15.79 亿元，负债仅有 2.74 亿元，货币资金却达到 5.08 亿元。粤传媒 2009 年上半年公司依赖非经常性收益扭亏为盈，招聘广告回暖，而占收入 84% 的印刷业务依然下滑。

2009 年上半年粤传媒广告业务有所好转，公司广告代理收入 1781 万元，同比增长 21.87%，毛利率提高 3.74 个百分点，达到 96.30%；广告代理收入占营业收入比重仅为 10%。印刷业务遭遇报纸大幅减版缩量，收入下滑 18%；印报厂扩建项目在去年 9 月完工投产，新增折旧导致印刷毛利率下滑 4.14 个百分点。印刷业务收入占主营收入 84%，而毛利率却不到 10%，是拖累主营利润的主要原因。

公司在 2009 年度经营计划中提出，将依托广州日报报业集团的经济实力和综合优势，逐步构建跨地区、跨媒体的传媒服务业平台，适时进入传媒运营业及科技项目培育等新领域。

在2010年，粤传媒如果能够通过集团获得优质资产的注入，那么有望获得未来增长动力。否则在印刷主业地位不改而报纸印刷需求不振的预期下，公司仅能保持微利状态，未来收入和利润难见增长。

参考文献

［1］“公司概况”，上海新华传媒股份有限公司网站，http：//www.xhmedia.com/about.asp

［2］“‘洋书店’要来争地盘　书报刊零售市场酝酿巨变”，新华网，http：//news.xinhuanet.com/newscenter/2003－05/20/content_877744.htm

［3］“实时行情—月K线图”，万点网，http：//www.windin.com/home/stock/html/600825.SH.shtml？&t=1&q=%e6%96%b0%e5%8d%8e%e4%bc%a0%e5%aa%92

［4］“市场表现”，万点网，http：//www.windin.com/home/stock/industry/600825.SH.shtml

［5］“资料——总市值”，万点网，http：//baidu.hexun.com/stock/ic.php？code=600551.sh

［6］“公司概况——组织结构”，上海新华传媒股份有限公司网站，http：//www.xhmedia.com/about_framework.asp

［7］“个股资料——财务比率”，和讯网，http：//stockdata.stock.hexun.com/2009_cwbl_600551.shtml

［8］李东东：“中国出版业对外合作步伐不断加快”，中华人民共和国新闻出版总署，http：//www.gapp.gov.cn/cms/cms/website/zhrmghgxwcbzsww/layout3/header.jsp？infoId=693190&channelId=1017&siteId=21

［9］国家新闻出版总署：“关于进一步推进新闻出版体制改革的指导意见”，http：//www.gapp.gov.cn/cms/html/21/515/200904/463213.html

［10］范敏：“新华传媒（600825）广告报纸业务大幅下滑”，http：//finance.sina.com.cn/stock/report/20090831/10233038759.shtml

［11］新华传媒股份有限公司2008年年度报告。

[12] 新华传媒股份有限公司 2007 年年度报告。

[13] 新华传媒股份有限公司 2009 年半年度报告。

[14] 张新华、林小芳："出版集团发展新态势"，《出版参考》2008 年第 3 期。

[15] 李世举："出版传媒上市的冷思考"，《传媒观察》，2009 年第 5 期。

[16] "辽宁出版集团"，中国出版网，http：//www. chuban. cc/jt/dh/ln/jj/200806/t20080605 _ 36858. html

[17] 闫妮："辽宁出版传媒集团有望成为中国出版业第一股"，中国文化产业网，http：//www. cnci. gov. cn/content/20071031/news _ 16248 _ p4. shtml

[18] 赵景然："辽宁出版集团概况"，东北新闻网，http：//www. nen. com. cn/73762936572608512/20041006/1509223. shtml

[19] 辽宁出版传媒股份有限公司 2009 年半年度报告。

[20] 辽宁出版传媒股份有限公司 2008 年年度报告。

[21] 辽宁出版传媒股份有限公司 2007 年年度报告。

[22] "公司简介"，时代出版传媒股份有限公司网站，http：//www. press - mart. com/Times—mod _ code—jtjj. shtml

[23] "公司概况"，百度和讯，http：//baidu. hexun. com/stock/crop. php？code = 600551. sh

[24] "实时行情——K 线图"，统一股市网，http：//www. stock1. com. cn/stock%5C600551. htm

[25] "股本股改"，东方财富网——股吧网，http：//gubaf10. eastmoney. com/guba _ f10. aspx？code = 600551&f10 = 005

[26] "最新提示"，东方财富网——股吧网，http：//gubaf10. eastmoney. com/guba _ f10. aspx？code = 600551&f10 = 001

[27] "科大创新股份有限公司组织机构图"，新浪网，http：//finance. sina. com. cn/s/20040525/1607777544. shtml

[28] "公司概况"，东方财富网——股吧网，http：//gubaf10. eastmoney. com/guba _ f10. aspx？code = 600551&f10 = 002

[29] "收入构成——按行业分布"，百度和讯，http：//baidu. hex-

un. com/stock/ic. php? code=600551. sh

[30] 时代出版传媒股份有限公司2009年半年度报告。

[31] 时代出版传媒股份有限公司2008年年度报告。

[32] "个股资料——财务比率"，和讯网，http://stockdata. stock. hexun. com/2009_cwbl_600551. sh

[33] "时代出版：增发将完善公司产业链，提升竞争力"，腾讯网，http://finance. qq. com/a/20090914/002899. htm

[34] "时代出版（600551）竞争优势和估值优势明显"，腾讯网，http://finance. qq. com/a/20090806/003765. htm

[35] "公司简介"，广东九州阳光传媒股份有限公司（粤传媒）官方网站，http://www. gdcncm. com/about. asp

[36] "粤传媒历程"，广东九州阳光传媒股份有限公司（粤传媒）官方网站，http://www. gdcncm. com/licheng. asp

[37] "粤传媒上市：欲借资本推手重塑产业链"，新浪财经，http://finance. sina. com. cn/stock/newstock/20071101/02114125400. shtml

[38] 李彦，部分主营印刷业务的上市公司股价异动，中国新闻出版网，http://www. chinaxwcb. com/index/2010-01/20/content_187814. htm

[39] "粤传媒：广告好转难改印刷颓势"，腾讯财经，http://finance. qq. com/a/20090824/003704. htm

[40] 广东九州阳光传媒股份有限公司（粤传媒）2007年年度报告。

[41] 广东九州阳光传媒股份有限公司（粤传媒）2008年年度报告。

第四章

新闻出版企业绩效影响因素分析

改革开放三十年来，我国新闻出版业发展迅速，资产总量不断上升，企业规模不断扩大，人员素质、技术装备、内部管理水平都有不同程度的提高。我们认为，需求的拉动和产业发展所需的资本、劳动、技术进步等各生产要素的持续投入以及制度创新所提供的保障等外部因素决定了新闻出版业的发展速度、发展水平，并在一定程度上决定着相关企业的绩效，同时企业内部产权明晰、现代企业制度的建立、企业家能力、人力资源管理水平、企业文化等因素对于相关企业的绩效产生至关重要的影响。

第一节　外在绩效影响因素分析

一、需求因素

新闻出版业的发展是以需求存在、需求增长为前提的。需求是经济增长的最初动力，也是生产的最终目的。对历史数据进行的统计分析表明新闻出版产业总产值与国内生产总值、社会消费品零售总额、出口总额、教育经费投入、城镇居民人均可支配收入、农村居民人均纯收入等指标密切相关。上述指标的变化影响着社会对于新闻出版业所提供的产品与服务的需求总量，决定着新闻出版产业与产业内相关企业的发展速度。

（一）对于出版服务的需求

1. 教育与科技是出版物的最大需求方。教育、科技的发展直接影响书报刊等出版物的需求总量，决定相关企业的发展水平。为提升科技创新水平，增强国际竞争力，近年来，我国在研究与发展方面的投入不断增加，并且随着综合国力的不断增强，国家和社会公众对教育产业的投入也明显增加，普通高等学校在校人数不断上升，国民素质普遍提高，出版业获得了良好的发展机遇。具体情况如图 4－1、图 4－2、图 4－3 所示。

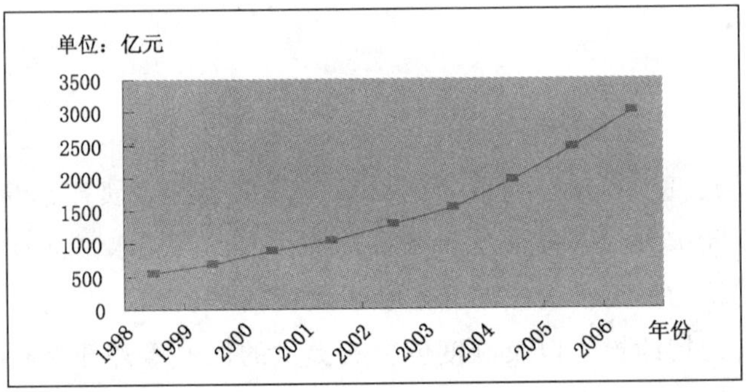

图 4－1　1998—2006 年我国研究与发展经费变化示意图

资料来源：国家统计局网站，http：//www. stats. gov. cn/

2. 另外随着我国经济稳步增长，城镇居民人均可支配收入、农村居民人均纯收入水平均有不同程度的提高，人民的文化需求随之上升。这些因素极大地促进了书报刊印刷总量的增长。详情参见表 4－4、表 4－5。

3. 网络的应用与普及为传统出版业提供了新的市场机遇。随着互联网技术的高速发展和互联网的迅速普及，当今社会步入了日新月异的网络时代。网络具有非地域性、信息容量的无限性、信息链接的无限性和互动性等特征，它打破了传统的地域政治、经济和文化的概念，形成了以传播信息为中心的跨国界、跨文化、跨语言的全新传播方式，成为 21 世纪发展最快、最具潜力和影响力的大众传媒。

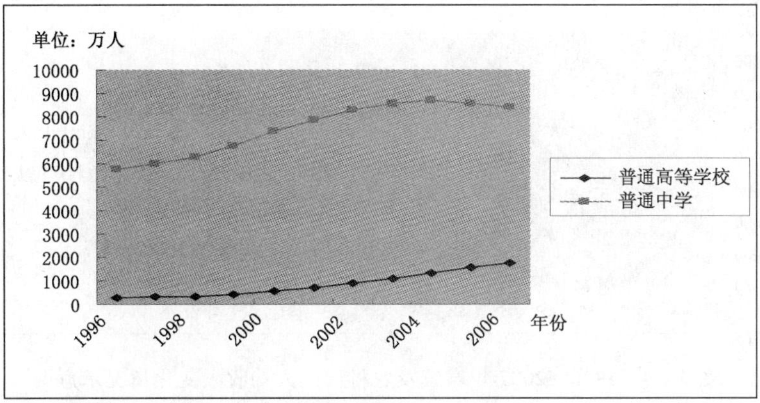

图 4－2　1996—2006 年我国在校生人数变化示意图

资料来源：国家统计局网站，http：//www.stats.gov.cn/

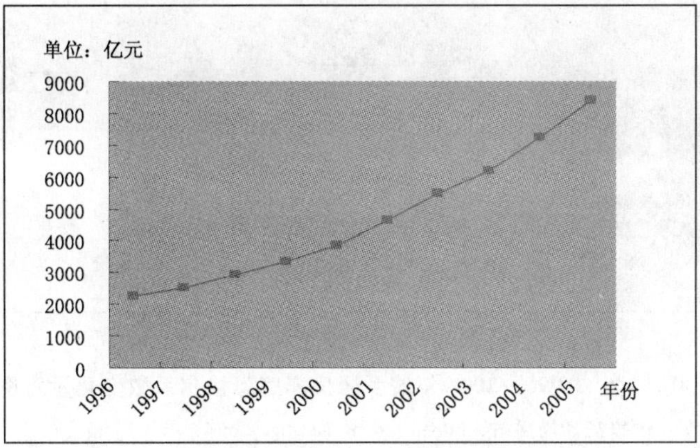

图 4－3　1996—2006 年教育经费合计变化示意图

资料来源：国家统计局网站，http：//www.stats.gov.cn/

据中国互联网络信息中心发布的《中国互联网络发展状况统计报告》显示，1997 年，我国内地网民只有 63 万人，上网计算机也只有 29.9 万台，而截至 2006 年年底，中国内地网民已经达到 1.37 亿人，中国网民总数占总人口比例首次突破 10%。其中宽带用户已经达到 1.04 亿人，中国互联网步入高速增长的宽带时期。另外手机上网人数也已经达到 1700 万人。中国域名总数近 411 万个，中国网站数量约为 84.3 万个，并保持良好的增长态势。

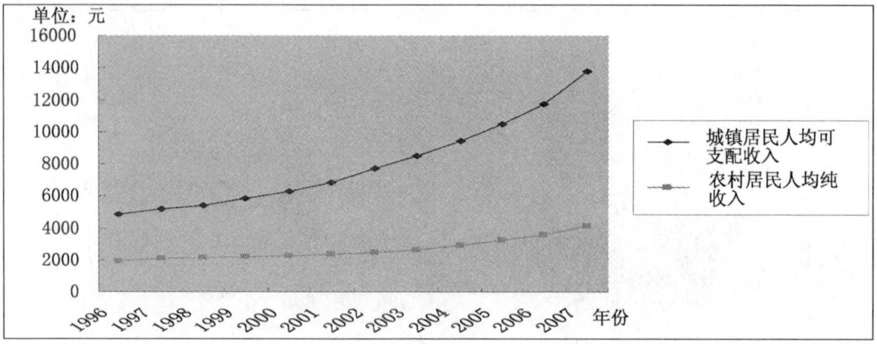

图 4－4　1996—2007 年城镇及农村居民人均收入变化情况示意图

资料来源：国家统计局网站，http：//www. stats. gov. cn/

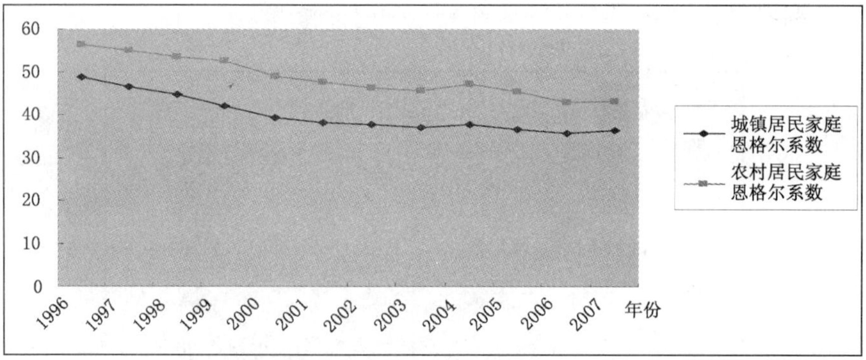

图 4－5　1996—2007 年城乡居民家庭恩格尔系数变化示意图

资料来源：国家统计局网站，http：//www. stats. gov. cn/

互联网的广泛应用，不仅促进了社会生产力水平的提高，也在阅读习惯和消费习惯等方面改变着人们的生活方式。数字阅读逐步成为广大网民的习惯，网络出版消费的基本条件正在形成。这可以被视为是一个出版时代变革的转折点。以网络为代表的新兴传播方式的兴起，分流读者，越来越多的青年人转向数字阅读方式。据 2006 年第四次《全国国民阅读与购买倾向抽样调查》显示，图书、期刊的阅读连年走低，网络阅读持续增长。上网阅读率从 1999 年的 3.7% 增加到 2005 年的 27.8%，每年平均增长率为 40%。其中在强调“没时间读书”的人群中 20—29 岁年龄段占 54.2%，排在第一位，而在“不习惯读书”的人群中排在首位的是 18—

19岁本应在校学习的青年学生，占45.9%。同时，随着网络购物支付、物流等环节的日益便捷，低成本的网络购物方式为越来越多的人所接受。

这种阅读习惯和消费习惯的改变必然对传统出版业造成很大的冲击。但是随着网络用户的增加和网络应用终端发展的多样化，以满足网民受众在线阅读、手机阅读、电子阅读器阅读等各类消费需求的新兴市场也逐步形成，巨大的市场潜力孕育出无限的商机，为传统出版业企业的发展提供了新的市场机遇。

（二）对于印刷服务的需求

教育、科技事业的发展以及城乡居民可支配收入水平的不断提高，在不断推高书报刊产品需求的同时也产生了大量的印刷服务需求，促进了相关印刷企业绩效水平的提高。详情参见图4－6。

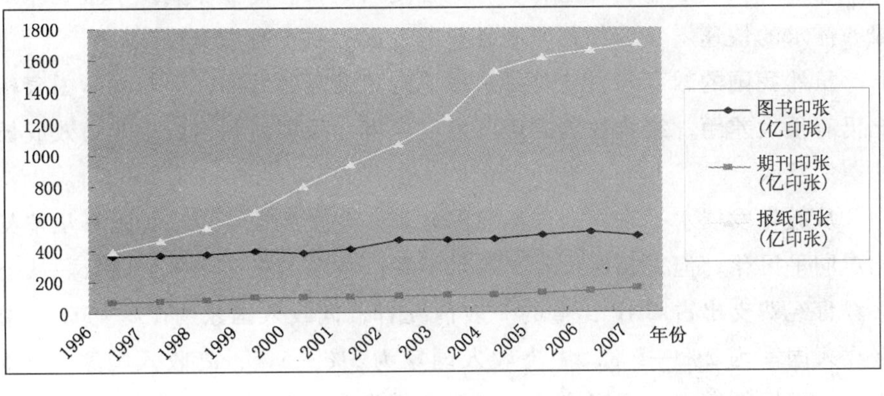

图4－6　1996—2007年我国书报刊总印张变化情况示意图

资料来源：国家统计局网站，http：//www. stats. gov. cn/

另外，从“九五”、“十五”及“十一五”开局几年的中国经济和社会发展概况数据中我们可以看到，我国经济发展态势良好，城乡居民收入都有不同程度的提高，这就要求我们生产更多品种规格的产品来满足人民不断增长的物质需求，国内贸易水平迅速提高。自2001年12月11日中国终于叩开世贸组织大门，加入世贸组织以来，我国与其他国家和经济组织的贸易往来更加密切，国际贸易总量也不断创出新高。详情参见图4－7。

国际和国内贸易的健康发展使得以包装、装潢等为主体的商业印刷需

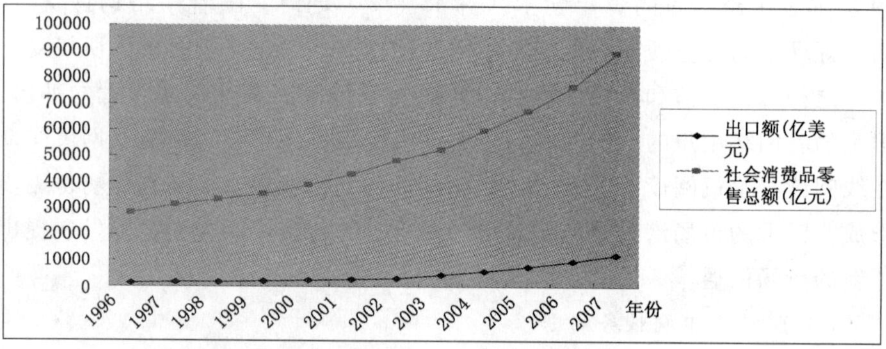

图 4－7　1996—2007 年国内及国际贸易总量增长情况示意图

资料来源：国家统计局网站，http：//www. stats. gov. cn/

求不断上升，商业印刷总量有了一定程度的增长。商业印刷及书报刊印刷服务需求的快速增长为相关印刷企业的发展提供了有力支撑。

虽然我国的教育与科技与科技事业有了长足的发展，但与发达国家相比仍有很大差距，结合我国的经济发展速度，我国新闻出版企业绩效成长的空间巨大。

从教育发展水平来看，虽然我国教育事业发展较快，高等教育从精英化走向平民化，但是相比世界平均水平我国教育的发展水平仍较低。从公共教育经费支出占 GNP 比重的一般情况看，低收入国家为 1%—3%，中下收入国家为 2%—5%，中上收入国家为 3%—5%，高收入国家为 5%以上。根据教育部、国家统计局和财政部发布的《关于 2006 年全国教育经费执行情况统计公告》，2006 年我国国家财政性教育经费占国内生产总值比重仅为 3.01%。科研方面，我国研究与发展（R&D）和科学普及活动目前也处于低水平状态。2005 年研究与发展（R&D）经费支出占国内生产总值的比重为 1.33，2006 年为 1.42，而发达国家一般都在 2%—3%。

2003 年，我国人均 GDP 跨过 1000 美元门槛，向着人均 3000 美元高度攀升，整个国民经济进入一个重要发展时期。根据国家统计局和国内知名学者的分析和预测，“十一五”及以后一段时间我国经济将继续保持平稳快速增长。林毅夫认为，中国只要利用好后发优势，按照比较优势发展，应该可能再维持 20—30 年以上的经济高速增长，经济总体规模可能在2030年达到美国的水平，以后超过美国。易纲对中国在21世纪的前30年估计是：前十年（2000—2010年）GDP平均增长7%，第二个十年（2010—2020年）为6%，第三个十年（2020—2030年）为5%。他认为，如果我们能够有这样一个最优的增长率，中国的发展就可能再上一个更大的台阶。海闻认为，中国入世后的15年过渡期，对中国的制度变革是非常重要的年限。中国经济未来的15年，增长应该很快，预计保持7%—8%的速度。同时，未来15年中国确实存在迅速进入中等发达国家行列的机遇。按照国际经济发展惯例，从人均国内生产总值1000美元至3000美元，人们的生活质量将出现较大变化，对文化、精神产品的社会需求大幅度增长，我国宏观经济的持续稳定发展必将为新闻出版业的发展提供有力的支撑和保障，使新闻出版业的平稳快速增长趋势得以延续。

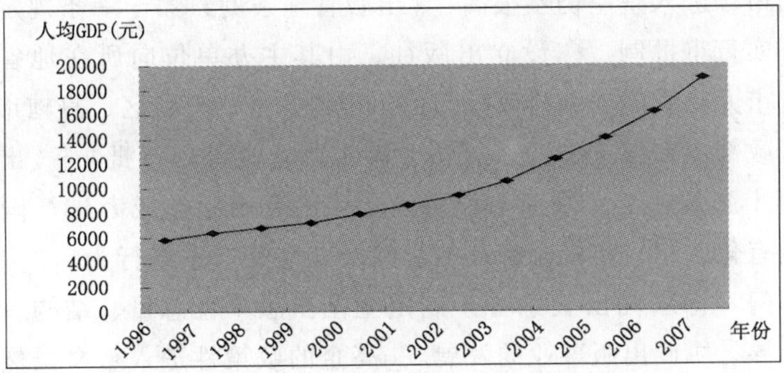

图4-8 1996—2007年人均GDP变化情况示意图

资料来源：国家统计局网站，http：//www. stats. gov. cn/

二、竞争性市场环境的培育

市场经济的核心就是通过市场来配置各种资源。市场经济得以有效运行是依靠价格机制和竞争机制。市场容量的大小，市场体系是否开放，经济秩序是否健康，市场竞争是否公平，在某种程度上决定着产业发展的速度和企业的发展水平。

从现代企业理论出发，很多学者认为产权私有化是赋予国有企业竞争力的唯一出路。因为私有产权享有剩余控制权，产权人有较强的激励动机去不断提高企业的效益，强调了所有制改革的重要性。不过林毅夫等人则认为，虽然产权制度是必要的和重要的，但与一个充分竞争的市场机制相比只是派生的制度安排，国有企业问题产生的真正原因不在于产权制度而在于缺乏充分竞争的市场环境。他们认为，产权制度改革并不是企业效率的必要条件，竞争的市场环境是提高企业绩效的主要手段。而竞争性市场主要体现在市场的进入与退出机制的有效及完善性，特别是后者。所以如何尽快地建设一个高效的市场退出机制是经济体制改革的关键，也是衡量经济体制改革成功与否的一个重要标志。

基于保持一定的思想舆论导向、维护社会稳定等目的，目前许多国家对出版环节实施一定程度的控制。因涉及意识形态问题，党和政府通过相关的政策法规对我国的出版业进行较严格的管制，管制内容较广，管制程度较深。尽管改革开放以来出版领域中的竞争机制也在逐渐形成，但是出版领域的市场进入壁垒仍然很高。《出版管理条例》第十一条规定，出版社的设立实行审批制。“设立出版社，由其主办单位向所在地省、自治区、直辖市人民政府出版行政部门提出申请，省、自治区、直辖市人民政府出版行政部门审核同意后，报国务院出版行政部门审批”。《出版管理条例》第十二条规定，原则上禁止设立非国有出版社或者进行国有出版社的非国有化改制、审批出版社的合并及其他资产重组行为。“国务院出版行政部门（即新闻出版总署）制定全国出版单位总量、结构、布局的规划，指导、协调出版事业的发展。”高企的政策性进入壁垒虽然在一定程度上有利于保证舆论导向，有利于出版市场的可控、有序，但却是以整个出版业市场化进程的缓慢和资源配置的低效率为代价的。出版环节原则上禁止非国有资本、外资进入，这虽然在一定程度上为我国出版业社会性规制的顺利实施创造了有利的微观基础，但是却把最有生机、最富活力和创造力的资本挡在了出版业门外，出版业自然呈现资源配置的低效率状态，不仅不利于出版产业发展，也不利于形成产业内部竞争机制。同时，对各出版机构的书号使用数量及其经营范围实行严格限制，人为干预出版物生产流通活动的结果是只要不出现政治上的问题，现有出版社很难从产业中退出，难以做到优胜劣汰。

实际上，无论从理论上还是实践经验都可以证明，非公资本与外资进入出版业与保持一定的思想舆论导向、维护社会稳定等目标并不存在不可调和的矛盾。适当地放松进入限制，允许多种经济成分将通过越来越多的合法渠道进入中国出版业市场，使更多的具备资格的机构和业外资本成为出版市场的重要组成部分，有利于促进和维护市场的有效竞争，提高出版资源配置的总体效率，增加消费者的精神福利，有利于提高出版企业的竞争能力，提高企业经营绩效。

2005 年是我国文化产业体制改革的重要年份，这一年，一些涉及敏感问题的政策性文件相继出台。党中央、国务院先后制定了《关于非公有资本进入文化产业的若干决定》、《关于深化文化体制改革的若干意见》等，鼓励和支持非公有资本以多种形式进入政策许可的文化产业领域，逐步形成以公有制为主体、多种所有制共同发展的文化产业格局。国家广播电影电视总局也颁布了《关于促进广播影视产业发展的意见》，首次对我国广播影视行业的产业化进行了全面的阐述，为各类资本进入消除了政策障碍；允许各类所有制机构作为经营主体进入除新闻宣传之外的广播电视节目制作业；在确保控股的前提下，广播电台和电视台可以进行股份制改造，条件成熟的可以批准上市融资。

2007 年 11 月 21 日，辽宁出版传媒就是在这样的背景下将编辑业务和经营业务打包整体上市的，开启了在 A 股整体上市的先河。成立于 2000 年 3 月的辽宁出版集团是国家新闻出版总署批准的 7 家股改试点单位之一，身处中国出版业最为活跃的机构之列，在传媒出版界颇有领先地位。此次整体上市源于政策的放行。“为了完整地体现产业的整体性，减少关联交易，避免股市同质竞争，我们规划出版业整体上市。”国家新闻出版总署署长柳斌杰在接受新闻媒体采访时还表示，中国政府将支持出版机构、报业企业和官方骨干新闻类网站上市，并不再要求它们将编辑业务与经营业务拆分，而是鼓励整体上市，以给予股民更高的信任度。

印制及发行环节的情况略有不同。随着出版业市场化、产业化进程的持续推进，各种经济成分的资本逐步进入印制与发行等环节，增强了相关企业的活力。发行环节：2003 年 5 月 1 日，《外商投资图书、报纸、期刊分销企业管理办法》开始实施，允许外商投资图书、报纸、期刊分销企业，同时规定从 2004 年 12 月 1 日开始允许外商投资图书、报纸、期刊批发企业。此外在 2003 年 9 月 1 日正式实施的《出版市场管理规定》首次允许民营企业拥有出版物总发行权，从而在出版物流通流域放宽了资本准入门槛。由于放开了对总发行和批发所有权的限制，民营机构在流通领域享有与国有机构同样的市场准入待遇，民营发行机构的隐性状态开始得以改变，在一定程度上打破了长期以来的体制内外之别，民营商业体制浮出水面，从而在流通领域基本打破了国有垄断的市场格局。近年来，非公资本不断注入我国印刷业，我国印刷业的规模实力得以迅速提升。

1. 民营印刷企业的崛起改变了印刷业原有格局，有助于印刷业整体规模实力的提高。从印刷业发展数据中我们看到，非公有经济在印刷业中逐步占有越来越重要的地位。印刷业是出版业中进入壁垒相对较低的行业，对于行业外和非国有资本进入的限制相对较少。从统计数据看，印刷业的资金回报率相对而言也比较理想，因此，改革开放以来民间资本不断流入印刷业，一批民营企业、一批民营企业家在印刷业中迅速成长起来。民营印刷业的崛起对于印刷业整体运营效率的提高起到良好的推动作用。由于我国金融改革比较滞后，民营印刷企业很难从国有银行获得资金支持，除启动资本外，后续注入的资金往往也来自于民间。这部分资本的逐利性和流动性较强，需要比较高的运营效率做保障，否则企业将难以生存和发展。民营印刷企业的崛起使印刷业内的市场竞争更加激烈，国有印刷企业若想生存，必须提高自身的管理水平和运营效率，因此，从某种意义上说，非公经济的发展对于印刷业整体运营效率的提高起到良好的推动作用，是印刷产业发展的新兴推进力量。

2. 外资的介入为我国印刷业总体技术水平、管理水平的提升带来有益影响。印刷业是出版各环节中对于外商投资限制比较少的一个环节，印刷业中外商介入的程度较深。印刷业中的外商投资不仅有助于印刷业规模的扩大，并且在克服发展瓶颈，推动产业结构升级，提升产业国际竞争力等方面均发挥了重要作用。从“十五”期间的数据我们可以看到，外资进入我国印刷业的步伐逐步加快，外资印刷企业数量逐年上升，1999—2003 年 5 年期间三资印刷企业资产总量、工业总产值、销售收入等指标都有较大增长。

三资印刷企业具有较高的运营效率。从图 4 - 9 中我们看到，三资企业的总资产贡献率指标远高于国有及国有控股印刷企业。三资印刷企业普遍具有较强的技术与管理优势，这些生产要素的流入弥补了我们的不足，为我国印刷业总体技术水平、管理水平的提升带来有益影响，并与我国充足的人力资本要素相结合，推动了产业的发展：外商将技术和创新活动引入印刷行业，并通过其研究开发机构和雇员培训，为我国印刷业培育了大批人才，提高了创新能力；三资印刷企业在印刷业内部也产生了示范和竞争效应，内资印刷企业通过学习和模仿三资印刷企业不断提高其生产效率和技术水平，加快了企业技术改造和技术进步的步伐；外资进入使我国印刷市场的竞争加剧，内资印刷企业被迫更有效地利用现有资源，使企业经营理念和管理水平不断提高。

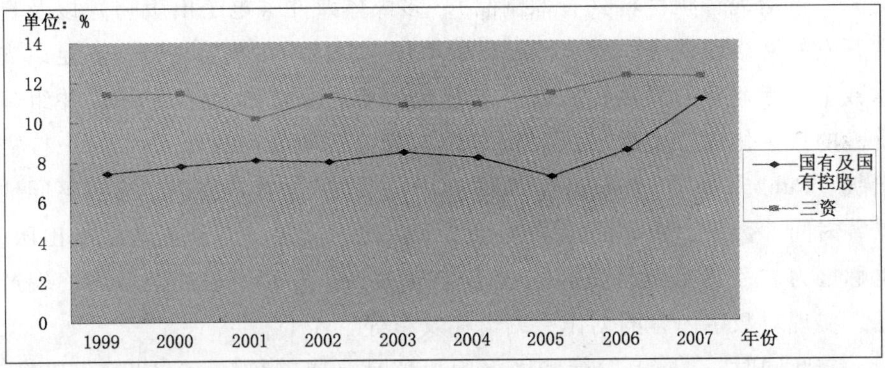

图4-9 国有及国有控股印刷企业与三资印刷企业总资产贡献率指标对比示意图

资料来源：国家统计局网站，http：//www. stats. gov. cn/

三、技术进步

创新是一个民族进步的灵魂，是国家兴旺发达的不竭动力。走创新型国家发展道路是我国21世纪发展的战略选择。科技创新是影响产业发展方向的重要因素，也是出版印刷企业发展的根本推动力。进入新世纪以来，计算机、多媒体、网络和通信技术迅速发展，我们可以清晰地看到这些与出版业密切相关的高新技术的发展，使传承人类知识、思想、信息的技术手段和介质都发生了深刻的变化，数字化和互联网以前所未有的力量和速度改变着出版产业的面貌，并将为出版业带来新的发展机遇。

（一）出版发行

出版业已成为信息产业的一部分，目前，数字化出版的出版模式主要分为五种：（1）传统出版业的数字化，即以传统纸介质出版物为主体，通过配套的光盘或网站为纸介质出版物提供内容丰富、图文声像并茂、交互性强的增值产品或服务，形成以图书为主、光盘和相关网站为辅的立体化出版资源。(2) 互联网出版(也称在线出版),即通过互联网,出版和销售数字出版物,具有低成本、无物流、无库存、无印数要求、即时更新、环保等显著特点。(3) 内容资源库,即出版社将其所拥有的丰富的内容资源加以系统化和集成化,以实现更方便的管理和对内容资源进行二次营销而建立的内容数据库。目前出版社在数字出版领域可挖掘的资源形式包括:数字化文本资源,将原有的纸介质图书转为数字化文本;多媒体资源,包括视音频材料(音像制品)、多媒体课件(电子出版物)以及自主开发的网络课件等。由于传统出版单位自身拥有的内容资源还不足以支撑数字出版业务的发展,因此,与其他出版社、IT 企业合作开发并组建统一的数字化内容资源出版发行平台,成为一种可行的模式。(4) 按需出版(Publishing On Demand,简称 POD),即根据客户要求,按照不同地点、时间、数量、内容的需求来制作个性化出版物。五是移动终端出版,也称之为"手机出版"。它基于通讯技术平台,利用手机或类似的终端产品,实现对数字内容的创作、编辑、发布等。

与此同时,"网上发行和网上版权贸易已成趋势",自 1995 年以来,亚马逊网上书店已为近 200 个国家的 1700 多万顾客提供服务,其营业额占全美图书营业额的 40%。随着网络阅读的盛行,出版物"数字发行"渐渐浮出水面。数字发行节约印刷与物流的成本和时间;无纸发行节约材料、绿色环保;电子期刊给网站带来更多的浏览量,为网络广告开创了新局面;数字发行可以使期刊发行量统计更加精确与快捷。数字技术和新媒体使传统的发行模式发生了巨大的改变,手机、电脑、纸媒介的共存拓展了出版物发行的空间,形成了新的赢利点。

目前我国进行数字化出版制作的公司主要有北京书生公司、万方数据、清华同方、中文在线、北大方正、超星数字图书馆以及一些传统的出版集团如上海世纪出版集团、北京出版社出版集团、北京师范大学出版集团等。据书籍出版社出版的《2005—2006 中国数字出版产业年度报告》中的数据显示,2005—2006 年是我国数字产业飞速发展并出现重大转折的年度,是数字出版概念被业内广泛认可的年度,也是数字出版产业链、数字出版规模正在形成的年度。报告指出,到 2006 年年底,我国数字出版产业整体收入逼近 200 亿元。其中,网络广告收入将达 46 亿元;网络期刊收入达 4 亿元;电子图书(E-Book)收入达 1.5 亿元,网络游戏收入将达55.2亿元，在线音乐收入达1.2亿元；在手机出版方面，到2006年年底，仅手机彩铃、手机铃声、手机游戏、手机动漫的收入达80亿元。

数字化将会进一步挤压传统出版形式创造的附加价值的空间。要维持原来的利润和市场份额，出版商除了培育新的核心竞争能力之外别无选择。内容产业的兴起在带来挑战的同时无疑也为出版企业提供了一个契机，不仅使它获得新的发展空间，而且使其有可能从支持性、附属性部门成长为信息社会的核心部门之一。

1995年1月，我国第一个网上杂志《神州学人》面世，可称得上是我国网络出版的雏形。据不完全统计，我国目前从事网络出版业务的网站有1000家以上。这些网站大体上可以分为五类：一是现有出版单位增加网络出版业务，作为对传统出版手段的补充，这类网站主要以出版本版图书、期刊、报纸、音像制品和电子出版物的网络版为主，还有的利用网络提供资讯服务；二是专门从事互联网出版的网站，主要从事网络文学、网络游戏、网络音乐等业务，这类网站有人民时空、博库、中文在线、联众、中国音乐网台等；三是综合性网站开辟网络出版类栏目，如网络期刊、电子书专栏等，搜狐网的《视线周刊》、网易的电子书专栏都属于这一类；四是数字图书馆在互联网上从事在线出版活动，如书生数字图书馆、超星数字图书馆等。网络出版在我国还是一个刚刚兴起的行业，随着国家对网络出版进行规范化管理，相信网络出版会有更大的发展空间。

（二）科技创新对我国印刷业的发展影响显著

传统印刷工业和印刷技术在数字技术与计算机网络技术的冲击下，发生了重大变革。依靠科技进步提高印刷业的整体实力和水平仍将是“十一五”及未来较长一段时间印刷业发展的主题。

计算机技术、数字技术和网络技术在传统印刷业的广泛应用，已经使“印前、印刷、印后”的整个传统加工过程产生了全新的技术创新和根本性的改变。彩色桌面出版系统、CTP直接制版技术、数码打样和数码印刷系统、数字化工作流程、一体化解决方案、跨媒体出版技术、远程网络打样印刷和出版系统、印刷电子商务、标准化的跨平台文件格式与开放式文件数据交换环境，以及由各种计算机控制的印前、印刷、印后设备等已经并将进一步得到迅速的发展和应用。印刷业整体装备水平和信息化程度将发生根本性改变。

数字技术与计算机网络技术的应用将使印刷领域向前延伸，依靠发展快速、按需、高效、个性化的数字印刷，印刷企业将进一步开拓市场，满足不断变化的市场需求。数字技术与计算机网络技术的应用将极大地提高印刷企业的生产效率和产品质量。通过采用多色高速、柔印、自动、联动等先进技术，印刷品质量和印刷机有效工作能力将不断提高。

第二节 企业内部绩效影响因素分析

尽管企业的存续受制于外部因素，但是企业内部产权明晰、现代企业制度的建立、企业家能力、人力资源管理水平、企业文化等因素是企业发展的根基，是企业绩效提高及跨越式发展的根本保障。

一、产权与治理结构安排

新制度经济学派的代表人物之一——道格拉斯·C. 诺斯在其《制度、制度变迁与经济绩效》一书中阐述了制度、制度变迁与经济绩效之间的关系，认为制度是决定长期经济绩效的基本因素。制度是社会的游戏规则，是为决定人们的相互关系而人为设定的一些约束，它包括正式制度（如宪法和法律）和非正式制度（如习俗和行为准则）。R. 科斯曾在其著名的论文《社会成本问题》中提出了著名的科斯定理：若交易费用为零，无论权利如何界定，都可以通过市场交易达到资源的最佳配置。显然，现实经济生活中交易费用不可能为零，由此人们推出科斯反定理，即在交易费用为正的情况下，不同的权利界定，会带来不同效率的资源配置。科斯教授在《社会成本问题》一文中已经将权利安排即制度形式与资源配置效率直接对应了起来。有效的制度，可以增加企业对经济活动后果的可预见性，降低交易成本，促进物质资本和人力资本投资以及技术进步，从而促进产业的发展、企业的兴旺。

党的十六届三中全会通过的《中共中央关于完善社会主义市场经济体制若干问题的决定》明确指出："建立归属清晰、权责明确、保护严格、流转顺畅的现代产权制度，有利于维护公有财产权，巩固公有制经济的主体地位；有利于保护私有财产权，促进非公有制经济发展；有利于各类资本的流动和重组，推动混合所有制经济发展；有利于增强企业和公众创业创新的动力，形成良好的信用基础和市场秩序”。以产权制度为核心，以有限责任制度为保证，以现代公司制企业为主要形式的，产权清晰、权责明确、政企分开、管理科学的现代企业制度是适应社会化大生产和市场经济发展要求的新型企业制度。建立现代企业制度是我国建立社会主义市场经济的客观要求，是我国企业制度改革的方向。现代企业制度主要包括严格的企业法人财产制度、有效的公司治理结构、科学的企业管理制度等方面的内容。

（一）严格的企业法人财产制度

法人财产制度赋予企业法律上独立的人格，确立其法人地位，使企业成为一个独立承担民事责任、享有民事权利的独立的经济组织。这样的制度安排使企业产权分解为最终所有权和法人财产权，这是现代公司制度成长的历史起点和逻辑起点。

（二）有效的公司治理结构

公司治理结构是有关所有者、董事会和高级经理人员和其他利益相关者之间权力分配和制衡关系的一种制度安排。科学的法人治理结构可以使公司各利益相关者之间形成一种相互制衡的关系，并有效地解决企业所有权和经营权分离所带来的“委托—代理问题”。

（三）科学的企业管理制度

社会化大生产的发展要求企业转变经营机制，用现代的管理技术实现企业管理的科学化、规范化。科学的管理制度是企业有效运行的微观基础，可以提高企业经营效率，它涉及企业经营的方方面面，包括企业组织设计、企业文化管理、人力资源管理、财务管理、生产管理、营销管理等。

新闻出版业因具有意识形态属性，其改革和发展长期处于政策法规的严格限定之内，其制度变迁是渐进的、慎重的。其法人财产权利的明晰、治理结构的完善及企业管理水平的提高有自己独特的路径。李继东、张新华在“我国出版业的改革轨迹分析”一文中对我国1978年以来出版领域的改革轨迹进行了详细的描述。他们认为，出版业的改革经历了从规模扩张、素质提升到全面推进三个阶段，从市场化的改革到体制改革逐步深入，进而引发了我国出版组织、产业结构、政策体制等方面的变迁，对出版企业规模绩效的影响显著。

根据《中共中央关于加强社会主义精神文明建设若干重要问题的决议》中提出的“加强对新闻出版业的宏观调控，采取有力措施解决目前总量过多、结构失衡、重复建设、忽视质量等散滥问题，努力实现从扩大规模数量为主向提高质量效益为主的转变”的精神及中共十五大对新闻出版工作提出的“加强管理、优化结构、提高质量”的总要求，1998 年 12 月新闻出版总署批准设立了以资本运营为纽带的上海世纪出版集团和广东出版集团，开始了政府主导下的资本化的出版集团试点改革。2001 年 8 月，中共中央宣传部、国家广播电视电影总局、新闻出版总署下发《关于深化新闻出版广播影视业改革的若干意见》，提出要以资本和业务为纽带，组建多媒体兼营和跨地区经营的媒介集团，以期打破政府命令式的市场运作模式与行政区域化的发展格局。上述旨在纠正低质同构性的规模扩张，通过集团化战略实现优化结构和提高质量的改革举措取得了相当的成绩，到 2002 年年底就有国家级出版集团 13 家，发行集团 9 家。

在体制改革及全面推进阶段（从 2003 年至今），2003 年中共中央办公厅下发的 21 号文件提出了要全面深化文化产业体制改革，之后新闻出版总署下发了《新闻出版体制改革试点工作实施方案》等文件，昭示着中国出版业乃至整个媒体业的改革全面推进。首先，将出版业按意识形态属性的不同分为公益性事业和经营性产业两类，把除人民出版社等意识形态属性较强以外的出版社（经营性资源）从现在的事业体制中分离出来，按现代产权和企业制度改制，实行所有权与经营权分离，并推进出版集团区域整合和跨地区经营。其次，全面放开对经营性资源的资本运作，允许各类所有制机构作为经营主体进入非新闻宣传类的其他项目运营，步入了资本化的历程。2003 年 6 月，中央直接确定了 9 个省市和 35 个试点单位进行文化体制试点改革，其中有 7 家图书出版单位和 6 家发行单位。中国出版集团、上海世纪出版集团、四川新华发行集团等逐步实行由事转企的改革，在产权国有的前提下实行政府授权的资产经营，进而逐步实现股份制。

虽然出版企业拥有了现代企业制度建设的制度基础，但仍有许多工作亟待推进。我们知道，在现代企业制度中，严格的企业法人财产制度是前提、有效的公司治理结构是保证、科学的企业管理制度是基础。企业的生存和发展需要人力资源、财力资源、物质资源和信息资源为保障。缺乏良好、高效的产权制度，企业的资源就难以发挥正常效力，有效的产权制度、治理与决策机制、激励与约束机制、创新机制是企业持续健康发展的基本条件。

目前，印刷环节是以公有制为主体、多种经济成分共同发展。发行环节上，形成了公有制为主体、新华书店为主渠道、多种经济成分并存、多条渠道共同发展的局面。但是出版环节产权结构仍然过于单一，这种高度集中于单一主体的产权制度的最大弊端是，产权归属在法律上是清晰的，但在经济上尤其是在实际运行中是很不清晰的，没有人格化的受益主体和责任主体，因此很难形成更深层次上的现代企业治理机制，西方经济学家所谓的在对应状态下“搭便车”、“偷懒”等机会主义、“道德风险”一如既往地存在着。而且，由于产权的不可分割性、不可流动性和产权组织的单一性，不利于资源的优化配置，也影响了生产力的发展。这种弊端在出版单位的表现是国有产权所固有的“所有者缺位”现象仍然存在，仍难建立高效的监督约束机制，难以应付由于监督不力而产生的“内部人控制”问题，不利于出版企业民主监督和民主决策机制的形成，从而也难以实现治理上的高效。因此，国有出版企业产权制度改革的方向应当是科学地构造产权结构，在产权明晰础上实现产权结构的多元化。多元化的产权结构将为建立科学的法人治理结构提供制度基础，从而有助于提高企业的治理绩效。

二、人力资源管理意识与水平

21世纪，人类进入了知识经济时代。世界经济合作与发展组织（OECD）对知识经济的定义是：知识经济即以知识为基础的经济，是以现代科学技术为核心的，建立在知识信息的生产、存储、使用和消费之上的经济。与依靠物资和资本等这样一些生产要素投入的经济增长相区别，知识在现代社会价值的创造中其功效已远远高于财、物这些传统的生产要素，成为所有创造价值要素中最基本的要素。

近几年来，随着战略人力资源管理观念的发展，人们把人力资源作为一个企业的战略贡献者来看待，认为人力资源管理主要贡献体现在提高企业绩效、扩展人力资本和保证有效成本系统。关于人力资源管理活动为何能够对组织绩效产生影响，资源基础理论提供了一个有力的解释。资源基础理论将研究重点放在组织内部，强调组织的竞争优势是由组织内部资源所产生，组织所拥有的资产、能力、内部程序、资讯、知识等能为组织所控制，并能有助于组织战略的形成和执行的，均有助于建立组织竞争优势。因此，形成组织竞争优势的资源不仅是有形资源，而且包括无形资源。

Wright PM，Dunford BB，Snell SA 从知识的存量和流量角度提出了一个人力资源管理实践影响企业绩效的理论模型，如图 4－10 所示。Wright 等认为，广义的人力资源管理实践系统通过影响知识的存量、流量以及更新而构建组织的核心竞争力，使企业获得高于竞争对手的绩效。根据 Wright 等的观点，智力资本指的是蕴含在人和组织系统内的知识存量，它由人力资本、社会资本和组织资本构成。知识管理指的是组织内部的知识创造、转移和集成。通过知识的流动，企业增加和维持智力资本的存量。企业通过复杂的难以模仿的方式进行的知识创造、转移和集成与企业的知识存量相互作用，共同构筑企业的核心竞争力。动态能力反映了企业为了保持其核心竞争力所进行的更新过程，这种更新过程需要对组成能力的人和组织进行不断的变化。人力资源管理实践系统通过改变知识的存量和流动从而不断的更新企业的核心竞争力。智力资本和知识管理作为桥梁将人力资源管理实践系统和核心竞争力联系在一起，而动态能力作为一个更新部分将模型中的其他四个概念联系在一起。

国内学者的相关研究也证明人力资源管理与企业绩效之间存在明显关联。张弘、赵曙明 2002 年曾对我国沪深两市生产制造型企业进行了一个问卷调查（标注），内容包括激励性工作设计、团队工作方式、员工授权、员工参与小组、信息共享、核心员工的终身雇用、内部提升、职业生涯发展规划、系统化培训、交叉使用与交叉培训等 26 个项目，调查对象涉及电器机械、非金属矿物制品、计算机及相关设备、家具、交通运输设备、金属制品、普通机械、通信及相关设备等 13 个行业共 229 家企业。其调查结果显示：（1）绩效较好的企业对上述人力资源管理实践的运用相对优于绩效较差的企业。（2）绩效较好的企业与绩效较差的企业在激

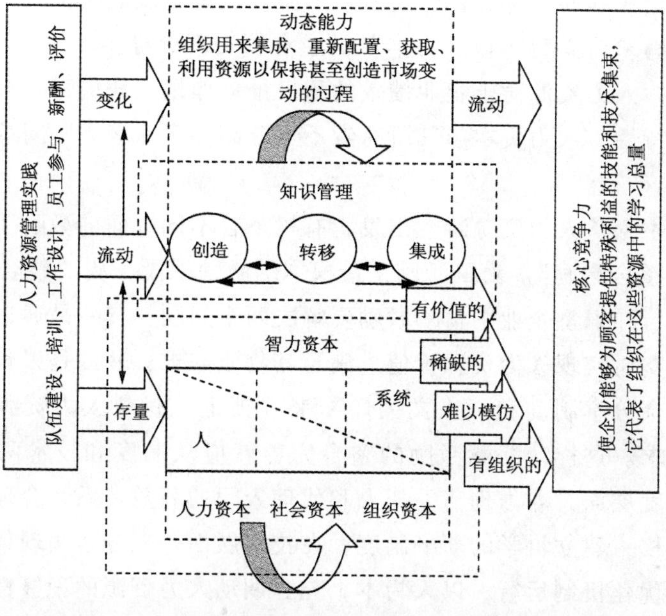

图 4－10　人力资源管理实践与企业绩效的中介机制模型示意图

资料来源：Wright PM, Dunford BB , Snell SA. Human resources and the resource based view of the firm［J］. *Journal of Management*, 2001 , 27：701—721.

励性工作设计、团队工作方式等人力资源管理实践方面存在着显著的差异，揭示出对这些人力资源管理实践的运用与企业绩效之间存在着某种积极的关联。(3) 对于 26 项人力资源管理实践，绩效较好的企业与绩效较差的企业在实施数目上也存在着显著性差异。绩效较好的企业，其实施的人力资源管理实践也较多。总体结论是，激励性工作设计、职业生涯发展规划、发展评估、员工参与小组等人力资源管理实践在我国企业中的应用对改善企业绩效确实存在着积极的作用。

同其他企业一样，出版企业也是以物质资本、人力资本和组织资本为发展基础的。企业的人力资本状况即组织成员的经验、判断与知识对于企业核心竞争力的形成及绩效提高至关重要。但因我国出版业长期受计划经济的保护，享受垄断利润，在很长一段时期内人才作为第一资源的作用没有受到充分重视和有效开发，其他社会微观经济主体中存在的人力资源管理问题如：缺乏统一的、与企业发展战略相匹配的人力资源规划，缺乏规范化、定量化的员工绩效考评体系；培训工作滞后，使员工能力的提高明显落后于企业利润的增长；长期有效的激励机制手段短缺，其报酬制度尚不健全；尚未树立起"以人为本"的企业管理理念等。

为发挥人力资源对于企业绩效的积极推动作用，我们需要正视人力资本的产权特性。人力资本与其所有者不可分离性意味着激励问题是一个永恒的主题。

我们主张从人力资源特性出发，有机整合不同方面的激励手段，实现所谓的"整合激励"。薪酬激励是最根本的激励手段，从"整合激励"的观点出发，知识型企业中薪酬激励要解决两个问题：其一是通过与业绩挂钩的薪酬支付实现人力资源价值、满足其物质需求；其二是以长期的、制度化的剩余分享制度和"人文关怀"来"锁定"优势人力资源、满足其高层次需求。这样，薪酬激励的整合完善就应从制度和技术两个层面着手：在制度层面，着力理清委托人和代理人间的利益关系，合理配置企业剩余索取权，建立科学的薪酬制度；在技术层面，充分运用现代人力资源管理手段优化机制运行，以人为本，充分调动人力资源的积极性。按照马斯洛的需求层次理论，单纯依靠薪酬这一物质层面的激励并不能彻底解决激励问题。例如，美国公司高管层的年薪远高于日本，但并不与业绩成正比，一个很重要的原因就是日本公司更为注重控制权等其他激励因素的作用，满足管理者作为人多层次的需求。因而，控制权激励、声誉激励等同样不可忽略，也应进行有机整合。

三、企业文化与学习型组织建设

企业文化是在企业发展过程中所形成的，为企业员工所共同理解、信奉并加以遵守的关于企业经营和管理的一系列价值观、基本信念和行为准则，它体现在企业的制度、规则、成员之间交流、企业与外部环境沟通的具体行为、物质环境中，并通过潜移默化的方式传递给新来者。

20 世纪 80 年代初，随着日本企业的崛起，人们注意到了文化差异对企业管理的影响，进而发现了社会文化与组织管理的融合—企业文化，它是企业发展到一定阶段，企业领导人将其在企业创业阶段关于经营理念、基本假设等达成的共识用于对组织管理过程中包括文化、价值和心理因素在内等的非结构性因素的一种整合，并使之成为一个组织或企业独具个性化的管理模式，以文化的力量推动着组织和企业的长期发展，影响着企业的长期绩效。美国哈佛大学商学院的约翰·科特教授和詹姆斯·柯斯克特教授在其1992年出版的专著《企业文化与经营业绩》中，对其在1987—1991年5年间对美国22个行业72家公司的企业文化和经营状况所进行的研究进行了阐述，总结了强力型、策略合理型和灵活适应型三种类型的企业文化对公司长期经营业绩的影响，并且预言，在近十年内，企业文化很可能成为决定企业兴衰的重要因素。国内学者的相关研究证实了这一预言。

在出版业内，近年来随着市场化程度的提高，竞争的加剧，各出版企业都在努力营造富有时代精神及自身特色的企业文化，不断增强核心竞争能力。企业文化对于出版企业经营绩效的作用主要体现在以下几方面：

（一）导向作用

企业文化实质上是一种价值取向，反映了一个企业共同的追求和利益对企业经营者和生产者的思想、行为具有导向作用。卓越的企业文化会引领企业积极履行社会责任，提高员工对公司的认同度和忠诚度，赢得政府的支持，进而提升企业社会形象。良好的企业形象不仅有助于赢得消费者的认同扩大市场份额，也有助于降低交易成本，从而提高经营绩效。卓越的企业文化，共同的崇高理想和追求，能够引领企业追寻具有长远意义的发展方向，影响着企业高层管理者的战略选择，从而影响着企业战略性资源的选择、企业能力的培养与各种资产、技能、资源与能力的整合。通过建立共同愿景，可以潜移默化把企业战略、经营理念转化成企业员工的价值导向和行为导向，进而演化成企业员工具体的奋斗目标和行为准则，引导企业员工为着一个共同的目标而奋斗。美国战略管理学戴维·贝赞可认为，企业文化的作用在于企业文化减少了企业内个人的信息处理要求，允许个人更好地把注意力集中于他们日常的工作。企业文化中的价值观、行动准则和相应符号，可以使他们没有必要就企业中的工作任务是什么进行讨价还价。一个有效的文化，可以减少决策制定的成本并促进工作的专门化。

（二）约束作用

道格拉斯·诺斯将制度分为三部分：非正式制度、正式制度和实施机制。非正式制度是指人们在长期的社会是生活中逐步形成的习惯习俗、伦理道德、文化传统、价值观念及意识形态等对人们行为产生非正式约束的规则，是一些不成文的行为约束规范；正式制度则是人们有意识建立起来的并以正式方式加以确定的各种制度安排，包括政治规则、经济规则和契约以及由这一系列规则构成的一种等级结构等，它们共同约束着人们的行为；实施机制则是制度执行的机制，包括实施的主体（组织或个人）、实施的手段、实施的程序等。企业文化、企业精神为企业确立了正确的方向，对那些不利于企业长远发展的不该做、不能做的行为，常常发挥一种"软约束"的作用。企业文化可以减少正式制度实施与监督的费用。作为非正式制度安排，企业文化是通过一套价值观念、行为规范来约束企业中人与人之间以及人与市场之间的行为，从而减少信息不对称和不确定性风险，降低交易成本，提升组织绩效。

（三）凝聚与激励作用

正如美国学者凯兹·卡恩所言，在社会系统中，将个体凝聚起来的主要是一种心理力量，而非生物的力量。社会系统的基础是人类的态度、知觉、信念、动机、习惯及期望等。企业文化具有极强的心理凝聚力量，它有利于提高组织成员的组织认同度，增强组织凝聚力，改善组织绩效。在较高的组织认同度下，企业员工与组织结成利益的共同体、事业的共同体和命运的共同体，使他们感到自己是企业的一员，个人的成长依赖于企业的发展。员工对企业的价值取向、目标愿景、行为规范予以理解接受并遵守执行。在较高的组织认同度下，组织内容易形成尊重、信任、理解、包容、团结互助、通力合作的工作氛围，对企业绩效将产生很大的影响。只有员工认同了企业，员工才会将个人的价值观与企业的价值观统一起来，将自己的荣辱得失与企业的兴衰成败联系到一起，企业才会具有凝聚力，企业的决策才能有效地贯彻执行，企业才能因此降低管理成本、提高效率和效益。优秀的企业文化有助于催生团队精神，在组织内形成团队合作氛围。良好的团队合作氛围有利于调动组织成员的积极性，有利于企业内信息、经验、知识和资源的共享，促进更多协作行为的产生与发展。

彼得·圣吉在《第五项修炼》一书中曾经指出："抛弃那些陈旧的领导观念吧！90年代最成功的公司，将是那些建基于学习型组织的公司。"壳牌石油公司企划主任德格说："唯一持久的竞争优势，或许是具备比你的竞争对手学习得更快的能力。"当世界更息息相关、复杂多变时，学习能力也更要增强，才能适应变局。企业不能在只靠像福特（Henry Ford）、史隆（Alfred P. Sloan）或华生（Thomas J. Watson）那样伟大的领导者一夫当关、运筹帷幄和指挥全局。未来真正出色的企业是能够设法使各阶层人员全心投入，并有能力不断学习的组织。

21世纪是知识经济的时代，企业组织形式向扁平化方向发展，管理的核心表现为发挥人的主观能动性。社会思维方式逐步从线性思维到系统思维和创造性思维转变，时代经济特征对个人及企业的知识水平提出了更高的要求。彼得·圣吉所定义的“学习型组织”是，在其中，大家得以不断突破自己的能力上限，创造真心向往的结果，培养全新、前瞻而开阔的思考方式，全力实现共同抱负，以及不断一起学习如何共同学习的组织。他建议通过5项修炼即系统思考、自我超越、心智模式、团队学习和建立共同愿景来建设学习型组织。学习型组织是企业未来发展的趋势，一个企业只有当它是学习型组织的时候，才能保证有源源不断的创新出现，才能具备快速应变市场的能力，才能充分发挥员工资本和知识资本的作用，也才能实现顾客满意、员工满意、投资者满意、社会满意的最终目标。企业通过组织学习可以掌握有关企业内外部环境的知识，组织学习能力对管理创新和技术创新有很强的直接正面作用，对于提升企业绩效具有重要的意义。

企业文化与创建学习型组织有着不可分割的联系，二者同属于社会主义精神文明范畴，属于中国先进文化的重要组成部分。优秀的企业文化体系，为学习型组织创建明确方向，奠定基础；然后，通过先进的学习型组织对企业文化进行传播、深化和发展。这样，就有机地把企业文化与学习型组织融合在一起了，形成学习型企业文化，共同促进企业的快速发展。

四、企业家能力与企业家行为

1990年普哈拉德和哈默提出企业核心能力理论。他们认为：“核心能力是组织中的累积学识，特别是协调不同的生产技能和有机结合多种技术流派的学识。”其后，理论界普遍的认识是企业的核心能力决定了企业的竞争优势所在，进而决定企业的成长路径，决定企业的绩效水平。在企业的核心能力体系中，企业家能力至关重要。著名经济学家熊彼特在《经济发展理论》一书中阐明了经济增长的国王是企业家，正是企业家把各种生产要素组织起来进行生产，并通过不断创新改变其组合方式，才带来了经济的增长。作为企业的灵魂，在企业内外部因素的共同作用下，企业家组织制定企业发展规划、管理制度，协调企业内外各种关系，合理配置企业各种资源要素，积极创新应对市场竞争。企业家能力是现代企业生存和发展不可或缺的稀缺资源。企业家能力对于企业绩效的贡献表现在以下方面：

（一）洞悉市场先机，发现潜在机会

发现潜在机会价值是企业家禀性的本质表现，是企业家能力对于企业绩效作用的一个重要方面。不同的企业家对市场中存在的获利机会有不同的认识和判断，企业家判断性决策能力的特质性很大程度上决定了企业核心竞争力，决定了企业的竞争优势。具有敏锐洞察力的企业家在分析、判断、决策上方面拥有过人的才智，能够在宏观上把握企业发展方向。通过准确预测投资项目的潜在价值，并通过个人的信誉、人格魅力获得资源所有者的信任与支持，他（她）所领导下的企业能够获取具有潜在机会的投资项目，从而获取可观市场回报。

（二）合理配置各种资源要素，使之发生协同效应

具有较强协调及沟通能力的企业家善于与政府税收和工商等职能部门、金融机构、行业协会等中介机构、公众媒体、其他企业或客户等建立良好的关系，并使这种关系转化为资源，为企业营造良好的发展环境和外部形象。具有良好的组织管理和协调能力的企业家通常具有合理配置企业的人力资源的能力，他们能够组建高效运作的管理团队，他们是企业凝聚力的核心并能够有效激发企业全体成员的积极性和创造性。具有较高管理与控制能力的企业家能够通过合理配置，使企业内部的人、财、物等各种资源实现优化组合，实现资源利用效应的最大化。

（三）适应市场变化，不断调整创新

优秀的企业家拥有出众的战略规划能力，对于企业的发展前景、发展目标、企业定位具有清醒的认识，能够清晰地界定企业的经营边界。优秀的企业家通常具有较强的学习能力，善于总结经验，不断更新知识结构，能够根据瞬息万变的市场环境，及时地调整战略目标和经营思路、快速地重新组合资源。企业家的这种应变能力、创新能力，有助于产生产品及服务的差别化，有利于降低损失，提高企业绩效。

在30年的改革实践中，国有企业历经利改税、承包经营责任制为主

的“放权让利”式改革和以股份制为主的公司制改革等各阶段，取得了很多经验和成绩，各行业包括新闻出版业也涌现出一些优秀企业家，在他们的有力领导下，一些企业脱颖而出，走向辉煌。但总体来看，国有企业运营的低效率问题并没有从根本上得到解决。有效的激励与约束机制的缺失所导致的企业家能力未能充分施展、企业家行为存在明显缺陷是导致国有企业缺乏活力的重要原因之一。在激励方面，国有企业收入分配制度没有形成一个特定的分配规则，来决定企业经营者人力资本收益，以至于经营者收入与企业业绩相关性不大，收入构成不合理，名义工资偏低，灰色收入多，更是缺少促使企业经营者追求企业长远利益的激励方式；在约束机制方面，传统的国有企业领导体制没有转变成规范的法人治理结构，行使激励约束经营者的所有权主体不明确，国有企业的资产管理权、经营者的人事任免权和重大决策权不统一，缺乏有效的所有者约束机制，同时又因经理市场不存在、资本市场和产品市场的不完善，没有形成有效的外部约束机制，从而导致了“内部人控制”问题，经理人员的“职位消费”和“个人支出账户”无限制扩张，造成国有资产的流失。

因此，有效地激励和约束企业家、使企业家能力得到充分发挥和利用是提高企业绩效的关键。虽然企业界在报酬机制、声誉激励机制、法人治理结构和控制权机制、来自市场竞争的外部激励约束机制设计等方面已进行了很多有益尝试，但还有许多待完善之处，仍需努力。

参考文献

[1] 肖利：“网络环境下传统出版业的发展机遇”，《经济论坛》，2007 年第 14 期。

[2] 李世举：“整体上市与传媒体制改革的路径选择”，《新闻界》，2009 年第 2 期。

[3] 裴永刚：“出版集团开展数字化出版应该注意的几个问题”，《编辑之友》，2007 年第 6 期。

[4] 马雪芬：“数字发行告别纸版时代”，《中国图书商报》，2006 年 3 月 28 日。

[5] 李莉：“出版业发展的新趋势——网络出版”，《山西财经大学学

报》，2006 年第 2 期。

[6] 金冰树："完善现代企业制度促进企业创新"，《科技信息》，2008 年第 13 期。

[7] 曾庆宾："中国出版产业发展研究"，暨南大学博士学位论文 2003 年。

[8] 高扬："知识经济时代人力资源管理的趋势研究"，《山西高等学校社会科学学报》，2008 年第 7 期。

[9] 张正堂、刘宁："人力资源管理与企业绩效关联性的研究"，《中国人力资源开发》，2005 年第 5 期。

[10] 程金林、石金涛："人力资源管理实践和企业绩效关系的中介机制研究综述"，《管理工程学报》，2007 年第 2 期。

[11] Wright PM, Dunford BB , Snell SA. Human resources and the resource based view of the firm [J]. *Journal of Management*, 2001, 27: 701 –721.

[12] 张弘、赵曙明："人力资源管理实践与企业绩效——沪深两市生产制造型企业的实证研究"，《预测》，2006 年第 4 期。

[13] 叶陈刚、王辉："知识型企业激励"、"代理成本与人力资源绩效"，《会计研究》，2006 年第 4 期。

[14] 黄婕："企业文化与企业绩效"，《商场现代化》，2008 年 7 月（中旬刊）总第 545 期。

[15] 李丽："文化资本与企业发展研究"，华中农业大学博士学位论文 2004 年。

[16] 周毅："中国企业文化要素与绩效关系研究"，暨南大学博士论文，2007 年 6 月。

[17] 余运华："创建学习型组织和学习型企业文化之我见"，《武汉冶金管理干部学院学报》，2007 年第 3 期。

[18] 郑江淮："企业家行为的制度分析"，中国人民大学博士学位论文，1999 年。

第五章

新闻出版业绩效评估指标体系

第一节 概 述

一、建立新闻出版行业绩效评价指标体系的目的及意义

评价是运用一定的方法对一个组织和事物进行评定、衡量，以确定其价值、高低等的行为。评价具有引导、示范等作用，因此被广泛应用。新闻出版领域的评价活动实际上也是广泛进行的，比如各种图书奖、期刊奖的评选，优秀出版社、良好出版社的评定等。这对引导新闻出版业的发展起到了导向作用。但是，以往的评价方法也存在着许多问题，比如：评价的指标比较单一，缺乏综合性的、全面的评价指标体系；区域性的评价比较多，许多评价指标有很强的地方特色，缺乏全国性的评价体系；评价指标中定性的指标较多，特别是社会效益指标，可量化的指标比较少；评价的对象主要集中在国有出版组织内，没有对非国有新闻出版组织的评价；评价的指导思想是建立在计划经济体制下事业单位基础之上，对社会主义市场经济体制下出版企业评价考虑不够。因此许多有识之士多次呼吁，尽

快制定一套符合社会主义市场经济体制要求、符合新闻出版企业特点、具有广泛指导意义的综合评价体系。

新闻出版行业绩效评价指标体系就是运用科学、规范的评价方法，对新闻出版企业一定经营期间的财务效益、发展状况、偿债能力、资产运营、社会贡献等方面的业绩，进行定量及定性分析，并做出真实、客观、公正的综合评判的体系。建立并逐步推广这一新的评价体系，对于推动新闻出版行政主管部门实现政府职能转变，加快新闻出版体制改革步伐，引导新闻出版组织树立科学发展观等具有紧迫的现实意义和深远的历史意义。

（一）建立新闻出版行业绩效评价指标体系是适应政府职能转变的需要

在计划经济体制下，资源配置是政府的主要管理职能。但在市场经济体系下，在资源配置中发挥基础性作用的是市场，政府则主要履行监督管理职能。在实行政企分开，新闻出版单位成为独立自主的市场主体后，政府不仅不再直接配置资源，也不再直接干预出版企业的经营。政府如何实施有效但又不越位的监管，需要创新监管机制和监管方法。新闻出版行业绩效评价就是新闻出版行政管理部门对于监管方法进行创新的一种尝试。我们希望通过建立绩效评价指标体系，实现对新闻出版企业进行科学的综合绩效评价，为政府管理部门加强宏观调控，制定行业政策，促进新闻出版企业发展，考核经营者业绩以及对经营者进行监督、约束和激励提供可靠的依据。

（二）建立绩效评价指标体系是适应新闻出版业体制改革的需要

党的十六大提出，要适应市场经济发展的需要，深化文化体制改革，发展文化事业和文化产业。作为文化产业重要组成部分的新闻出版行业，也必须全面深化体制改革，将大部分新闻出版事业单位转变为现代新闻出版企业。但是对新闻出版企业的评价考核与对传统新闻出版事业单位的评价是完全不同的，因此我们需要制定符合市场经济体制要求，符合新闻出版行业规律和现代新闻出版产业发展规律的新的绩效评价体系。

（三）建立绩效评价指标体系是引导新闻出版业树立科学发展观的要求

党的十六届三中全会提出“坚持以人为本，树立全面、协调、可持续的发展观，促进经济社会和人的全面发展”的要求。实现全面、协调、可持续的发展，不仅需要采取很多的政策措施，也需要建立一套科学有效的评价体系，引导出版组织在发展的过程中兼顾经济效益和社会效益，兼顾短期效益和长远效益。绩效评价指标体系，将通过多项指标的综合评价，真实反映各新闻出版企业的经营成果，帮助其寻找经营差距及产生原因，引导和规范新闻出版企业的经营行为，推动新闻出版企业建立起科学的发展观。

（四）建立绩效评价指标体系是实现科学化管理的需要

新闻出版业是一个既有一般产业属性又有意识形态属性的行业，因此对新闻出版单位的评价必须考虑其双重属性，兼顾社会效益和经济效益，单独强调任何一个方面都是片面的。但是在以往的考核或评价中，忽视一个效益，只重视另一个效益的现象相当普遍，即使在采用双效评价的体系中，对经济效益及社会效益的理解也都存在着片面性，如只把利润看作经济效益，只把获奖视为社会效益，所以导致许多出版组织片面追求利润和获奖。因此在新闻出版业绩效评价指标体系中，我们对经济效益和社会效益的指标进行了更加全面、更加系统的规范，将经济效益和社会效益两者有机结合起来，并对社会效益进行量化考核，使评价体系更加符合新闻出版行业规律和特点。

二、绩效评价指标体系构建原则

新闻出版绩效评价指标体系的构建是一项开创性的复杂工作。为了确保这套指标体系能够科学、规范、公正和真实并成功地运用于实际工作之中，应遵循下列原则设计评价指标、构建评价体系：

（一）目的性原则

指标设计要紧紧围绕以下目的进行：科学评判业内各经营主体的经营成果，正确引导各经营主体的经营行为，为各级政府部门、各种新闻出版单位对辖区内和集团内各经营主体实施间接管理、加强宏观调控、制定科学有效的经济政策和考核经营者业绩提供参考依据。

（二）科学性原则

指运用科学、规范的评价方法，对新闻出版经营主体一定经营期间的经营成果进行定量及定性的对比分析，做出真实、客观、公正的评判。所设计和选用指标之间的关联关系应有科学性，数据的采集应有科学的依据和方法，得出的结论应符合规律和经营主体的实际情况。

（三）客观性原则

评价体系中的定量指标应有客观、真实的数据做支撑，准确反映新闻出版单位的经营绩效状况。即使是定性指标，在考核中也要以客观状况为主要依据，尽可能避免或减少考核中的主观因素。所设计的指标体系应不仅可以在时间上延续，而且可以在内容上拓展。

（四）可行性原则

所选取的指标应该尽量与新闻出版业现有行业数据相衔接，指标定义明确，数据来源可行，既便于数据采集和评判，又能反映行业特性。

（五）简明性原则

尽量选取较少的指标反映较全面的情况。为此，所选指标要应有一定的综合性，指标之间的逻辑关联要强。

三、新闻出版行业绩效评价指标体系适用范围和使用对象

新闻出版行业绩效评价指标体系适用于所有从事新闻出版活动的独立法人单位，包括出版社、报社、期刊社、书报刊及音像制品的发行企业、印刷复制企业等。针对新闻出版业内编印发供各环节的不同特征，我们设计了5套指标，分别进行考核。

绩效评价指标体系主要是供各级新闻出版行政管理机关对辖区内的新闻出版企业进行评价，新闻出版企业集团对所属企业进行评价考核，以及新闻出版行业中介组织进行行业评价和考核时使用。不同的考核主体，可以根据需要在应用本绩效评价指标体系时对有关指标及权重进行适当调整。

四、新闻出版业绩效评价指标体系构成

新闻出版绩效评价指标体系由出版社绩效评价指标体系、期刊社绩效评价指标体系、报社绩效评价指标体系、发行企业绩效评价指标体系、印刷企业绩效评价指标体系构成。

所有的评价指标体系都由经济效益指标体系和社会效益指标体系两个部分构成，每个部分各为100分。其中经济效益指标主要从多个角度综合考核新闻出版单位的财务效益状况，以投入产出考核为核心，全面反映新

闻出版单位的经营管理现状与发展趋势；社会效益指标主要考核新闻出版单位的社会贡献情况，这是突出体现新闻出版业行业特色的部分。在此基础上，结合经济效益和社会效益的考核结果，形成综合绩效考核评价结论，全面反映新闻出版单位在经营管理中两个效益的实现情况。

在经济效益指标体系中，整个指标体系包括定量指标和定性的评议指标两个部分，其中定量指标占80%的权重，定性指标占20%的权重。定量指标又分为财务效益、运营状况、发展能力（发行、印刷行业还增加偿债能力）等几个方面，每个方面又由基本指标、修正指标两个层次构成。基本指标反映各个方面的核心部分，修正指标通过对基本指标的补充，全面反映有关方面的效益状况。

在社会效益指标体系中，将整个指标体系分为定量指标和定性评议指标两个部分。其中定量指标占80%的权重，定性指标占20%的权重。通过对新闻出版业社会效益主要方面的考核，全面反映新闻出版单位社会职责的履行情况。

这5套指标体系在总体一致的前提下，又针对不同类型的新闻出版单位特征，具有一定的区别。这5套体系均按照内容全面、科学合理、突出特色、操作简便、适应性广的思路进行设计，以经济效益和社会效益为核心，以定量分析为基础，以定性分析为辅助，通过定量分析与定性分析相互校正，进而形成企业绩效评价的综合结论。

五、评价计分方法

（一）定量指标的三种类型划分

1. 正相关类型：该类指标实际值越大，越接近理想状态，所得分数越高。

2. 负相关类型：该类指标实际值越大，越偏离理想状态，所得分数越低。

3. 趋中相关型：该类指标理想值处于数据分布区域中的某个位置，分数最高。指标实际值相对于理想值的正向偏离和负向偏离均导致背离理想状态，所得分数随指标实际值偏离理想值程度的加大而越来越低。

（二）经济效益评价基本指标计分方法

基本指标总分 = ∑单项基本指标得分

各单项基本指标计分方法如下：

1. 正相关类基本指标的计算方法（获奖数量指标除外）。

第一步：确定指标分布区间。

确定指标的上下限，指标上下限数值之差为指标的分布区间。上下限之间的数据应能够覆盖行业该指标样本数据的95%左右。指标实际值高于上限的按上限计，指标实际值低于下限的按下限计。

第二步：单位区间的分值计算。

单位区间分值 = 该指标最高分值 ÷（指标上限 – 指标下限）

第三步：应得分值计算。

单项基本指标得分 =（指标实际值 – 指标下限）× 该指标最高分值 ÷（指标上限 – 指标下限）

2. 负相关类基本指标的计算方法（合法经营程度指标除外）。

第一步：确定指标分布区间。

确定指标的上下限，指标上下限数值之差为指标的分布区间。上下限之间的数据应能够覆盖行业该指标样本数据的95%左右。指标实际值高于上限的按上限计，指标实际值低于下限的按下限计。

第二步：单位区间的分值计算。

单位区间分值 = 该指标最高分值 ÷（指标上限 – 指标下限）

第三步：应得分值计算。

单项基本指标得分 =（指标上限 – 指标实际值）× 该指标最高分 ÷（指标上限 – 指标下限）

3. 趋中相关类基本指标的计算方法（获奖数量指标除外）。

第一步：确定指标分布的两个数据区间。

确定指标理想值及指标的上限、下限，指标上限、下限数值之差为指标的分布区间。上下限之间的数据应能够覆盖行业该指标样本数据的95%左右。指标实际值高于上限的按上限计，指标实际值低于下限的按下限计。指标理想值将指标上下限之间的区域划分为两个数据区间。指标下限与指标理想值之间的数据为正相关类数据；指标理想值与指标上限之间的数据为负相关类数据。

第二步：确定指标实际值所处区间并计算应得分值。

（1）如果指标实际值位于指标下限与指标理想值之间的区间，为正相关类数据，则：

单项基本指标得分 =（指标实际值 - 指标下限）× 该指标最高分 ÷（指标理想值 - 指标下限）

（2）如果指标实际值位于指标理想值与指标上限之间的区间，为负相关类数据，则：

单项基本指标得分 =（指标上限 - 指标实际值）× 该指标最高分 ÷（指标上限 - 指标理想值）

（三）经济效益评价修正指标计分方法

修正指标计分方法是在基本指标计分结果的基础上，运用修正指标对企业绩效初步评价结果作进一步调整。修正指标的计分方法是以各部分基本指标的评价得分为基础，计算各部分的综合修正系数，再据此计算出修正后指标分数。计算公式为：

修正后总得分 = Σ各部分修正后得分

某部分修正后得分 = 该部分基本指标分数 × 该部分综合修正系数

该部分综合修正系数 = Σ该部分各指标加权修正系数

某指标加权修正系数 =（该修正指标最高分 ÷ 该部分指标最高分）× 该指标单项修正系数

某指标单项修正系数：

（1）如该指标属于正相关类指标：

指标单项修正系数 = 1.0 +〔（指标实际值 - 指标下限）÷（指标上限 - 指标下限）-（该部分基本指标得分 ÷ 该部分最高分）〕

（2）如该指标属于负相关类指标：

指标单项修正系数 = 1.0 +〔（指标上限 - 指标实际值）÷（指标上限 - 指标下限）-（该部分基本指标得分 ÷ 该部分最高分）〕

（3）如该指标属于趋中相关类指标：

首先确定指标实际值所处区间。

①如果指标位于指标下限与指标理想值之间的区间，为正相关类数据，那么：

指标单项修正系数 = 1.0 +〔（指标实际值 - 指标下限）÷（指标理想值 - 指标下限）-（该部分基本指标得分 ÷ 该部分最高分）〕

②如果指标位于指标理想值与指标上限之间的区间，为负相关类数

据，那么：

指标单项修正系数 = 1.0 + 〔（指标上限 - 指标实际值）÷（指标上限 - 指标理想值）-（该部分基本指标得分 ÷ 该部分最高分）〕

（四）经济效益评价定性指标计分方法

评议指标计分方法是根据评价工作需要，运用评议指标对影响企业经营绩效的相关非计量因素进行深入分析，做出企业经营状况的定性分析判断。具体根据评议指标所考核的内容，由不少于5名的评议人员依据评议指标参考评分标准，以百分制评分，然后依下面公式加以换算，计算出评议指标得分。公式为：

评议指标总分 = Σ单项指标分数

单项评议指标分数 = 单项评议指标权重 ×〔Σ每位评议人员给出的百分制分值/（评议人员总数 ×100）〕

（五）经济效益综合评价的计分方法

综合评价是运用整个评价体系产生的结果，对评价对象做出的综合评价结论。具体根据评议指标得分，对定量评价结论进行校正，计算出综合评价得分，其计算公式为：

综合评价得分 = 修正后定量评价总分 ×80% + 定性指标总分 ×20%

（六）社会效益评价定量指标计分方法

参照（二）经济效益评价基本指标计分方法。

（七）社会效益评价定性指标计分方法

参照（四）经济效益评价定性指标计分方法。

（八）社会效益综合评价的计分方法

参照（五）经济效益综合评价的计分方法。

第二节　出版社绩效评价指标体系

一、经济效益评价

经济效益评价指标见表5 - 1。

表 5 - 1　　经济效益评价指标

定量指标（权重 80%）			评议指标（权重 20%）
指标类别（100分）	基本指标（100分）	修正指标（100分）	评议指标（100分）
一、财务效益（54 分）	净资产收益率（38 分） 总资产报酬率（16 分）	资本保值增值率（15 分） 主营业务利润率（15 分） 成本费用利润率（12 分） 盈余现金保障倍数（12 分）	高层管理人员的综合素质（23 分） 发展战略完善程度（18 分） 基础管理水平（18 分） 员工素质（15 分） 信息化程度（12 分） 组织文化建设情况（12 分）
二、资产运营状况（23 分）	总资产周转率（9 分） 资产负债率（9 分） 全员劳动生产率（5 分）	存货周转率（6 分） 应收账款周转率（6 分） 速动比率（6 分） 不良资产比率（5 分）	
三、发展能力（23 分）	销售增长率（8 分） 新产品投入比率（8 分） 资本积累率（7 分）	三年销售平均增长率（5 分） 三年资本平均增长率（5 分） 新产品销售收入增长率（5 分） 技术装备投入比率（4 分） 人力资源培训投入比率（4 分）	

二、社会效益评价

社会效益评价指标参见表5-2。

表5-2　　社会效益评价指标

定量指标（总分100分，权重80%）	定性指标（总分100分，权重20%）
年增加值水平（22分）	品牌影响力（34分）
综合市场占有率（14分）	公益性出版物出版情况（28分）
获奖情况（14分）	安全生产状况（20分）
合法经营程度（14分）	参加社会公益活动情况（18分）
信用状况（12分）	
编校质量合格率（10分）	
再版率（8分）	
出口产品和服务比例（6分）	

三、出版社绩效评价指标解释和计算公式

（一）基本指标

1. 财务效益。

（1）净资产收益率=净利润/平均净资产×100%

（2）总资产报酬率=息税前利润总额/平均资产总额×100%

2. 资产营运。

（1）总资产周转率=主营业务收入净额/平均资产总额×100%

（2）资产负债率=负债总额/资产总额×100%

（3）全员劳动生产率=年总产值（或销售收入）/在册职工人数×100%

3. 发展能力。

（1）销售增长率=本年销售增长额/上年销售总额×100%

（2）资本积累率=本年所有者权益的增长额/年初所有者权益×100%

4. 社会效益。

（1）年增加值水平：增加值=本单位当年固定资产折旧+当年净利

润 + 当年上缴税金总额 + 当年职工工资总额

（2）综合市场占有率 = $W_1A_1 + W_1A_1 + W_1A_1 + \cdots\cdots$

W：该经营单位某类产品年销售收入在其年度总销售收入中所占百分比。

A：该经营单位某类产品数量（或销售收入）在行业年度产品数量（或销售收入）中所占份额。

（3）获奖数量：本指标实行奖励加分制度。每获得一次国家级奖励加1分，每获得一次省部级奖励加0.5分，本指标累计分值不超过7分。

（4）合法经营程度：本指标实行违法、违规扣分制度。违反国家法律法规而受到相应制裁一次扣1分，违反行政法规受行政处罚一次扣0.5分，本指标累计扣分不超过7分。

（二）修正指标

1. 财务效益。

（1）资本保值增值率 = 扣除客观因素后的年末所有者权益/年初所有者权益 × 100%

（2）主营业务利润率 = 主营业务销售利润/主营业务销售收入净额 × 100%

（3）成本费用利润率 = 利润总额/成本费用总额 × 100%

（4）盈余现金保障倍数 = 经营现金净流量/净利润 × 100%

2. 资产营运。

（1）存货周转率 = 主营业务成本/平均存货余额 × 100%

（2）回款率 = 已收回货款/销售收入总额 × 100%

（3）速动比率 = 速动资产/流动负债 × 100%

（4）不良资产比率 = 不良资产比率 =（期末不良资产 ÷ 期末资产总额）× 100%

不良资产指企业尚未处理的资产净损失和潜亏（资金）挂账，以及按财务会计制度规定应提未提资产减值准备的各类有问题资产预计损失金额。

3. 发展能力。

（1）三年销售平均增长率 = $\left(\sqrt[3]{\frac{\text{当年主营业务收入总额}}{\text{三年前主营业务收入总额}}} - 1\right)$

$\times 100\%$

(2) 三年资本平均增长率 = $\left(\sqrt[3]{\frac{\text{年末所有者权益总额}}{\text{三年前年度末所有者权益总额}}}-1\right)$

$\times 100\%$

(3) 新产品销售收入增长率 = 本年新产品销售收入增长额/上年度新产品销售收入总额 ×100%

4. 社会效益。

(1) 信用状况：经营单位对银行贷款、应付账款按期归还的程度，向社会提供合格产品和服务的信用情况，银行、金融机构、社会中介机构对企业信用的等级评价。

(2) 编校质量合格率 = 编校质量合格产品数量/总产品数量 ×100%

(3) 再版率 = 本年再版图书种数/本年出版图书种数 ×100%

(3) 出口产业或服务比例 = 出口产品或服务收入总额/年收入总额 ×100%

(三) 评议指标

1. 高层管理人员的构成：主要考察本单位经营者的知识结构、经营管理能力、决策水平、廉洁自律、敬业精神、团结协作等方面的情况。

2. 发展战略完善程度：主要考察本单位中长期发展规划完备程度、新项目储备、资本运作等方面的情况。

3. 基础管理水平：主要考察本单位管理模式、制度建设、激励约束机制、职工培训等方面的情况。

4. 员工素质：主要考察本单位员工的受教育程度、技术职称和技能水平。

5. 信息化程度：主要考察本单位的技术环境、基础管理环境。

6. 组织文化建设情况：主要考察本单位有无形成良好的组织文化、职工士气、环境氛围、价值观念、经营哲学和理念等方面的情况。

7. 品牌影响力：主要考察出版社的出书特色及公众认可程度而形成的品牌声誉。

8. 公益性出版物出版情况：主要考察出版社不以盈利为主要目的出版物（如学术专著等）的出版情况。

9. 安全生产状况：主要考察企业发生的重大安全事故情况及影响程

度、安全隐患及其可能造成的损失。

10. 参加社会公益活动情况：主要考察出版社参加各种社会公益性活动情况及所带来的影响。

第三节　期刊杂志社绩效评价指标体系

一、经济效益评价

经济效益评价指标参见表 5－3。

表 5－3　　经济效益评价指标

定量指标（权重 80%）			定性指标（权重 20%）
指标类别（100 分）	基本指标（100 分）	修正指标（100 分）	评议指标（100 分）
一、财务效益（54 分）	净资产收益率（38 分） 总资产报酬率（16 分）	资本保值增值率（15 分） 主营业务利润率（15 分） 成本费用利润率（12 分） 盈余现金保障倍数（12 分）	高层管理人员的构成（23 分） 发展战略完善程度（18 分） 基础管理水平（18 分） 员工素质（15 分） 信息化程度（12 分） 组织文化建设情况（12 分）
二、运营状况（23 分）	总资产周转率（9 分） 资产负债率（9 分） 全员劳动生产率（5 分）	回款率（9 分） 速动比率（8 分） 不良资产比率（6 分）	
三、发展能力（23 分）	销售增长率（12 分） 资本积累率（11 分）	三年销售平均增长率（12 分） 三年资本平均增长率（11 分）	

二、社会效益评价

社会效益评价指标参见表 5－4。

表 5－4 社会效益评价指标

定量指标（总分 100 分，权重 80%）	定性指标（总分 100 分，权重 20%）
年增加值水平（24 分）	品牌影响力（34 分）
市场占有率（15 分）	信用状况（28 分）
获奖情况（15 分）	安全生产状况（20 分）
合法经营程度（15 分）	参加社会公益活动情况（18 分）
编校质量合格率（13 分）	
文章转载率（11 分）	
出口产品和服务比例（7 分）	

三、杂志社绩效评价指标解释和计算公式

（一）基本指标

1. 财务效益。

（1）净资产收益率＝净利润/平均净资产×100%

（2）总资产报酬率＝息税前利润总额/平均资产总额×100%

2. 营运状况。

（1）总资产周转率＝主营业务收入净额/平均资产总额

（2）资产负债率＝负债总额/资产总额×100%

（3）全员劳动生产率＝年总产值（或销售收入）/在册职工人数

3. 发展能力。

（1）销售增长率＝本年销售增长额/上年销售总额×100%

（2）资本积累率＝本年所有者权益的增长额/年初所有者权益×100%

4. 社会效益。

（1）年增加值水平：增加值＝本单位当年固定资产折旧＋当年净利润＋当年上缴税金总额＋当年职工工资总额

（2）市场占有率＝该经营单位杂志发行量在本行业年度杂志总发行

量中所占份额

(3) 获奖数量：本指标实行奖励加分制度。每获得一次国家级奖励加1分，每获得一次省部级奖励加0.5分，本指标累计分值不超过7分。

(4) 合法经营程度：本指标实行违法、违规扣分制度。违反国家法律法规制裁一次扣1分，违反行政法规受行政处罚一次扣0.5分，本指标累计扣分不超过7分。

(二) 修正指标

1. 财务效益。

(1) 资本保值增值率 = 扣除客观因素后的年末所有者权益/年初所有者权益 ×100%

(2) 成本费用利润率 = 利润总额/成本费用总额 ×100%

(3) 盈余现金保障倍数 = 经营现金净流量/净利润 ×100%

(4) 主营业务利润率 = 主营业务销售利润/主营业务销售收入净额 ×100%

2. 营运状况。

(1) 回款率 = 已收回货款/销售收入总额 ×100%

(2) 速动比率 = 速动资产/流动负债 ×100%

(3) 不良资产比率 = (期末不良资产 ÷ 期末资产总额) ×100%

不良资产指企业尚未处理的资产净损失、潜亏（资金）挂账，以及按财务会计制度规定应提未提资产减值准备的各类有问题资产预计损失金额。

3. 发展能力。

(1) 三年销售平均增长率 = $\left(\sqrt[3]{\frac{\text{当年主营业务收入总额}}{\text{三年前主营业务收入总额}}}-1\right)\times 100\%$

(2) 三年资本平均增长率 = $\left(\sqrt[3]{\frac{\text{年末所有者权益总额}}{\text{三年前年度末所有者权益总额}}}-1\right)\times 100\%$

4. 社会效益。

(1) 信用状况：经营单位对银行贷款、应付账款按期归还的程度，向社会提供合格产品和服务的信用情况，银行、金融机构、社会中介机构对企业信用的等级评价。

（2）编校质量合格率＝编校质量合格产品数量/总产品数量×100%

（3）文章转载率＝转载文章总篇数/发表文章总篇数×100%

（4）出口产业或服务比例＝出口产品或服务收入总额/年收入总额×100%

（三）评议指标

1. 高层管理人员的构成：主要考察本单位经营者的知识结构、经营管理能力、决策水平、廉洁自律、敬业精神、团结协作等方面的情况。

2. 发展战略完善程度：主要考察本单位中长期发展规划完备情况、新项目储备、资本运作等方面的情况。

3. 基础管理水平：主要考察本单位管理模式、制度建设、激励约束机制、职工培训等方面的情况。

4. 员工素质：主要考察本单位员工的受教育程度、技术职称和技能水平。

5. 信息化程度：主要考察本单位的技术环境、基础管理环境。

6. 组织文化建设：主要考察本单位有无形成良好的组织文化、职工士气、环境氛围、价值观念、经营哲学和理念等方面的情况。

7. 品牌影响力：主要考察本刊的出版特色及公众认可程度而形成的品牌声誉。

8. 安全生产：主要考察企业发生的重大安全事故情况及影响程度、安全隐患及其可能造成的损失。

9. 参加社会公益活动：主要考察本单位参加各种社会公益性活动情况及所带来的影响。

第四节 报社绩效评价指标体系

一、经济效益评价

经济效益评价指标参见表5－5。

表 5－5　　经济效益评价指标

定量指标 （权重 80%）			定性指标 （权重 20%）
指标类别（100分）	基本指标(100分)	修正指标(100分)	评议指标(100分)
一、财务效益 (54分)	净资产收益率(38分) 总资产报酬率(16分)	资本保值增值率(15分) 主营业务利润率(15分) 成本费用利润率(12分) 盈余现金保障倍数(12分)	高层管理人员的构成(23分) 发展战略完善程度(18分) 基础管理水平(18分) 员工素质(15分) 信息化程度(12分) 组织文化建设情况(12分)
二、运营状况 (23分)	总资产周转率(6分) 流动资产周转率(6分) 资产负债率(6分) 全员劳动生产率(5分)	回款率(9分) 速动比率(8分) 不良资产比率(6分)	
三、发展能力 (23分)	销售增长率(12分) 资本积累率(11分)	三年销售平均增长率(12分) 三年资本平均增长率(11分)	

二、社会效益评价

社会效益评价指标参见表 5－6。

表 5－6　　社会效益评价指标

定量指标 （总分 100 分，权重 80%）	定性指标 （总分 100 分，权重 20%）
年增加值水平（22 分） 市场占有率（13 分） 合法经营程度（13 分） 获奖情况（13 分） 信用状况（10 分） 编校质量合格率（11 分） 文章转载率（11 分） 出口产品和服务比例（7 分）	品牌影响力（34 分） 舆论宣传和监督情况（28 分） 安全生产状况（20 分） 参与社会公益活动情况（18 分）

三、报社绩效评价指标解释和计算公式

（一）基本指标

1. 财务效益。

（1）净资产收益率＝净利润/平均净资产×100%

（2）总资产报酬率＝息税前利润总额/平均资产总额×100%

2. 营运状况。

（1）总资产周转率＝主营业务收入净额/平均资产总额×100%

（2）资产负债率＝负债总额/资产总额×100%

（3）全员劳动生产率＝年总产值（或销售收入）/在册职工人数×100%

3. 发展能力。

（1）销售增长率＝本年销售增长额/上年销售（营业）总额×100%

（2）资本积累率＝本年所有者权益的增长额/年初所有者权益×100%

4. 社会效益。

（1）年增加值水平：增加值＝本单位当年固定资产折旧＋当年净利润＋当年上缴税金总额＋当年职工工资总额

（2）市场占有率＝该经营单位报纸发行量在本行业（本地区）年度杂志总发行量中所占份额

（3）获奖数量：本指标实行奖励加分制度。每获得一次国家级奖励加1分，每获得一次省部级奖励加0.5分，本指标累计分值不超过7分。

（4）合法经营程度：本指标实行违法、违规扣分制度。违反国家法律法律制裁一次扣1分，违反行政法规受行政处罚一次扣0.5分，本指标累计扣分不超过7分。

（二）修正指标

1. 财务效益。

（1）资本保值增值率＝扣除客观因素后的年末所有者权益/年初所有者权益×100%

（2）主营业务利润率＝主营业务销售利润/主营业务销售收入净额×100%

(3) 成本费用利润率 = 利润总额/成本费用总额 ×100%

(4) 盈余现金保障倍数 = 经营现金净流量/净利润 ×100%

2. 资产营运。

(1) 回款率 = 已收回货款/销售收入总额 ×100%

(2) 速动比率 = 速动资产/流动负债 ×100%

(3) 不良资产比率 = (期末不良资产 ÷ 期末资产总额) ×100%

不良资产指企业尚未处理的资产净损失和潜亏(资金)挂账，以及按财务会计制度规定应提未提资产减值准备的各类有问题资产预计损失金额。

3. 发展能力。

(1) 三年销售平均增长率 = $\left(\sqrt[3]{\frac{\text{当年主营业务收入总额}}{\text{三年前主营业务收入总额}}}-1\right)\times 100\%$

(2) 三年资本平均增长率 = $\left(\sqrt[3]{\frac{\text{年末所有者权益总额}}{\text{三年前年度末所有者权益总额}}}-1\right)\times 100\%$

4. 社会效益。

(1) 信用状况：企业对银行贷款、应付账款按期归还的程度，向社会提供合格产品和服务的信用情况，银行、金融机构、社会中介机构对企业信用的等级评价。

(2) 编校质量合格率 = 编校质量合格产品数量/总产品数量 ×100%

(3) 文章转载率 = 转载文章总篇数/发表文章总篇数 ×100%

(4) 出口产品或服务比例 = 出口产品或服务收入总额/年收入总额 ×100%

(三) 评议指标

1. 高层管理人员的构成：主要考察本单位经营者的知识结构、经营管理能力、决策水平、廉洁自律、敬业精神、团结协作等方面的情况。

2. 发展战略完善程度：主要考察本单位中长期发展规划完备程度、新项目储备、资本运作等方面的情况。

3. 基础管理：主要考察本单位管理模式、制度建设、激励约束机制、职工培训等方面的情况。

4. 员工素质：主要考察本单位员工的受教育程度、技术职称与技能水平。

5. 信息化程度：主要考察本单位的技术环境、基础管理环境。

6. 组织文化建设：主要考察本单位有无形成良好的组织文化、职工士气、环境氛围、价值观念、经营哲学和理念等方面的情况。

7. 品牌影响力：主要考察报社的办报特色及公众认可程度而形成的品牌声誉。

8. 舆论宣传和监督：主要考察报纸对社会产生重大影响的报道、评论及引起的社会反响情况。

9. 安全生产：主要考察企业发生的重大安全事故情况及影响程度、安全隐患及其可能造成的损失。

10. 参加社会公益活动：主要考察本单位参加各种社会公益性活动情况及所带来的影响。

第五节　发行企业绩效评价指标体系

一、经济效益评价

经济效益评价指标参见表5－7。

表 5－7　经济效益评价指标

定量指标（权重 80%）			定性指标（权重 20%）
指标类别（100分）	基本指标（100分）	修正指标（100分）	评议指标（100分）
一、财务效益（44分）	净资产收益率（27分） 总资产报酬率（17分）	资本保值增值率（12分） 主营业务利润率（12分） 成本费用利润率（10分） 盈余现金保障倍数（10分）	高层管理人员的构成（18分） 服务满意度（16分） 基础管理水平（16分） 营销创新能力（17分） 员工素质（13分） 信息化程度（10分） 组织文化建设情况（10分）
二、运营状况（24分）	总资产周转率（9分） 流动资产周转率（9分） 劳动生产率（6分）	不良资产比率（9分） 回款率（9分） 单位营业面积销售收入额（6分）	
三、偿债能力（12分）	资产负债率（7分） 已获利息倍数（5分）	速动比率（6分） 现金流动负债比率（6分）	
四、发展能力（20分）	销售增长率（10分） 资本积累率（10分）	三年销售平均增长率（12分） 三年资本平均增长率（8分）	

二、社会效益评价

社会效益评价指标参见表 5－8。

表 5－8　社会效益评价指标

定量指标（总分 100 分，权重 80%）	定性指标（总分 100 分，权重 20%）
年增加值水平（37分） 合法经营程度（16分） 获奖情况（8分） 退货率（13分） 还款率（13分） 提供的就业岗位数（13分）	品牌影响力（50分） 网点分布情况（17分） 安全生产状况（17分） 参加公益活动情况（16分）

三、发行单位评价指标解释和计算公式

（一）基本指标

1. 财务效益。

（1）净资产收益率 = 净利润/平均净资产 ×100%

（2）总资产报酬率 =（利润总额 + 利息支出）/平均资产总额 ×100%

2. 资产营运。

（1）总资产周转率 = 销售收入净额/平均资产总额 ×100%

（2）流动资产周转率 = 销售收入净额/平均流动资产总额 ×100%

（3）全员劳动生产率 = 年总产值（或销售收入）/在册职工人数 ×100%

3. 偿债能力。

（1）资产负债率 = 负债总额/资产总额 ×100%

（2）已获利息倍数 = 息税前利润总额/利息支出 ×100%

4. 发展能力。

（1）销售增长率 = 本年销售增长额/上年销售总额 ×100%

（2）资本积累率 = 本年所有者权益的增长额/年初所有者权益 ×100%

5. 社会效益。

（1）年增加值水平：增加值 = 本单位当年固定资产折旧 + 当年净利润 + 当年上缴税金总额 + 当年职工工资总额

（2）合法经营程度：本指标实行违法、违规扣分制度。违反国家法律法规制裁一次扣1分，违反行政法规受行政处罚一次扣0.5分，本指标累计扣分不超过5分。

（3）获奖数量：本指标实行奖励加分制度。每获得一次国家级奖励加1分，每获得一次省部级奖励加0.5分，本指标累计分值不超过2分。

（二）修正指标

1. 财务效益。

（1）资本保值增值率 = 扣除客观因素后的年末所有者权益/年初所有者权益 ×100%

(2) 主营业务利润率＝主营业务销售利润/主营业务销售收入净额×100%

(3) 成本费用利润率＝利润总额/成本费用总额×100%

(4) 盈余现金保障倍数＝经营现金净流量/净利润×100%

2. 资产营运。

(1) 不良资产比率＝(期末不良资产÷期末资产总额)×100%

不良资产指企业尚未处理的资产净损失、潜亏(资金)挂账，以及按财务会计制度规定应提未提资产减值准备的各类有问题资产预计损失金额。

(2) 回款率＝已收回货款/销售收入总额×100%

(3) 单位营业面积销售收入额＝年总销售额/营业面积×100%

3. 偿债能力。

(1) 速动比率＝速动资产/速动负债×100%

(2) 现金流动负债比率＝年经营现金净流入/流动负债×100%

4. 发展能力。

(1) 三年销售平均增长率$=\left(\sqrt[3]{\frac{\text{当年主营业务收入总额}}{\text{三年前主营业务收入总额}}}-1\right)\times 100\%$

(2) 三年资本平均增长率$=\left(\sqrt[3]{\frac{\text{年末所有者权益总额}}{\text{三年前年度末所有者权益总额}}}-1\right)\times 100\%$

5. 社会效益。

(1) 退货率＝退货总册数/已收货总册数×100%

(2) 还款率＝已付应付货款总额/应付货款总额×100%

(3) 提供的就业岗位数＝企业本年在岗人数

(三) 评议指标

1. 高层管理人员的构成：主要考察企业经营者的知识结构、经营管理能力、决策水平、廉洁自律、敬业精神、团结协作等方面的情况。

2. 服务满意度：指顾客对发行单位提供的商品或服务的质量、种类、方便程度等的满足程度。

3. 基础管理水平：主要考察企业管理模式完备程度、制度建设、激励约束机制、职工培训等方面的情况。

4. 营销创新能力：新的营销策略、营销手段和渠道等的规划应用及对产出的贡献率。

5. 员工素质：主要考察企业员工的受教育程度、技术职称和技能水平。

6. 信息化程度：主要考察企业的技术环境、基础管理环境。

7. 组织文化建设：主要考察本单位有无形成良好的组织文化、职工士气、环境氛围、价值观念、经营哲学和理念等方面的情况。

8. 品牌影响力：主要考察本企业的公众认可程度而形成的品牌声誉。

9. 网点分布情况 = 本单位销售网点数/全国（或区域）网点总数。

10. 安全生产：主要考察企业发生的重大安全事故情况及影响程度、安全隐患及其可能造成的损失。

11. 参加社会公益活动：主要考察本企业参加各种社会公益性活动情况及所带来的影响。

第六节 印刷企业绩效评价指标体系

一、经济效益评价

经济效益评价指标参见表 5－9。

表 5－9　　经济效益评价指标

定量指标（权重 80%）			定性指标（权重 20%）
指标类别（100分）	基本指标（100分）	修正指标（100分）	评议指标（100分）
一、财务效益（44分）	净资产收益率（27分） 总资产报酬率（17分）	资本保值增值率（17分） 盈余现金保障倍数（15分） 主营业务利润率（12分）	高层管理人员的构成（21分） 发展战略完善程度（16分） 基础管理水平（18分） 在岗员工素质（13分） 技术装备水平（12分） 信息化程度（8分） 组织文化建设情况（12分）
二、运营状况（24分）	总资产周转率（15分） 生产能力利用率（9分）	流动资产周转率（9分） 回款率（9分） 全员劳动生产率（6分）	
三、偿债能力（12分）	资产负债率（7分） 已获利息倍数（5分）	流动比率（13分） 长期资产适合率（9分）	
四、发展能力（20分）	销售增长率（8分） 资本积累率（6分） 市场占有率（6分）	三年销售平均增长率（7分） 三年资本平均增长率（7分） 研发投入比例（6分）	

二、社会效益评价

社会效益评价指标参见表 5－10。

表 5－10　　社会效益评价指标

定量指标（总分 100 分，权重 80%）	定性指标（总分 100 分，权重 20%）
年增加值水平（34 分） 合法经营情况（18 分） 获奖情况（10 分） 信用状况（10 分） 印装质量合格率（12 分） 提供的就业岗位数（16 分）	品牌影响力（50 分） 企业环保情况（17 分） 安全生产情况（17 分） 参与公益活动情况（16 分）

三、印刷企业绩效评价指标解释计算方法

（一）基本指标

1. 财务效益。

（1）净资产收益率 = 净利润/平均净资产 ×100%

（2）总资产报酬率 = （利润总额 + 利息支出）/平均资产总额 ×100%

2. 营运状况。

（1）总资产周转率 = 销售收入净额/平均资产总额 ×100%

（2）生产能力利用率 = 处于开工状态的生产能力/总生产能力 ×100%。

3. 偿债能力。

（1）资产负债率 = 负债总额/资产总额 ×100%

（2）已获利息倍数 = 息税前利润/利息支出 ×100%

4. 发展能力。

（1）销售增长率 = 本年销售增长额/上年销售总额 ×100%

（2）资本积累率 = 本年所有者权益的增长额/年初所有者权益 ×100%

（3）市场占有率 = 该经营单位销售总金额/地区印刷业总金额 × 100%（?）

5. 社会效益。

（1）年增加值水平：增加值 = 本单位当年固定资产折旧 + 当年净利润 + 当年上缴税金总额 + 当年职工工资总额

（2）获奖数量：本指标实行奖励加分制度。每获得一次国家级奖励加 1 分，每获得一次省部级奖励加 0.5 分，本指标累计分值不超过 2 分。

（3）合法经营程度：本指标实行违法、违规扣分制度。违反国家法律法规制裁一次扣 1 分，违反行政法规受行政处罚一次扣 0.5 分，本指标累计扣分不超过 5 分。

（二）修正指标

1. 财务效益。

（1）资本保值增值率 = 扣除客观因素后的年末所有者权益/年初所有

者权益 ×100%

（2）成本费用利润率 = 利润总额/成本费用总额 ×100%

（3）盈余现金保障倍数 = 经营现金净流量/净利润 ×100%

（4）主营业务利润率 = 主营业务销售利润/主营业务销售收入净额 ×100%

2. 营运状况。

（1）流动资产周转率 = 主营业务收入净额/平均流动资产总额 ×100%

（2）应收账款周转率 = 销售收入净额/平均应收账款余额 ×100%

（3）全员劳动生产率 = 年总产值（或销售收入）/在册职工人数 ×100%

3. 偿债能力。

（1）流动比率 = 流动资产/流动负债 ×100%

（2）长期资产适合率 =（所有者权益 + 长期负债）/（固定资产 + 长期投资）×100%

4. 发展能力。

（1）三年销售平均增长率 = $\left(\sqrt[3]{\frac{\text{当年主营业务收入总额}}{\text{三年前主营业务收入总额}}}-1\right)\times 100\%$

（2）三年资本平均增长率 = $\left(\sqrt[3]{\frac{\text{年末所有者权益总额}}{\text{三年前年度末所有者权益总额}}}-1\right)\times 100\%$

（3）研发投入比例 = 本年研发投入总额/年销售总额 ×100%

5. 社会效益。

（1）信用状况：企业对银行贷款、应付账款按期归还的程度，向社会提供合格产品和服务的信用情况，银行、金融机构、社会中介机构对企业信用的等级评价。

（2）印装质量合格率：印装质量合格产品数量/总产品数量 ×100%

（3）提供的就业岗位数 = 企业本年在岗人数

（三）评议指标

1. 高层管理人员的构成：主要考察企业经营者的知识结构、经营管理能力、决策水平、廉洁自律、敬业精神、团结协作等方面的情况。

2. 发展战略完善程度：主要考察企业中长期发展规划完备程度、新项目储备、资本运作等方面的情况。

3. 基础管理水平：主要考察企业管理模式、制度建设、激励约束机制、职工培训等方面的情况。

4. 员工素质：主要考察企业员工受教育程度、技术职称和技能水平。

5. 技术装备水平：主要考察企业技术设备的先进程度。

6. 信息化程度：主要考察企业的技术环境、基础管理环境。

7. 组织文化建设：主要考察本单位有无形成良好的组织文化、职工士气、环境氛围、价值观念、经营哲学和理念等方面的情况。

8. 品牌影响力：主要考察本企业的经营特色及顾客认可程度而形成的品牌声誉。

9. 企业环保：主要考察企业有无污染以及污染严重的程度。

10. 安全生产：主要考察企业发生的重大安全事故情况及影响程度、安全隐患及其可能造成的损失。

11. 参加社会公益活动：主要考察本企业参加各种社会公益性活动情况及所带来的影响。

第六章

改善新闻出版企业经营绩效的若干建议

第一节　新闻出版企业绩效管理中存在的问题

随着市场竞争的日益激烈，国际市场对国内市场影响的日益明显，原有的考核体系已经难以适应发展的需要，奖励的正向激励作用和考核的处罚作用难以有效发挥。再造绩效考核体系，建立以目标管理为核心、以考核为手段的绩效考核体系是十分必要的。长期以来，提高出版业运行效率、增强竞争活力一直是出版业管理者追求的目标之一。自绩效考核理论被引入实际运作以来，众多学者和管理者将该理论方法作为解决问题的重要法宝之一。然而，绩效考核理论在实际运用过程中取得的效果由于种种原因并不如期待的那么明显。出版企业在改革过程中正面临着前所未有的压力与挑战。为了提高效益，保持竞争优势，出版企业在探索改制途径的同时，正在不断地采用各种先进管理手段，引入各种战略经营管理体系。绩效考核作为一项重要管理工具和资源管理的核心内容，其重要性已为出版企业所认可，但目前的实际运用效果并不尽如人意。从绩效考核理念到具体绩效考核的设计与实施，都或多或少地存在一些误区，导致绩效考核应有的作用没有真正发挥出来。

当前，不少新闻出版企业已经实施了绩效管理，但真正能够将绩效管理的优势发挥出来的却不多，企业在推行绩效管理的过程中经常会出现一些问题，例如很多企业在实施绩效管理时流于形式，花费大量的时间填写一堆表格，但表格没有反映出准确的信息。这样的绩效管理系统不会得到管理者和员工的认可，在实施中达不到满意的效果。因此，正确分析和认识绩效管理系统各个阶段中存在的问题至关重要。纵观国内一些新闻出版企业的绩效管理，主要存在着以下一些问题：

一、认识上的误区

（一）绩效考核等同于绩效管理

很多新闻出版企业没有理清绩效管理的流程，只抓住了绩效管理的一个环节——绩效考核，把绩效考核当做绩效管理，认为绩效管理就是每月、每季、每年度末例行性的考评打分、人员排序、评选先进这样一些艰难的抉择，仅仅停留在绩效考核的环节，而非绩效管理。绩效管理是一个系统的循环，类似于 PDCA 循环，它是一个流程和体系，绩效管理仅仅是这个体系中的一个核心环节而已。绩效管理是一个不断提升的循环过程。有些新闻出版企业片面强调绩效考核的重要性，却忽略了与之相关联的其他体系。一个科学、合理的绩效管理体系，还应与人力资源管理的其他系统如人力资源规划、培训开发体系、职业生涯规划与设计薪酬管理体系等建立起紧密的联系。

（二）绩效考核等同于业绩考核

由于多数新闻出版企业面临着严峻的生存和竞争压力，使得这些企业的管理者们忽略了团队合作、人员管理、企业文化等过程指标，其注意力直接指向产量、质量、成本、利润这样的结果指标。但业绩考核仅能提升短期业绩，往往无助于企业的长期发展、持续成长。

业绩（凝结劳动）＝能力（潜在劳动）＋态度（流动劳动）

因而，业绩是员工有能力工作而且愿意工作的结果。评价内容重业绩轻能力素质，考核内容仅仅是经营指标的完成情况，如获利能力、偿债能力和资金运作能力等一些财务指标，而对他们的素质、工作态度、工作能力和社会工作方面的考核几乎没有涉及。仅仅考核业绩单一指标会使企业失去有潜力的优秀员工。直接业绩考核（KPI）更适用于对基层的操作岗（操作工）和最高的管理决策层（CEO），而一般的职能人员与中层管理者更为适合行为考核（KBI）。

（三）绩效管理属于人力资源管理部门的职能范围

从管理角度来看，企业的人力资源管理部门是为业务部门的运行提供支持和服务的。现代绩效管理的功能已经超出了传统的人力资源管理范围，是为企业战略服务的，因此，绩效管理不仅仅是人力资源管理部门的事情，新闻出版企业中的各级管理者都是其主要负责人，人力资源管理部门的角色则是承担各个部门之间横向的组织和协调工作。

二、考核指标的建立没有以企业的战略为导向

（一）过于注重考核结果，不重视绩效考核过程

因缺乏科学的绩效指标的分解工具，大量新闻出版企业绩效考核指标体系没有形成统一关联的、方向一致的绩效目标与指标链。这些企业的考核指标与企业战略之间没有实现有效的链接，指标与指标之间缺乏相互关联的支持逻辑，不能解释公司的战略，上级与下级、部门与部门、员工与员工之间的指标缺乏内在的关联性等。在实际的操作中大多用一些模糊无准确定义的指标来考核员工，导致考核者无法正确地指导与准确地评估，造成考核中的“人情味”，最终导致绩效考核流于形式。导致绩效管理基本上以业绩为基础而忽视考虑的长远持续发展。根据考核结果给予物质或精神的奖励或惩罚，这导致各出版企业之间只顾竞争而忽略了协作。合作氛围有所丧失。各企业从各自利益角度出发，首先维护自己的利益，妨碍出版业整体发展目标的实现。这违背了绩效管理的初衷。另一个极端是老好人主义，导致考核结果千篇一律，绩效考核结果的无差异性和均优性。本来希望通过绩效考核做出些比较和区分，但结果发现考核结果基本差不多。很多出版企业急功近利，理解的绩效考核就为月底、季度或者年度进行业绩和管理年度的评估。着重点主要是评估，而对绩效考核实施过程的关注点远远不如评估点。实际上，绩效考核真正考核的部分最多占两到三天，而这个过程占了每个月、每个季度的95%以上的时间。重结果轻过程，绩效评估是一个注重过程管理的系统的过程，它将目标制定、过程辅

导、绩效考评、结果反馈及应用四个阶段有机地融为一体。因此，新的绩效考核指标体系应当注重整体的战略发展性，使各出版企业能够在竞争中协调发展，共同进步，朝着整个出版行业的整体战略目标前进。

（二）考核方法不够灵活，考核形式比较单一

一个规则的确定必须是长期的，坚持的。定期开展能够强化意识，促进规范的形成和确立。而非不定期的，突袭式的，严肃性就会打折扣，把管理者和被管理者放到了对立的两个面。所以需要改进的是考核标准，而不是定期开展的方式，考核失实是因为考核标准不科学，留下了投机的余地，所以需要改变考核方法，考核技术不得当，方法一刀切。缺乏切实的针对性。对出版社、印刷厂、音像社、报社、期刊社等采取同样的绩效考核办法。这样的绩效考核体系一般是很难以有效运行的。在选择不同的绩效管理导向时，一定要根据自身的管理风格、业务特性、组织要求等合理选择，不能想当然。目标导向、能力导向、属性导向的绩效考核，对企业的要求是各不相同的。如果没有经过认真的分析和甄别，贸然使用其中的一种导向，绩效考核的结果最终还是会不尽如人意。考核指标不够准确，缺乏针对性。通用性指标多，针对性指标少。结果是：一方面绩效目标经验化，目标制定缺乏科学性，绩效考核目标容易达成；另一方面直接导致考核失效，即在指标缺乏针对性的情况下，绩效考核流于形式，出现平均主义、在事故责任上出现推诿现象。对区域经济总量、经济实力不同的出版企业，不搞一刀切式考核，要分级分类进行考核，采取分类与分项综合考核的办法，力求真实地反映工作的绩效。实行绩效考核，是要从中找到实现绩效目标存在的问题，帮助其解决问题，提高绩效，从而实现整个组织的绩效目标。因此，新的绩效考核指标体系应当力求让考核标准更科学，考核方法更得当，考核指标更准确更具针对性。

三、绩效考核指标设计不科学

（一）关键业绩指标过于空泛化

有些出版企业往往只根据现成的指标库或模板生搬硬造，而没有根据战略规划、业务流程、行业特性、发展阶段、组织特性等进行深入的分析，导致进行考核的关键业绩指标不适合企业特征。由此必然导致考核结果的失真。虽然有考核标准，但不科学且缺乏可操作性。考核表评价项目

概念混乱，互相覆盖或缺乏具体的界定尺度。这样不可避免地产生了两种后果：一是各部门、各单位自行其是，标准有差异，结果无可比性；二是不制定具体标准，必然会掺杂主观因素。考核工具有多种选择，必须根据企业特性进行合理的衡量和选择，不同的企业或不同的工作要求都必须选择不同的考核工具。另外，绩效管理的一系列过程，包括绩效目标的制定、计划的形成、实行后的反馈与指导、绩效考评、考评结果的运用以及新绩效目标的提出等，都需要广大职工群众的参与，需要管理层与职工双方的紧密沟通。这样定出来的指标才具有实用性。以绩效考评办法的制定为例。一般来说，一个绩效考评办法的确定是要经过大会讨论通过的。一旦考评办法通过这样的方式确定以后，即使日常执行中碰到一些困难，也难以及时做出调整。在绩效评估的其他环节中也同样存在这样的问题。这需要给予充分的关注，注重时时更新，与时俱进。不论是考评者还是被考评者，管理者与被管理者，都能从组织绩效的提高中受益。所以绩效评估与被评估双方都应主动参与其中，双方的关系也应是一种和谐的协作关系。评估的双方参与评估活动的态度如果都比较被动，不仅会影响绩效评估效果，更会影响出版企业的效益。

1. 某些管理者往往希望通过指标体系，将所有员工的工作任务进行量化，以减少考核时的主观因素。这对于一线工人和体力劳动者是可行的。然而，对于那些依靠知识、经验和技能从事创造性工作的新闻出版从业人员来说，定量考核则难以实现。对于这样的员工，定性评价甚至比定量考核更重要。

2. 指标的权重设置不合理。指标的权重代表着员工不同工作任务的重要性，不少新闻出版企业在设置指标时，常常是按照管理者的经验给指标赋予权重，主观性很强，这样很可能导致重要的工作被赋予相对较轻的权重，而次要的工作被赋予了相对较高的权重，从而使员工在工作中没有将主要精力放在最重要的任务上。

3. 某些部门在设置指标时仅仅考虑本部门的情况而忽视了与其他部门的横向联系。在一个系统中，各个指标都是相互关联的，有时候很难明确地说这个指标只和某一部门有关，如果每一个部门为达到各自目标管理的最佳化而各自为政或关注局部利益，甚至不惜牺牲整体利益，则整个企业将受到损害。所以，有时候某些部门必须做出让步，以顾全大局。

（二）考核角度和考核体系的片面性

考核者的思维方式不同，在考核时，对同一件事情的看法就会有所不同。究其原因，往往是因为一些考核者在考核时，对自己观念比较看中的部分过于强调，对自己观念或认知相对淡薄的因素等比较忽视。推行绩效考核时，要注意提高出版企业的协作意识，不能只注重本企业的利益，而忽视了行业利益，从管理角度看也会带来恶果。首先它会错误地引导企业培养“独狼意识”，并不惜牺牲同行的利益，破坏组织内部的协调关系；其次，它会产生“木桶效应”，由于业绩上存在一个“短木板”，而降低整个“业绩桶”的承重能力或使用寿命。因此，科学的绩效考核体系，应该同时兼顾企业、行业整体协作的考核，并通过一定的权重分配来准确衡量价值和业绩。考核体系不够系统，缺乏统一性。由于多种考核体系共存，绩效考核往往由不同主管部门分别进行考核，本应系统完整的考核体系，被肢解为条块分割的多个考核系统，带来诸多弊端。考核尺度的差异，影响了考核体系的权威性；其次，在考核过程中出现了同一指标被多次考核、同一事件被多次考核的现象，考核效率低下。对标准的理解不同。再公正客观的比较也会带有不同程度的主观因素。对标准有不同的主观理解是使考核结果产生偏差的主要原因之一。其结果，就会产生对标准衡量尺度的宽严不一。很多企业片面强调绩效考核的重要性，却忽视了与之相关联的其他体系。一个科学、合理的绩效考核体系，应该建立在完整的管理平台之上。如果其他体系没有完善，是不可能设计出一套满意的绩效管理体系的。

四、重考核、轻沟通，绩效考核结果的实际运用差

绩效管理是一个员工与管理层双向沟通的动态过程，包括绩效计划、绩效实施与管理、绩效考核、绩效反馈，它们是一个整体，在整个绩效管理过程中，沟通是贯穿始终的。在制定计划时，管理层需要与员工就目标设定进行沟通并达成共识；在绩效管理与实施中，管理层要随时与员工保持动态的沟通，及时发现并及时提供员工所需要的资源支持与业务辅导，而员工也需要就绩效完成情况及时向管理层反馈；在绩效评估环节，沟通表现在管理层与员工之间就员工的本期业绩完成情况达成共识；在信息反馈时，管理层与员工双方对本期绩效完成情况的理解与看法需要达成一

致，改进不足，形成提升绩效的计划，并就下一个绩效期间的目标达成共识。

（一）沟通反馈机制不尽完善

由于上下还没有形成科学完整的绩效考核观念，也未建立完善的考核结果回馈机制。最终，绩效考核结果没能发挥其应有的激励作用。一些管理人员认为，进行考核是管理者的工作，被考核者只能接受，只有这样才能充分地体现出管理的严肃性和权威性。另外，考核结果与被考核者进行沟通太麻烦。一些管理者认为，考核结果与被考核者沟通是应该的，但真正沟通起来困难不少，要想达到好的沟通结果还需要具备许多条件。考核本身并不是目的，只有通过全方位的沟通，对考核结果有了一致的认识，并对改进目标与方向达成共识，朝着改进目标去努力，考核才真正有效。及时、准确地进行绩效反馈是很重要的。绩效反馈不足对企业不断改进和提高绩效管理水平的损害很大。来自于直接管理者的绩效反馈应该较多。但由于大部分的直接管理者并没有形成经常进行绩效反馈的意识，忽视了绩效反馈对改善绩效的巨大作用，致使绩效反馈在直接管理者中也成了个人的、偶然的行为。

一些新闻出版企业的管理者认为，在绩效管理工作中，与员工的沟通不重要，他们的任务就是对下属进行考核打分，而员工在工作中无需他们的指导，也没有必要对他们的工作进行干预，缺乏必要的沟通。事实上，管理者与员工持续不断的双向沟通是一个企业绩效考核得以顺利进行的保障，也是企业进行科学管理的灵魂所在。适当的沟通能够及时排除绩效管理过程中的障碍，最大限度地抬高企业整体绩效，同时也能提高员工参与的积极性，减少考核过程中的阻力，保证考核客观、公正地进行。

（二）绩效考核的连续性不足

由于对出版企业的绩效考核是在完成工作以后再来进行评判，无法从根本上及时发现绩效的差距，并根据其差距提供有针对性的绩效辅导和绩效改进计划，导致其对绩效考核的认同程度很低。因为这种考核不能让出版企业看到其对自身发展所能提供的帮助，自然就失去了实施的力量。绩效考核是一个循环、持续的过程，这一次评估终点应该成为下一次评估的起点。之前的绩效评估结果很少会运用于下一次的绩效评估。因此，新的绩效考核指标体系应当从这三点原因入手，使其考核结果能更有效地投入到实际运用中去。

（三）企业对考核结果利用不当

绩效考核的结果是对前一阶段工作成效的总结，绩效考核结果为决策提供了可靠的依据，但在出版企业的实际决策中，绩效考核结果的影响度远远不够。当把绩效考核的结果与这些决策活动紧密联系在一起时，最大程度地发挥了绩效考核的作用。虽然不少考核办法中都有经济考核的成分，但大部分考核指标没有拉开梯度，实现绩效目标所得到的与未实现绩效目标所失去的并没有形成鲜明的对比，所以实现绩效目标的激励力度打了折扣。考核结果与决策修正需求分析的关联度低，绩效考核是决策正确与否分析的一个有效途径。有的出版企业考核结果与其他体系毫无关联，使考核流于形式，使考核仅仅成为书面化的“走过场”，有的出版企业则矫枉过正，将考核结果滥加应用。目前考核依然有些问题，不让被考核对象了解考核结果，由此失去了考核的真正意义。考核结果难以应用，缺乏激励性。绩效考核的主要目的之一是通过考核结果的有效应用把握企业运行情况，调动广大职工积极性。考核指标上的格式化和考核方法的单一化，在很大程度上降低了绩效考核结果的可用性。

五、传统消极文化和意识观念影响考评系统的运作

中华传统文化中的一些不适应现代社会发展的方面，在新闻出版企业考评系统中起着消极的作用。比较典型的，诸如求同心理、官本位、人情、关系网等。求同心理反映在考评中，就是你好、我好、大家都好，而拉不开差距；官本位反映到考评中，多表现为强调政治素养而且长官意识十分严重；人情和“关系网”反映到考评中，则是关系好或是“网”中人，考评结果就较好，反之则较差。在一些带有事业单位性质的新闻出版企业中，由于平均主义的思想残余还十分严重，因而考评结果的使用力度不大，缺乏吸引力。

第二节　建立完整的绩效管理运行机制

绩效管理是战略管理的一个非常重要的组成部分。如果说全面质量管理是解决工业时代如何使有形资产有效创造价值的问题，那么现代绩效管理则是解决让无形资产有效创造价值的问题，它针对的是知识、技能和人，它特别强调对行动过程及所产生效果的管理。绩效管理是当今企业管理最先进、最有战略高度的管理制度体系，是中国企业培育世界竞争力最为重要的管理制度体系。

绩效管理是企业战略的实现工具，对战略执行的过程及效果加以监控和管理；是调动全员参与管理的新方法，特别重视人性化，“以人为本”的核心理念将得到充分体现；是强化企业文化的载体，将极大丰富其内涵，企业绩效文化的生成，将创造一个催人奋进、和谐共事的工作氛围，显著推动企业绩效的提升；为企业人事决策提供科学依据，通过绩效管理形成的科学经验，建立绩效的运行规则和评价体系，会使人力资源的薪资、流动、职业发展和培训等管理都行之有据。

一、绩效管理模式概述

目前世界范围内绩效管理的模式方法有多种，但实际应用较多的主要有两种：

（一）关键业绩指标（KPI）法

关键业绩指标（Key Performance Index，KPI）的核心观念是：设定与企业流程相关的指标值，定出一系列的对企业发展、经营有提示、警告和监控作用的指标，然后把实际经营过程中的相关指标实际值与设定的指标值进行比较和评估，并分析其中的原因，找出解决的方法和途径，从而对企业的流程做相应的调整和优化，以使未来的实际绩效指标达到令企业满意的程度。

KPI 的主要思想是指出企业业绩指标的设置必须与企业的战略挂钩，

"Key"的含义是指在一定阶段企业战略上要实现的最主要目标或解决的最主要问题。对处于超常增长状态的企业，企业面临组织结构迅速膨胀、员工队伍扩充、管理及技能短缺，流程规范不健全成为制约企业高增长的主要问题。解决这些问题便成为该阶段对企业具有战略意义的关键，绩效管理体系必须针对这些问题的解决设计关键指标。

KPI注重绩效指标与企业战略的挂钩，但也有不足，主要缺点在于没能提供一套完整的对操作具有指导意义的指标框架体系。虽然KPI方法正确地强调了战略的成功实施必须有一套与战略实施紧密相关的关键业绩指标来保证，但却没有能进一步将绩效目标分解到企业的基层管理及操作人员，在实践中的操作性较差。

（二）平衡计分法（BSC）

平衡计分法（Balanced Score Card，BSC）的特点是既强调了绩效战略之间的紧密关系，又提出了一套具体的指标框架体系。包括：学习与成长性的指标类别，内部管理性的指标类别，客户价值的指标类别，财务的指标类别。

BSC通过上述四方面，有效促进了企业管理的良性循环。即学习与成长是解决企业长期生命力的问题，是提高企业内部战略管理的素质与能力的基础；企业通过管理能力的提高，为客户提供更大的价值；客户的满意度将导致企业良好的财务效益。显然这四方面是一条密不可分的因果关系链，也是一条利润链。

BSC指标框架包括财务性和非财务性的，因此有平衡计分之说。特别强调对非财务性指标的管理，财务性指标是结果性指标，而那些非财务性指标，是决定结果性指标的驱动指标。BSC是让企业的每一位员工每天的行动都与企业的战略挂钩，企业的战略执行每时每刻都在动态进行中。

由于BSC强有力的理论基础和便于操作的特点，自上世纪90年代初提出后迅速在美国和其他发达国家广泛应用。以美国为例，有关统计数字表明，到2007年美国财富500强企业将近100%实施了绩效管理。当今，美国联邦政府的几乎所有部门及大部分州政府都已建立和实施了绩效管理。

以摩托罗拉公司为例，其绩效管理体系就是根据平衡计分卡的原理设计，并参照美国国家质量标准来制定。每年年初该公司都把总战略目标、部门业务目标、个人与职业发展目标三者结合制订绩效目标，并特别强调SMART原则：S指目标要具体；M指目标要能够衡量，并要求订出实现目标达到的级别；A指目标能够实现，不能订得太高实现不了；R指目标要跟公司绩效和战略相关联；T指实现目标的具体时间。纵观该公司的绩效目标、评估方法、反馈机制、沟通方式，乃至每一个项目、程序、步骤，处处都体现出尊重人的企业文化。

据CAE的调查，国内部分企业已在应用绩效管理方面取得了诸多成效，体现在管理规范、业绩提升及管理方法改变等方面。而新闻出版企业正值全面重组和改制之际，更应该建立完整的绩效管理运行机制。

二、新闻出版企业实施应用绩效管理的基本思路

（一）坚持科学发展观，与时俱进

发达国家和世界著名企业的经验反复证明，绩效管理是最具科学性、先进性的管理制度体系，能否成功实施应用，是今后十年优秀新闻出版企业与平庸新闻出版企业的分水岭，必须下决心转变管理观念。

（二）以BSC为基本理论方法，逐步全面展开学习宣传及培训活动，形成推广应用绩效管理的浓厚氛围

要让每一个员工都知道绩效管理的意义、目的、理论方法和实施步骤，全面增强全员的绩效意识。

（三）建立由总经理牵头的新闻出版企业绩效管理领导组织

成立由人力资源、编辑、发行、财务等各部门负责人组成的绩效管理办公室，全方位开展工作，负责方案的制订、审核，并按计划、程序实施，确保整体成效。

（四）在制定绩效方案的计划阶段，一定要以企业发展战略为导向

坚持SMART原则，把总战略目标、部门业务目标、个人与职业发展目标三者结合起来，制定出各层次各岗位人员的绩效目标。

（五）在实施绩效管理时，管理者和员工都应发挥主观能动性，共同保证各项绩效目标的充分实现

绩效计划执行中，可按月或季度进行绩效评价，着重分析执行中的误区或不足，提出下一阶段工作改进目标。企业财务指标的管理至关重要，财务部门必须有预测、有预算、有方法保证兑现，以时间维度来控制；对

客户满意度的衡量一般由营销或发行部门来实施；内部管理的各环节由行政部门和相应管理部门来保证；个体学习、工作创新等则通过年终评比等方式由人力资源部门进行。

（六）绩效管理的评价与监控

绩效管理系统本质上是企业经营管理信息的传递与反馈控制系统，它需要正式程序、衡量方法与标准，强调对员工的反馈与沟通。绩效评价要体现客观、公正、公平。绩效考评要按事先制定的绩效目标和指标体系标准进行。考评要与激励机制紧密挂钩，为按绩效用人、按绩效付酬及其他人事决策提供科学依据。

（七）努力建立本企业的绩效文化

在新闻出版企业绩效管理活动中，要不断对员工的心理和行为进行调整和再造，努力建立一种主动融合、积极学习、良性竞争、勇于创新、善于挑战的绩效文化，增强企业的核心竞争力，为建立完善的现代企业制度作贡献。

第三节　建立战略导向的绩效考评与激励机制

绩效考评机制是新闻出版企业管理体制的重要内容之一。从企业战略构成要素可以看出，绩效考评机制原本就属于企业战略体系范畴。绩效考评机制必须保持与企业战略的一致性，必须有助于企业战略的实现。换句话说，战略一致性是考察企业绩效考评机制有效性的重要标准之一。但是许多新闻出版企业在建立考评机制时，不能正确处理其与企业战略的关系。要解决这方面的问题，要求领导者必须科学认识绩效考评与企业战略的关系，并将绩效考评机制的建立纳入新闻出版企业战略管理的范畴来对待。绩效考评与企业战略的关系体现在以下方面：（1）根据企业战略需要，设计关键的绩效评价标准，引导员工表现出企业战略所需要的行为和结果，以使企业战略能得以实施。（2）通过绩效考评，让员工明白企业对自己的评价，自己的优势、不足和努力方向，并为员工招聘、收入分配、职位调整和培训开发等人事决策提供依据。绩效考评通过为其他人力资源管理工作提供协助（招聘更合适的员工、优化人力资源配置等），间接推进企业战略的实施。（3）绩效考评为管理者和员工之间搭建一个正式的沟通渠道，促进管理者和员工的理解与协作。（4）绩效考评有助于决策者了解企业人力资源管理系统和其他系统的优缺点，为其制定经营战略提供参考依据。

那么，如何实现和保证绩效考评机制的战略一致性呢？实际上，绩效考评机制是一个复杂的体系，它包括了绩效考评标准系统、考评信息系统、考评流程系统等要素，这些要素又可划分为考评制度和考评机构两部分。因此，绩效考评机制的战略一致性首先是考评制度的战略一致性，要实现绩效考评制度系统的战略一致性，需要处理好绩效考评内容选择、考评方法选择、考评周期确定及考评信息反馈等要素与企业战略的关系。

一、绩效考评机制与企业战略的一致性

新闻出版企业在建立以战略为导向的绩效考评机制时，应该做到：

（1）以企业战略和企业文化为导向，选择关键业绩评价指标，并建立相应的考评标准体系。经过职务分析形成的职务说明书是确定绩效考评内容的基本依据，但仅仅考虑职务说明书，并不能保证绩效考评与企业战略的一致性。因此，新闻出版企业在选择考评内容时，要首先分析企业战略取得成功的关键因素，以及企业文化鼓励和限制什么，然后根据这些因素选择关键的考评内容，设计考评指标。

（2）以企业战略和企业文化为导向，选择绩效考评方法。绩效考评方法丰富多样，如比较法、关键事件法、行为锚定评价法和目标管理法等。通常我们知道，不同方法与不同考评目的相联系，但我们往往忽略了不同方法在战略一致性、效度、信度及明确性等方面也有差异。例如，目标管理法（MBO）的战略一致性较其他方法就强一些。目标管理法以企业战略目标为出发点，在“上下结合”的基础上制定出企业各层次、各部门甚至各个员工的发展目标，形成以战略目标为核心的企业目标连锁体系；管理者采用监控目标完成情况的方式，对部门和员工提供信息反馈并进行评价。大量调查表明，目标管理法不仅对提高企业绩效有积极的作用，而且从其实施过程看，它能够较好地将员工个人绩效与企业战略目标

联系在一起。

（3）形成机制与塑造文化相结合。改善企业环境。绩效考核旨在通过一种平等的沟通，通过管理者与被管理者的互动，达成对组织目标的共识，在实现组织目标的同时促进个体发展。因此，它的正常运行需要一种平等、民主、团结的组织氛围。而出版企业虽然经历了从事业单位到企业的转型，但由于种种原因，管理者和员工都没有从根本上理解现代企业的本质，因而未能很好地理解绩效考核的意义。要改善这种状况，必须继续深化企业改革，建立现代企业制度。在考核中注重对出版企业“一把手”的考核。“一把手”是企业的灵魂和领头羊，其个人水平及其所确定的管理制度在很大程度上决定了企业的经营效益或部门的整体绩效。要建立现代企业文化，树立出版企业的主人翁意识，为整个出版业的绩效考核管理创立良好的运行环境。绩效考核在实施的过程中既要受到企业固有文化的影响，又在不断地改变着企业原有文化，绩效考核某种意义上说是一种企业文化的变革，它直接反映出出版业管理管理者的管理目标，并在考核中不断塑造它、完善它。

（4）根据企业战略需要，合理确定绩效考评周期。考评周期就是指多长时间进行一次考评。绩效考评周期的确定与考评目的、考评内容、被考评者职位等因素有关。如果考评目的是为了奖惩，那么自然应该使考评周期与奖惩周期保持一致；而如果考评目的是为了劳动合同管理，则考评周期应与企业制定的员工聘用周期保持一致。由于不同的新闻出版企业其战略目标不同，考评目的、考评内容都会有所不同，因此，考评周期也会不同。换句话说，从企业战略角度看，考评周期应与战略目的、战略步骤保持一致。

（5）保持绩效考评制度的弹性，降低因考评制度调整滞后可能带来的企业战略调整风险。要解决这方面的问题，要求制度建设者要注意以下两点：一是要意识到战略一致性的重要，并努力做到根据战略变化及时调整考评体系；二是在建立考评指标及考评标准体系时，关键要素都要根据未来可能的战略转移进行取舍，而不能仅仅考虑当时的战略实施需要。

（6）保障员工的发言权、申诉和辩解权，努力营造和谐的绩效考评氛围。绩效考评是经理人员和员工持续的双向沟通的一个过程，在这个过程中，经理和员工就绩效目标达成一致，并以此为导向，进行持续的双向沟通，帮助员工不断提高工作绩效，完成工作目标，增进员工满意度。为此，新闻出版企业在制定考评制度和考评标准时应多征询各层员工的意见，在条件允许时，更应吸收员工代表参与考评制度体系的制定，而不能因畏惧不同声音而将考评工作半途而废，或走走形式作罢。在进行考评时，更应保障员工的申诉与解释的权利，考评结果信息要及时向员工进行反馈和解释。

二、新闻出版企业在绩效考评内容选择时应注意的问题

（一）合理确定任务绩效与关系绩效的比例

如前所述，关键绩效考评内容的选择必须执行战略导向。与此同时，各种不同类型岗位或部门由于工作内容、职责及工作环境不同，因此其绩效考核内容也应不同。绩效考评是对工作结果及影响工作结果的行为、态度、素质和环境等因素所进行的评价的过程。因此，员工绩效可分为两方面：一是员工的工作结果，即任务绩效；二是员工自身的技能、行为、态度及工作环境等，即关系绩效。目前，越来越多的新闻出版企业在绩效考评中同时考评任务绩效和关系绩效。但往往把握不当的是每一部分应占的比重，有的企业偏重任务绩效，有的则过分强调关系绩效，这都有可能降低绩效考评的有效性。一般来说，对新闻出版企业而言，工作结果显性（即可衡量性）越强的岗位，如一线的编辑人员或发行人员，就越要强调“任务绩效”的权重；反之，工作行为可控性越强或工作结果显性越差，如中高层管理人员，就越需要增加对“关系绩效”的考核。

（二）尽可能降低考评标准体系的受污染度

“受污染”的绩效考评标准体系就是指该体系对与绩效或工作无关的因素进行了评价。例如，某出版企业采用实际的销售码洋对在不同区域市场工作的发行人员进行绩效考评，结果导致一些工作非常努力、技能也非常高的发行人员却常常拿不到最高的奖金。通常情况下，销售码洋不仅与发行人员的技能及努力程度有关，还与区域市场的潜在客户数量、竞争对手的多少及当地经济发展状况等因素高度相关。因此，如果仅仅运用一个销售码洋指标来衡量工作绩效，实际上就是使用一种在很大程度上无法被员工个人控制的因素来衡量绩效。所以，考评标准体系的制定应当尽可能使污染度降至最低，不去考评与绩效或工作无关的因素。要做到这一点，

要求考评标准体系的形成必须建立在有效的职务分析基础上。

三、新闻出版企业在绩效考评方法选择时应注意的问题

（一）完善指标体系，使其更科学合理

出版业绩效考核体系的建立方针可以简单概括为：适用、针对性；公正、公平性；简便、有效性。鉴于绩效考核的复杂性以及企业本身情况复杂的特点，制定“量体裁衣、突出实效”的基本整改原则。建立一个全新的绩效考核体系。

1. 整合完善绩效考核指标体系。绩效考核体系是实施绩效考核的基础，理顺多种考核制度并存的局面，建立统一的考核标准和完善的指标体系是当务之急。首先，明确规定绩效考核工作的归属管理部门，将各绩效考核日常工作统一到部门，由管理部门负责考核办法的起草以及考核工作的汇总和协调。其次，建立统一的考核标准，消除了不同出版企业之间标准的差异、合同指标与考核指标的差异、扣分与加分标准的差异。最后，对原有的指标体系进行进一步的强化完善。

2. 考核方式突出权威性和实用性。绩效考核指标体系应是一个统一、有效的整体，因此当避免因指标的相互冲突降低考核的权威性。以往的考核方式是集中人员、集中时间进行临时集中考核，因此难免出现应付考核的行为。在绩效考核方式上首先要突出权威性，相对稳定定期地检查，其次要突出时效性，即由主管部门牵头不定期地进行抽样检查，同时还对于突发性事件和问题在第一时间进行跟踪考核，以对其进行公正评价。此外，要注重绩效考核的过程性，在抽样检查队伍中吸收专业技术人员和管理人员，在发现问题的同时提出解决建议。绩效考核需与实际工作相结合。绩效考核体系的建设一定要结合出版行业自身实际，选择适合自身发展阶段的绩效考核体系建设方案，绩效考核工作方能达到预期的目标，为高效运作提供内部制度保障。

3. 确保绩效考核方案的有效实施并适时调整。出版企业的管理部门要将绩效考核工作纳入管理队伍的日常工作，大家共同承担绩效考核实施责任，有效降低考核实施工作阻力，确保绩效考核的有效实施。进行绩效指导可采用经常性指导和定期回顾两种方式。经常性指导即提供鼓励，帮助下属完成绩效合同中的绩效指标或绩效评估表中的工作目标。经常性指

导的意义在于：通过经常不断的指导能确保从一开始就能把工作做到位。定期回顾的意义在于提供必要的指导，其中不可缺少的是收集相关数据。定期回顾时，还应该针对绩效计划中设定的工作目标，通过一对一讨论，回顾在过去一个阶段的工作表现，并对应年初所设定的目标进行对照，形成考核结论与进一步发展方向，由于发展计划的变更，组织结构的调整，市场外部环境的重大变化，或遇到一些不可抗拒因素等非个人主观因素，绩效目标确实难以完成，则是需要调整的。

4. 绩效考核分步实施，逐步全面推开。绩效考核牵涉到各出版企业的切身利益，且实施难度较大、实施过程中存在不可控因素，因此，应该系统设计方案，但应分步实施。尤其是初次实施绩效考核的企业此点尤为重要。即在方案设计结束后，进行试点，同时在实施过程中发现问题可以修整方案，在此基础上逐步在出版企业中全面推开。进行绩效考核的培训是十分必要的，企业对绩效考核的理解和接受程度对其运用效果有较大影响。被考核者对绩效考核的理解和执行的偏差密切相关。正是因为部门企业没有正确认识绩效考核，才导致评估双方的被动态度和紧张关系。因此，对考核的双方都进行适当的培训是非常必要的。培训的内容应该包括绩效评估的目的、意义、过程。培训的目的在于，让参与评估的双方对评估的重要性和必要性达成共识，让双方都明确各自在绩效考核中的地位和相互间的关系，明确各自的权利和义务，从心理上接受这种管理方法，从而主动地配合和参与。准确地理解绩效考核并加以严肃认真的对待，是绩效考核得到有效执行的基础。

5. 绩效沟通是关键，加强民主性。绩效评估是一个持续交流的过程，该过程由管理者与被管理者之间达成的共识来保证完成，并在共识中对未来工作达成明确的目标和理解，并将可能受益的组织成员、管理者及被管理者都融入绩效管理系统中来。缺乏民主参与的绩效考核不是真正意义的绩效考核。必须让考核者和被考核者以及相关成员都充分参与到绩效管理的过程中来。“参与式”的管理方式不仅能满足被管理者的生存需要、受尊重的需要和发展的需要，而且能加强互动关系。当前，必须建立出版从业人员表达意见、参与管理的渠道，并通过制度化的方式来保证意见反映渠道的安全、快捷和顺畅，保证其正当权益受到保护，调动其参与绩效考核的主动性和积极性。绩效考核主要是为了提高绩效，也就是通过绩效考核发现不足，改进与巩固绩效，从而提高组织整体经营业绩与效率。因此沟通就显得格外重要，只有沟通才能使管理者（考核者）与被管理者（被考核者）就绩效目标和绩效不足不断达成共识，从而有效改进和巩固绩效。很多出版企业领导者和管理者对于绩效沟通言行不一、理解但不重视，疏于沟通，从而加大了考核推行难度。

（二）处理好个人考评与团队考评的关系

以个人为直接考评对象的考评方法（简称“个人考评”）主要考评员工个人的技能、态度、行为和工作结果或对企业的贡献；以团队为主要考评对象的考评方法除了要考评个人的知识技能外，还要考评成员之间的合作精神、沟通技能、知识互补性及文化适应性等方面。因为在团队工作方式下，团队绩效不仅取决于团队成员的素质和积极性，更取决于团队成员之间的素质互补和融洽合作。两种考评方法各有利弊，前者有助于团队合作，促进知识共享和相互学习，但可能导致“大锅饭”和“搭便车”。后者有助于激发个人积极性、能动性，但不利于团队合作，甚至助长个人的机会主义行为。

既然两种方法都有利弊，那么企业应如何选择呢？一般来讲，当组织成员之间的工作互补性越强或不易准确评价个人绩效时，团队绩效就越重要，企业就应建立以团队考评为主的考评体系。例如，像 IBM、微软这样的技术密集型的企业就非常强调团队考评。因为，在这样的企业里，团队工作模式非常普遍，同时，工作性质决定了个人绩效不易准确评价。而在生产率水平不高、技术含量较低的企业里，个人考评的效果较好。对于新闻出版企业而言，应该建立以团队考评为主的考评体系。需要注意的是，由于团队考评割裂了传统的以个人考评为主的考评机制与员工招聘、分配、晋升等人事工作的关系，因此新闻出版企业选择团队考评机制时应积极推动整个人力资源管理系统的变革。

（三）引入平衡计分卡的思想

平衡计分卡的核心思想是通过财务、客户、内部管理过程、学习与成长四类指标之间相互驱动的因果关系展现企业的战略轨迹，实现绩效考核——绩效改进以及战略实施——战略修正的目标。平衡计分卡的绩效考评指标既包含财务指标，同时又通过客户满意度、内部经营程序及组织的学习与成长等非财务指标来补充财务指标，并由这些处在因果关系链上的非财务指标共同作为公司“未来财务绩效的驱动器”。这些财务与非财务的考核指标都来源于企业的战略，是对它们自上而下进行分解的结果，这样在战略与考评目标之间就有了一个双向的形成与改进循环，这不仅为企业提供了一种创新的绩效考评系统框架，同时也为企业的战略管理与绩效考评之间建立系统的联系提供了思路与方法，使绩效考评体系真正成为企业战略管理的组成部分。

（四）将对决策者的考评与对执行者的考评分开

目前值得重视的一个问题是，多数新闻出版企业只重视对一般员工的考评，并以考评结果作为对员工实施奖惩的依据，而对决策者的考评（决策者问责制）普遍“缺位”，这也是导致员工对考评工作产生抵触情绪的原因。所以，要营造良好的绩效考评氛围，取得员工的支持，必须重视对决策者的考评，而且要建立决策——执行的双轨考评机制，在决策层面和执行层面明确各自的责任、权利和利益，提高决策者的责任意识，并加强对执行的控制水平。

（五）有效利用绩效考评信息资源

在绩效考评工作中，通过对各种信息、资料的收集、分析、加工和评价，会产生大量的中间考评信息资源和最终结果信息资源，这些信息资源可以被人事调整、培训开发、招聘和薪酬发放等多项工作所利用。但目前很多新闻出版企业对考评信息资源的利用出现两种极端：一是根本不用，白白造成考评信息资源的巨大浪费；另一种则是管理人员滥用考评信息资源，凭借考评结果对员工实施严厉惩罚，绩效考评信息成为威慑员工的工具，而不是利用这些信息来激励、引导和帮助员工改进绩效、端正态度、提高能力。此外，一些新闻出版企业的考评结果不能及时反馈给员工，致使员工无从知道组织对自己的评价和自己需要改进的地方，进而导致员工对考评工作的漠视、质疑或畏惧。考评结果得不到及时反馈的原因大致有二：一是考评者担心反馈会引起下属的不满和冲突，不愿或不敢将考评结果反馈给被考评者；二是由于缺乏良好的沟通能力和民主的组织文化，使考评者无能力将考评结果反馈给被考评者。

（六）注重考核结果的运用

1. 绩效考核结果合理应用。加强绩效考评的反馈工作。绩效考核反馈并非只有绩效出现问题时才成为必要，要明确绩效目标并能经常、及时、持续地得到绩效反馈更有利于改善绩效。因此，必须加强绩效反馈环节。绩效的反馈应该是一个双向的过程。一方面要向考核者就考评的准确性、公正性进行反馈，管理人员在发现绩效问题时应及时向被管理者并与其共同商讨解决办法，为改进绩效水平提供精神和物质上的支持。绩效考核的目的之一就是通过考核进行合理公正的价值分配，考核的激励性就体现在考核结果的应用上。当然考核结果的运用因人力资源规划、管理哲学、企业规模、发展阶段等不同而不同。考核结果的应用一定要直观、简单、易于操作，同时要尽量以正向激励为主、负向激励为辅。正确利用考核的结果。考核结果的应用必须引起足够的重视。

2. 建立畅通的结果沟通机制。一个完备的绩效考核体系必须要有一个完备的绩效考核结果沟通机制。在沟通机制的建设上，首先对考核结果进行公开化，允许被考核单位对考核结果进行申辩，提高绩效考核的透明度和权威性；另一方面，对考核中出现的问题，考核主管部门应主动与基层人员进行沟通，使绩效考核体系得到完善，获得更大认可度。重视考核过程中的沟通和考核结果的反馈。绩效考核的一个核心问题就是沟通，而且整个绩效考核过程就是一个持续的沟通过程。绩效标准的确定，考核过程中的辅导，绩效指标的调整。做好绩效反馈，绩效反馈是绩效管理中至关重要的一个环节，其重要程度甚至超过了绩效考核本身。绩效考核的结果是拿来用的，而没有反馈就根本谈不上使用。绩效反馈面谈的五步法：第一步，收集面谈资料；第二步，拟订面谈计划；第三步，将面谈计划通知相关人员；第四步，实施面谈；第五步，形成面谈记录。

3. 保持绩效考核及运用的连续性。绩效评估是一个连续的过程。只有通过连续地使用评估结果，绩效评估的作用才能明显的表现出来。对于短的评估周期，需要考核者能及时地获得评估结果并给予反馈，让被管理者能在短时间就能明确影响绩效水平的障碍及改进方向；而对于较长的评估周期，就需要考评者进行不间断地跟踪和记录，把存在的问题系统地整理和反馈，避免绩效评估的“近期效应”。绩效考核是一项持久的工作，只要出版企业存在一天，绩效考核就会实施，过去有一些企业没有实施，突然实施绩效考核，就觉得是个临时工作，这是要贯彻到出版企业的每天、每月、每季的过程中的，不是说今年重点绩效考核明年就不了。要把绩效考核看成是马拉松，是企业管理过程中非常重要的链条。

4. 硬件设施与绩效考核。前面提到的都是绩效考核考核的软件问题，一项考核体系能否得以成功实施需要有力的硬件设施做后盾，因此，在导入绩效管理体系之前，应做好前期准备工作，为绩效管理的实施奠定基础。另外，必须建立一套健全的信息统计系统，既包括电脑化网络化的信息统计系统，也包括手工统计形成的规范化信息系统。实施绩效考核是必然要付出一定的管理成本的，而这个管理成本的主要构成就是各种绩效信息的收集和统计分析，采用手工统计还是电脑自动化统计直接决定了统计分析工作成本的高低和最终数据的准确性。在缺乏成熟规范的信息统计系统的企业常常会发现，设计考核指标可能很容易，但是要收集相应绩效信息却要耗费大量的人力成本，最终得不偿失，一些有价值的考核指标不得不被过高的统计成本而抹杀。

要解决以上问题，第一，要求领导者正确认识绩效考评工作的意义与目的，不要把绩效考评作为惩罚或威慑员工的工具。第二，加强与员工的沟通，努力营造公平、公正、公开的考评工作氛围。第三，选择合适的渠道和方式向员工反馈考评信息。在沟通方式选择上，要多采用个别谈话，少采用“和事佬”式的集中处理；少追究失误和简单粗暴的训斥，多探讨问题和解决办法。第四，将考评制度与招聘制度、培训制度、分配制度有机衔接，将考评信息作为招聘、培训、分配等工作的重要参考依据。

第四节　加强绩效导向的财务管理

20 世纪 90 年代以来，国外大公司开始流行经济附加值（EVA）、市场附加值（MVA）、股东附加值（SVA）、平衡计分卡（BSC）等以价值为基础的企业绩效评价方法，其中经济附加值（EVA）是这些方法中最受关注的一种方法，它与传统的会计利润指标相比，能够更真实地反映企业的经营业绩。

我国新闻出版行业现有业绩评价体系仍是一个以财务指标为主的业绩评价体系，其主要缺陷有：未形成完整的、有机的业绩评价体系；指标的可操作性差，主观因素影响过大；经营风险控制、客户及成长发展方面的有关指标不够充足；绝大多数指标仍以事后评价为主；固定权重不能满足多重评价的需要；以静态指标为主的业绩评价体系不能适应复杂多变的外部环境等等。因而，有必要积极关注和借鉴EVA理论，以构建EVA绩效评价框架下的新闻出版企业价值管理新模式。

一、经济附加值（EVA）理论内涵

EVA是美国思腾思特咨询公司提出并实施的一套以经济增加值理念为基础的财务管理系统、决策机制及激励报酬制度。它是基于税后营业净利润和产生这些利润所需资本投入总成本的一种企业绩效财务评价方法。公司每年创造的经济增加值等于税后净营业利润与全部资本成本之间的差额。其中资本成本包括债务资本的成本，也包括股权资本的成本。国外对EVA的研究主要基于这样一种理念，即某种商业行为获取“租金”的时候，其收入必须足以抵消所有的经营费用，同时还必须抵消所有的资本成本。如果一种商业行为没有获得经济利润的前景，它就不可能为社会创造财富。

用EVA这种“经济利润”取代传统的“会计利润”的过程是经历了一个思辨的过程，即由最初概念的提出，到理论修正，付诸于管理实践，检验理论，回归实践并推广应用这样一个逻辑进程。在理论研究内容上，则主要围绕EVA最初作为一个业绩评价指标和后来作为包括业绩评价在内的一个管理系统这两个层次来展开的。其核心问题主要有：

1. 作为一个业绩评价指标，主要涉及以下理论问题：第一，单一指标是否能真正评价管理业绩？第二，EVA是否需要实证检验它的价值相关性？第三，EVA以GAAP出具的账面利润为基础，该如何调整才能反映其经济实质？第四，EVA本身在计算中涉及的另一变量为资本成本（WACC），它该如何确定？按照EVA逻辑，减少股本增加负债将有助于降低WACC，这又涉及公司财务战略与资本结构问题，该如何进行资本结构决策？等等。

2. 作为递进层次的EVA管理系统，它应当涵盖战略规划、资本支出决策、业绩管理与评价、薪酬计划等内容，从而构成一个管理循环。在这一过程中，EVA作为管理系统所面临的问题主要有：第一，如何利用EVA理念来制定公司战略？第二，如何利用EVA管理系统来组织实施组织内部管理？第三，在管理思想上，应以方便 EVA 中心的建立来调整组织结构，还是利用现有结构来改进 EVA 中心的价值核算办法？或者两者兼而有之？第四，如何解决薪酬体系的合理性，以持续改进公司业绩？第五，内部组织或 EVA 中心的资本成本需要计算吗？如果需要，该如何计算或确定？等等。因此，EVA 作为一种管理理念它具有以下的主要特征：

（1）一致性。连续衡量的每期 EVA 增量结果，是判断各组织活动是否创造价值的标志。计量各期 EVA 时，必须保证该指标计算口径和使用参数的可比性或连续性。

（2）层次性。EVA 指标可以用于企业整体的业绩衡量，也可以用于部门层级（业务单元、分部）考核和观察。结构化的 EVA 概念需要解释三点：第一，EVA 至少可分为公司 EVA 和分部 EVA 两个层面。第二，分部 EVA 衡量需要根据各分部的业绩特征及其与其他分部的业务相关性来确定。第三，公司整体 EVA 应等于各分部或责任中心 EVA 之和。

（3）简约性。简约不等于简单。管理上的持续改进理念，要求动态考核各 EVA 中心的业绩改善状态。它需要显示 EVA 是如何引导管理者创造价值以及是否创造了价值，而不完全关注它创造了多少价值。可以说，指标一致性、层次性和简约性，为构建 EVA 管理系统提供了强有力的基础。

为了解决 EVA 指标体系在衡量或评价公司业绩指标时本身所具有的不确定性，利用 EVA 理念构建 EVA 管理系统，还必须谨慎考虑和安排公司治理结构和授权体系，特别是要在精神上承认并赋予管理者权责意识，在物质上体现管理者的成就感，并将这两者有机地协调起来，以解决股东、董事会与管理者的利益冲突与矛盾。

二、新闻出版企业应用 EVA 管理框架应解决的核心问题

（一）EVA 管理系统的组织适应性问题

新闻出版企业的组织结构以及在某种程度上决定组织结构设计的价值链和业务流程，是决定是否选择 EVA 管理系统进行管理的重要参考变量。实施 EVA 管理系统的新闻出版企业，在内部组织结构上多倾向于分权，但这并不意味着新闻出版企业为了实施 EVA 管理系统而改变现存被证明是有效的组织结构。

（二）非分权组织的 EVA 中心设立问题

对于那些不适用 EVA 管理的新闻出版企业，其首要的核心问题在于合理设立 EVA 组织中心。一般来讲，可以采用以下三种设立模式：

1. 创立“群组结构”模式。即将存在显著协同效益的各分部合并为一个“群组”，作为一个 EVA 中心，在此层面上衡量和考核管理者。

2. 采用“薪酬交叉挂钩”模式。该模式在部门激励计划设计时，考虑相关部门间的交互性和捆绑性，但不合并相关部门。这种模式并不能从根本上解决分部间利益上的“博弈”问题，只不过是将总部“利益协调的任务”下移罢了。

3. 采用价值链分析模式。该模式将注意力集中在部门间的作业流程上，通过在识别企业价值活动、了解增值与非增值作业的基础上，对现有组织活动或作业流程进行改造，并借此创立 EVA 中心。

（三）EVA 薪酬计划设计问题

主要出发点是：EVA 薪酬计划重点在于能否长远地激励；新闻出版企业业绩评价应该基于成本—收益权衡，建立一套有利于鼓励管理者去为股东创造价值的薪酬分配体系；将管理者个人红利计划同企业 EVA 增长相联系。在 EVA 的薪酬计划中，它着重解决以下问题：一是设计激励结构。二是制定股权管理办法。

三、新闻出版企业 EVA 价值型财务管理模式的体系设计和理论管理体系

新闻出版企业 EVA 的体系设计，关键是要构造一种客观的、不易操纵的绩效评价指标，能通过采用这种绩效评价指标给新闻出版企业带来三个方面的好处：一是为员工指明努力的方向；二是有助于员工通过对比实际绩效与预期绩效的差距进行自我学习；三是激励员工不断改善绩效。同时，应用绩效评价方法的新闻出版企业应当认识到：绩效指标是一把双刃剑，它的威力在于能够不断强化它认同的行为。

（一）对新闻出版企业经营者的业绩考核

EVA 值能准确地反映企业的经营是否有增值，是因为它的税后净利润是建立在正确、科学的基础之上。总体操作办法应按如下进行：按考核要求的时间段确认计算新闻出版企业占用资金总额的基准日；计算企业占

用资金总额；按银行同期贷款利率计算债务资本成本；确定息前税后净利润的值。为了鼓励新闻出版企业进行技术方面的投入，可以将研发费用等也加回到利润里，所得税仍然以会计核算的所得税扣减。为了实现EVA值的业绩比较，我们应该对企业上年同期值也进行计算。

（二）新闻出版企业EVA模式下的奖励方案

有了科学的业绩评价，就必须将它与一定激励方式相结合。新闻出版企业EVA模式下奖励方案是：将超出最低股东期望报酬的增值部分按一定比例回报给经营者，奖金不封顶，以鼓励员工创造价值。EVA奖金方案另一个特点是"奖金库"的设置。奖金库是对经营者超额EVA奖金的置留，经营者承担奖金被取消的风险，从而有效地打破了短期行为，保障了业绩的可持续性。

在实际操作中，EVA奖励可以分为EVA增长奖励和EVA超额奖励两种。由于EVA是企业在扣减股东资本成本后测算出的经济利润，当EVA值超过0点时，就是经营者为股东创造的超出期望的剩余价值，因此在正奖励区，属于股东不花成本的激励，我们称为"自我供给"的奖励计划。但新闻出版企业实际情况往往会使EVA值为负值，若出现此类问题，对新闻出版企业的经营者来说，其形成负值的原因有可能不是他任期产生的，因而如果他的经营取得了一定成果，使EVA值不断增长，这样即使EVA值为负值，也可以给予奖励。股东虽然花了一定的成本，但如果能够保持增长不变，它就能很快到达正奖励区。因此，这也是完全值得的。

同时，还要注意考虑机会成本和调整报表项目。在实践中，新闻出版企业通常只需要对以下比较重要的项目调整就可以了。

1. 选题费用和发行费用。这些费用不应在发生当期全部计入损益，而应比照长期投资进行分期摊销。

2. 对于各项应计准备的调整，包括坏账准备、存货跌价准备、长短期投资跌价准备等，在评价管理人员的绩效时，各项资产准备并不能看做实际发生的损失，而管理人员掌握的现金基础下的资产才是应计算资金成本的全部。

3. 界定入账的商誉价值。对商誉的使用并不会损耗商誉的价值，类似永久性资产，不宜分期摊销，否则，将会减弱或妨碍企业的并购活动。

4. 营业租赁项目。应视为资金成本而不是期间费用。

5. 从净营业利润中扣除营业外项目。

此外，对于其他诸如折旧、递延所得税和存货项目，也是比较常见的调整项目。折旧的调整思路是，将直线法折旧的数字调整为各年逐渐增加的偿债基金法的数字，以更好地符合资产应用的实际情况。而递延所得税的调整与资产准备的调整类似，是按照现金基础的数字调整，采取后进先出计价的存货项目，应调整为按照先进先出计价的数字。

在实务操作中，我们可能会碰到更多应当调整的情况，判断原则是：调整项目是否重要；调整项目是否由被评价的管理者控制；调整所需的数字或信息是否能够以合理的成本取得；调整的结果是否容易理解以及现金收支原则。

四、新闻出版企业应用 EVA 财务管理系统的潜在价值

（一）EVA 有利于对国有新闻出版企业的绩效进行监测和评估

对资本利用效率的最好测度是 EVA 经济增加值。当前，我国正在进行新一轮的国有新闻出版企业资产重组和管理体制改革，推行 EVA 财务管理系统，改进大型国有新闻出版企业会计实务，将有利于国有资产管理机构对国有新闻出版企业的绩效进行全面监测和准确评估。

（二）有利于规范新闻出版行业上市公司经营行为

目前我国股市还不规范，一些违规事件时有发生。EVA 指标代替会计利润指标，使经营者和股东的利益根本一致，使经营者和所有者的关系进一步合理协调。

（三）有利于加快我国新闻出版企业管理制度创新和技术进步

EVA 机制鼓励经营者追求更高的经济增加值，只要投资回报率高于资金机会成本，就能给自己和股东带来 EVA，而增加薪酬奖励就必须不断增创 EVA。因此，EVA 机制有利于创新和技术进步，这对我国新闻出版企业具有重要的意义。

（四）有利于新闻出版企业建立调动全体员工的激励和约束机制

EVA 通过构造一种客观、不易操纵的绩效评价指标，既能为员工指明努力的方向，同时也能以一种明确的方式告诉员工，企业最重视的价值和希望达到的目标，这会激励员工不断改善绩效，使员工自发产生持续的动力去追求更好的绩效。

第五节 绩效导向的企业文化创新

企业文化是在一个企业的核心价值体系的基础上形成的，具有延续性的共同的认知系统和习惯性的行为方式。它使企业员工之间能够达成共识，形成心理契约。企业文化是组织成员思想、行为的依据，并具有独特性、难交易性、难模仿性的特质，是使其成为企业核心专长与技能的源泉，是企业可持续发展的基本驱动力。而企业竞争力体现在绩效上，加强绩效管理，建设高绩效的企业文化，促进企业长期、稳定、健康的发展，是企业长期战略目标。因此，新闻出版企业必须高度重视企业文化的创新，并且将它与企业绩效联系起来，努力营造一个良好的绩效文化氛围。

一、绩效管理与企业文化的密切联系

企业文化的实质就是企业的价值观。企业文化作为企业的上层建筑，是企业经营管理的灵魂，是一种无形的管理方式。绩效管理是以绩效考评制度为基础的人力资源管理的子系统，它是表现为一个有序的复杂的管理活动过程，用来评价并影响与员工工作有关的特性、行为和结果，考察员工的实际绩效，了解员工可能发展的潜力，绩效管理的目标是不断改善组织氛围，优化作业环境，持续激励员工，提高组织效率，以期获得员工与组织的共同发展。随着新闻出版企业的不断发展，企业中的理念体系和文化因素会成为企业管理中的核心因素，作为企业重要管理手段的绩效管理也必然会以企业的理念体系和文化因素为核心。

企业文化的核心是企业的价值准则，会在无形中左右企业的各种活动。但如何将企业文化精神的具体内容传达给员工，并让广大员工理解和认同它，就不是一件简单容易的事了。绩效管理的运行就是要为广大员工指明工作努力的方向，使员工一开始就明确自己的目标，清楚地知道自己在企业战略中所扮演的角色。绩效管理系统的运行过程，实际上也是企业文化灌输的过程。因此，企业文化的形成在很大程度上要与企业的人力资源绩效管理相结合，才能将抽象的核心价值观与具体的管理行为相结合，

从而得到员工的认同，并由员工的行为传达到外界，形成在企业内、外部获得广泛认同的企业文化，真正树立企业外部形象。

企业管理的目的是什么？企业管理就是为了使企业产生绩效，促进企业发展，就是对企业绩效的管理。换句话说，绩效管理是整个新闻出版企业管理的核心部分，绩效管理就是对员工行为和产出的管理。因而，绩效管理的原动力关键来自于企业高层，如果没有企业领导人的有力推动，绩效管理工作就难以开展到位，相关考核工作容易出现走过场、做样子的现象，从而浪费企业大量的时间和人力、物力，最后不了了之。此外，员工对绩效管理的认识也非常关键。有的职工认为考核就是罚钱，一听到考核，就产生抵触情绪，使考核在执行之初就面临巨大的阻力，严重影响考核工作的质量。

二、企业文化创新应以绩效为导向

因此，新闻出版企业要建立良好的企业文化是一项非常艰苦和持久的工作，必须建立一套客观、公正、科学的人员绩效管理体系，以提高员工自身素质和企业整体文化修养。

具体来讲，新闻出版企业在建立以绩效管理为导向的企业文化时，应该进行机制、过程、策略、激励等四个方面的创新——即4S创新。

（一）机制创新（System Innovation）

良好企业文化的形成要与创新机制相结合。新闻出版企业应当通过各种灵活务实的绩效管理机制，使核心价值观达到上下理解一致，从而在员工心目中真正形成认同感。企业可以开展象征性的欢庆仪式、礼仪、纪念活动，也可以通过树立本企业典型的英雄人物、传奇人物以及管理人员的表率作用，通过“树立典型”的方法，明确告诉员工企业提倡什么、鼓励什么，企业员工也就知道自己该怎么做。

在打造新闻出版企业创新机制的同时，要着手修改企业制度上与企业文化建设不相符合的部分，用企业的核心价值观来指导企业各项管理制度的修订与完善。另外，按照企业核心价值观的要求，花时间来培训管理人员，从而在管理方式上做出相应改进。通过淘汰机制与绩效考核制度建设以及管理改进，逐步形成具有新的价值观的群体意识，实现企业文化建设的目标。

（二）过程创新（Step Innovation）

企业文化的过程创新必须创建基于绩效的部门文化，改变以往的以“德、绩、勤、能”的《基准说明书》为考核指标的总括性的、抽象性的考核体系。新闻出版企业在制定工作目标或者任务目标时，应采用SMART原则（S：Specific，具体的，M：Measurable，可测量的，A：Attainable，可达到的，R：Relevant，相关的，T：Time based，时间的），考虑目标与计划是不是SMART化的。只有具备SMART化的计划才是具有良好可实施性的。在绩效管理的开始，部门经理就要给员工传达一个正确的绩效概念，采用将“目标设定”与“自我管理”相结合的考评系统；在考核表中设定具体执行工作的基准，先让本人就各业务的执行状况作自我检查，然后再由主管发表意见，使每个员工的思想真正统一到绩效上来。

在过程创新阶段，管理者是主体，管理者的态度和能力起决定性的作用。管理者的职责就是采取必要的措施管理员工的绩效，与员工一起在工作当中提高绩效水平，创建以绩效为基准的部门文化。为此，管理者必须做好以下工作：

1. 明确目标，创造高绩效的部门文化。管理者应明确提出这个目标并将之传达给员工，让每个员工的头脑中都有一个绩效的概念，都有为绩效的提高而努力的意识，在部门当中形成一种人人谈绩效，人人追求绩效的良好氛围。

2. 帮助员工订立绩效目标。作为管理者，你要让员工清楚你对他们的要求是什么，你准备让他们做哪些事情，每件事情的验收标准是什么，员工未来需要改进和提高的方向在哪里，最好，还要请员工说出他们自己对未来的工作有些什么打算和计划。

3. 辅导员工提高执行目标的能力。管理者有责任对员工进行在职辅导，提高员工认识绩效目标和执行绩效目标的能力。

4. 创建绩效管理档案。为了减少在未来进行绩效考评时的摩擦和矛盾，应建立绩效档案，以记录员工在绩效管理过程中的绩效表现，为年底的绩效考评提供依据和参考。

5. 考评员工的绩效表现。必须通过公平、公正的绩效考核来对员工优秀的绩效表现给予认可，对员工需要改进的绩效表现给予建设性的改进意见。

总之，这一创新方向强调考评针对工作和业绩，而不是针对个人，强调基准明确的评估考核而非综合抽象的笼统评价。

（三）策略创新（Strategy Innovation）

将企业的核心价值观与用人标准结合起来。新闻出版企业通过有目的的公关活动、广告宣传和各类培训活动，如非正式活动、管理游戏、管理竞赛、“师傅带徒弟”等方式，将企业核心价值观在这些活动中不经意传达给员工，营造一种强大的文化氛围，潜移默化地影响与改变员工的行为。在企业的绩效管理体系内要将企业的价值观内容作为考评与激励内容的一部分，其具体做法是将企业核心价值观用各种职业化行为标准来具体描述，通过鼓励或反对某种行为，达到诠释企业核心价值观的目的。并通过 PDCA 循环规则（P：Plan，制定目标与计划；D：Do，任务展开与组织实施；C：Check，对过程中的关键点和最终结果进行检查；A：Action，纠正偏差并对成果进行标准化），通过不断的 PDCA 循环，来强化企业文化。

另外，新闻出版企业还可以采取开发合适的测评工具，对招聘主管人员与用人部门经理进行严格的技能培训，保证企业在人员招募时只录用那些与本企业文化契合程度较高的人员，在制定员工发展政策时，企业只培养与发展那些与本企业文化契合程度较高的员工。或者采用通用电气公司的做法。如何对待“?”员工是企业文化建设能否成功的关键。对于“?”员工可以区别不同时期以及该员工在企业的职位高低、影响力大小而区别对待，但倾向于将其清理出局。特别是那些职位较高、影响力较大的员工，他们的职位越高、影响力越大对企业文化的破坏作用就越大、越恶劣。

（四）激励创新（Stimulation Innovation）

绩效管理的目的在于如何客观、公正、科学地考核和评价员工，以及对员工进行赏罚，但更重要的目的是树立企业的价值观、弘扬企业文化，为员工的职业发展指明方向。“人们会去做受到奖励的事情。”当今许多新闻出版企业之所以无效率、无生气，归根到底是由于它们的员工考核体系、奖罚制度出了毛病。企业首先应建立自己正确的（即符合企业根本利益的）、明确的（即不是模棱两可、摇摆不定的）价值标准，并通过奖罚手段的具体实施明白无误地表现出来。

建立企业文化的激励机制与绩效考核体系的另一个重要目的就是利用其评价和反馈功能，运用 KPI 考核体系衡量企业各个业务单元的经营结果，并与各部门成员的薪资直接挂钩，从而促进员工的职业生涯发展。具体地说，包括以下几个方面：

1. 确定员工培训开发的方向。新闻出版企业可以通过分析绩效评价的结果，发现员工的长处与不足，找出培训的需要和进一步开发的方向，据此制订培训措施与计划，也可以作为员工个人确定自己发展计划的依据。同时，员工个人可以了解到自己的长处和存在的弱点，增加员工个人的自我认识，从而制定自己的最佳发展规划。

2. 提供员工自我评价和提升的机会。在考核后，员工的实际工作表现经过上级主管的考察与测评后，通过面谈或其他渠道，将结果向被考核员工反馈，并听取其反映、申诉。这样，考核可以促进上下级之间的沟通，了解彼此对对方的期望，进一步达成双方的共识，从而可以通过建立共同认可的行为和绩效目标来增加职工的动机。

3. 满足员工的社交、尊重、自我实现等高级的需求。对于工作业绩突出的成员，希望自己的工作得到企业的承认和肯定，通过绩效考核可以满足他们这方面的要求。

总之，新闻出版企业要建立以绩效为导向的文化氛围，就必须把行业价值观和企业的实际情况结合起来，将岗位安排、培训、工资报酬、职务提升、降级、降职及解雇等纳入到企业文化影响的范畴。新闻出版企业的改革分配、业务重组，都需要利用绩效管理体系来引导。只有员工责任意识和能力水平做到了与时俱进，将企业文化渗入员工的日常工作，才真正促使企业与员工共同进步发展，构建出和谐的企业文化。

参考文献

［1］孙金虎："绩效管理思路的探索"，《内蒙古科技与经济》，2008 年第 10 期。

［2］李愔、陈培友："绩效管理在企业管理中的应用分析"，《企业家天地》，2008 年第 4 期。

[3] 许桂娟：“创新资本经营机制提高国企经营绩效”，《经济学家》，2006年第4期。

[4] 魏秀军：“浅谈我国现代企业绩效管理系统”，《民营科技》，2008年第11期。

[5] 曲玉楠、高百宁：“浅析企业绩效管理存在的问题及对策”，《内蒙古科技与经济》，2008年第10期。

[6] 谷祺、于东智：“EVA财务管理系统的理论分析”，《会计研究》，2000年第11期。

[7] 周长青：“EVA业绩评价系统评述”，《财会通讯》，2001年第8期。

[8] 程伟：“EVA与财务管理新思维”，《通信企业管理》，2003年第10期。

[9] 宋雅琴：“基于EVA的财务管理系统的探讨”，《商业会计》，《江苏商论》，2005年第1期。

[10] 王巧义：“引进EVA理念——我国财务管理制度期待创新”，《财会研究》，2003年第7期。

[11] 王艳：“经济增加值（EVA）财务管理体系分析”，《商业会计》，2002年第3期。

[12] 吴婷婷、李钧：“利用EVA指标加强企业财务管理初探”，《中国工会财会》，2007年第3期。

[13] 廖康辉：“企业价值管理的新模式：EVA绩效评价”，《企业管理》，2008年第5期。

[14] 傅华文：“出版单位要建立科学的激励机制”，《科技与出版》，2005年第6期。

[15] 郭化林、阮晓明、张炜熙：“基于战略管理的业绩评价体系”，《河北职业技术师范学院学报》，2003年第12期。

[16] 赵占明、刘文纲：“建立战略导向的企业绩效考评机制”，《北京工商大学学报》，2005年第7期。

[17] 李丽、陈雪峰、袁建平：“论编辑绩效管理体系的构建”，《学术交流》，2008年第9期。

[18] 阎化海、刘新民：“企业创新的三维因素及与绩效的关系”，

《企业活力》，2004 年第 12 期。

[19] 宣大红、孟德彬："企业绩效评价与应用探讨"，《北方经贸》，2008 年第 5 期。

[20] 费中新、陈红路："企业经营绩效财务评价指标的探析"，《浙江树人大学学报》，2005 年第 1 期。

[21] 肖东兵、冯雪峰："强化财务运营管理提升企业经营绩效"，《内蒙古煤炭经济》，2003 年第 1 期。

[22] 赵洁："如何实现从绩效考评到绩效管理的转化"，《经营与管理》，2008 年第 7 期。

[23] 孙江鹏："我国企业绩效管理问题初探"，《新疆职业大学学报》，2008 年第 8 期。

[24] 李海婴等："战略导向的企业绩效管理体系"，《特区经济》，2005 年第 7 期。

[25] 唐靖廷、韦文怡："中小企业经营绩效的的提升途径"，《企业改革与管理》，2004 年 4 期。

[26] 曾伟："基于文化核心的企业绩效管理"，《中外企业文化》，2008 年第 2 期。

[27] 徐璇、柳清泉："企业文化对企业长期经营绩效的影响"，《中外企业家》，2007 年第 2 期。

[28] 牛建军："企业文化建设与国有企业的经营绩效"，《经济论坛》，2007 年第 10 期。

[29] 冯宇："以绩效管理为导向塑造企业文化"，《现代商业》，2008 年第 2 期。

附　录

一、企业效绩评价操作细则（修订）

关于印发《企业效绩评价操作细则（修订）》的通知

发布时间：2002 年 8 月 4 日　　　　文章来源：财政部网站

财政部

国家经贸委

中央企业工委

劳动保障部

国家计委

关于印发《企业效绩评价操作细则（修订）》的通知

为适应企业效绩评价工作深入开展的需要，规范企业效绩评价行为，增强评价结果的客观公正性，促进建立有效的激励与约束机制，加强国有企业监管，我们根据各方面的意见和近年评价工作中反映出来的问题，对《国有资本金效绩评价操作细则》进行了重新修订，修改制定了《企业效绩评价操作细则（修订）》，现印发给你们，请在国有企业效绩评价工作中遵照执行。

附件：《企业效绩评价操作细则（修订）》

附件：

企业效绩评价操作细则（修订）

为进一步加强企业监督管理，规范企业经营效绩评价行为，完善企业效绩评价方法，确保企业效绩评价结果的科学、客观和公正，根据《国有资本金效绩评价规则》，制定本细则。

一、评价工作步骤

企业效绩评价工作依据《国有资本金效绩评价规则》和本细则规定的指标体系、工作方法、工作标准和工作程序，按以下工作步骤和要求进行组织实施：

（一）确定评价工作实施机构

根据评价工作需要，由评价组织机构按照《国有资本金效绩评价规则》的有关规定，成立评价实施机构。

1. 评价组织机构直接组织实施评价的，由评价组织机构负责确定评价工作人员，成立评价工作组，并根据评价工作需要选聘有关咨询专家，成立专家咨询组。专家咨询组的工作任务和工作要求由评价组织机构明确。

2. 如果委托社会中介机构实施评价，首先要选定中介机构，并签订评价委托书，然后由中介机构确定评价工作人员，组织成立评价工作组（项目小组），并根据需要成立专家咨询组。

3. 评价工作组人员应具备以下基本条件。

（1）具有较丰富的经济管理、企业财务会计、资产管理及法律等方面的专业知识。

（2）熟悉企业效绩评价业务，有较强的综合分析判断能力。

（3）坚持原则、清正廉洁、秉公办事。

（4）评价项目主持人应有5年以上经济领域工作经验。

4. 咨询专家可以从有关政府主管部门、研究机构、院校、行业协会、银行等多个方面邀请。参加评议的咨询专家应具备以下基本条件。

（1）谙熟企业管理、财务会计、法律、技术等方面的专业知识。

（2）具有较丰富的工作经验和相应领域10年以上的工作经历。

（3）熟悉评价对象所在行业。

（4）拥有相应领域的中高级技术职称或相关专业的执业（技术）资格。

（二）制订评价工作方案

由评价实施机构根据《国有资本金效绩评价规则》和本细则有关规定，制订《评价工作方案》，确定具体评价对象，报经评价组织机构批准后实施。已组织专家咨询组的，评价工作组或中介机构应将《评价工作方案》送达每位咨询专家，并向专家咨询组介绍评价工作程序。

（三）下达《评价通知书》

在评价实施前，由评价组织机构向评价对象下达《评价通知书》。《评价通知书》中应当明确：评价的目的、用途、对象、评价经营年度、被评价对象应准备的有关基础资料及其对所提供评价基础资料应负的责任，以及其他需在《评价通知书》中明确的事项。

（四）收集与核实评价基础资料

根据《评价工作方案》收集整理评价基础数据和基础资料，并根据评价计分的需要和评价组织机构的要求，做好有关评价基础数据的核实与确认工作。

1. 依据评价年度收集企业评价基础数据和评议指标基础资料。评议指标基础资料可以采取访谈、问卷调查、召开座谈会、查阅有关统计资料和文字档案等形式进行收集。评价人员要对评价基础数据和基础资料进行认真检查、整理，确保评价基础资料的系统性和完整性。

2. 核实评价基础数据资料的真实性与客观性。要对重要的和存在疑问的基础数据资料进行核实确认，以确保评价数据的真实性和口径一致。基础数据资料核实确认工作的具体要求按照本细则第六部分的规定执行。

（五）进行评价计分

在评价基础数据核实无误后，运用本细则规定的计分方法计算评价指标的分数。

1. 定量指标评价计分。首先，根据已核实确认后的评价基础数据计算计量指标的实际值，并选择合适的行业、规模评价标准值。然后，运用计算机软件（或手工）计算出各项基本指标的得分，生成《企业效绩基本指标计分表》；利用修正指标对基本指标分数进行修正，得出修正后的实际分数，生成《企业效绩修正指标计分表》。如果需要进一步深入分析企业经营效绩，可以通过评议指标评议，对企业经营效绩进行定性评判，并实施下面的计分步骤。

2. 评议指标计分。通过阅读评价基础资料、深入现场调查，听取企业情况介绍等方式深入了解企业的经营管理情况，然后由评议人员对照《企业效绩评价评议指标参考标准》，对每项评议指标独立打分，生成《企业效绩评议指标计分汇总表》。每位评议人员要在评议结果上签名，并保留工作底稿。如果评价基础资料充分，评价工作组成员构成合理，可由评价工作组成员直接实施评议指标的评议，反之，则需要聘请相关专家组成专家咨询组，对评议指标进行评议计分。

3. 如果实施了评议指标计分，可以按照规定的方法和权重，拟合定量评价结果和定性评议结果，得出综合评价分数，生成《企业效绩评价得分总表》。

4. 对评价分数和计分过程进行复核，必要时进行手工计算校验，以确保计分准确无误。

（六）撰写评价报告

评价计分完成后，评价工作组应按照规定的格式，撰写《企业效绩评价报告》，报告评价结果，并根据评价组织机构的需要，撰写《企业经营效绩分析报告》。

（七）反馈企业征求意见

评价报告提出后，要反馈企业征求意见。如果企业对评价结果提出异议，可提请评价组织机构进行裁决。

（八）提交评价报告

评价工作组修改完成评价报告后，经评价项目负责人签字，报送评价组织机构或规定的部门审核确认。

（九）进行评价工作总结

评价项目完成后，评价工作组要进行评价工作总结，将工作背景、实施过程、存在的问题和建议等形成书面材料，报送评价组织机构。同时建立好评价工作档案。

实施多户企业评价排序，可直接利用定量指标评价结果，根据每户企业评价得分，降幂排序，形成《多户企业效绩评价计分排序表》。其基本评价步骤是：确定被评价企业、收集与合适基础数据、选定评价标准值、撰写和报送评价分析报告。评价排序分析结束后，采取适当形式公布排序结果。

二、评价指标

企业效绩评价指标由反映企业财务效益状况、资产营运状况、偿债能力状况和发展能力状况四方面内容的基本指标、修正指标和评议指标三个层次共28项指标构成。

（一）基本指标

基本指标是评价企业效绩的核心指标，由反映四部分评价内容的8项计量指标构成，用以形成企业效绩评价的初步结论。

1. 财务效益状况：

（1）净资产收益率 = 净利润/平均净资产 ×100%

（2）总资产报酬率 = 息税前利润总额/平均资产总额 ×100%

2. 资产营运状况：

（1）总资产周转率（次）= 主营业务收入净额/平均资产总额

（2）流动资产周转率（次）= 主营业务收入净额/平均流动资产总额 ×100%

3. 偿债能力状况：

（1）资产负债率 = 负债总额/资产总额 ×100%

（2）已获利息倍数 = 息税前利润总额/利息支出

4. 发展能力状况：

（1）销售（营业）增长率 = 本年主营业务收入增长额/上年主营业务收入总额 ×100%

（2）资本积累率 = 本年所有者权益增长额/年初所有者权益 ×100%

（二）修正指标

修正指标用以对基本指标形成的财务效益状况、资产营运状况、偿债能力状况、发展能力状况的初步评价结果进行修正，以产生较为全面、准确的企业效绩基本评价结果，具体由12项计量指标构成。

1. 财务效益状况：

（1）资本保值增值率＝扣除客观因素后的年末所有者权益/年初所有者权益×100%

（2）主营业务利润率＝主营业务利润/主营业务收入净额×100%

（3）盈余现金保障倍数＝经营现金净流量/净利润

（4）成本费用利润率＝利润总额/成本费用总额×100%

2. 资产营运状况：

（1）存货周转率（次）＝主营业务成本/存货平均余额

（2）应收账款周转率（次）＝主营业务收入净额/应收账款平均余额

（3）不良资产比率＝年末不良资产总额/年末资产总额×100%

3. 偿债能力状况：

（1）现金流动负债比率＝经营现金净流量/流动负债×100%

（2）速动比率＝速动资产/流动负债×100%

4. 发展能力状况：

（1）三年资本平均增长率＝［（年末所有者权益总额/三年前年末所有者权益总额）1/3－1］×100%

（2）三年销售平均增长率＝［（当年主营业务收入净额/三年前主营业务收入净额）1/3－1］×100%

（3）技术投入比率＝当年技术转让费支出与研发投入/主营业务收入净额×100%

（三）评议指标

评议指标是用于对基本指标和修正指标评价形成的评价结果进行定性分析验证，以进一步修正定量评价结果，使企业效绩评价结论更加全面、准确。评议指标主要由以下8项非计量指标构成。

1. 经营者基本素质

2. 产品市场占有能力（服务满意度）

3. 基础管理水平

4. 发展创新能力

5. 经营发展战略

6. 在岗员工素质

7. 技术装备更新水平（服务硬环境）

8. 综合社会贡献

对于商贸和服务等企业因经营性质不同，在运用评议指标时，可以用括弧内的指标替代。

有关评价指标的解释见附件。

三、指标权数

企业效绩评价实行百分制，指标权数采取专家意见法特尔菲法确定。其中：计量指标权重为80%，非计量指标（评议指标）权重为20%。在实际操作过程中，为了计算方便，三层次指标权数均先分别按百分制设定，然后按权重还原。

（一）基本指标权数100

指标

1. 财务效益状况38

（1）净资产收益率25

（2）总资产报酬率13

2. 资产营运状况18

（1）总资产周转率9

（2）流动资产周转率9

3. 偿债能力状况20

（1）资产负债率12

（2）已获利息倍数8

4. 发展能力状况24

（1）销售（营业）增长率12

（2）资本积累率12

（二）修正指标权数100

指标

1. 财务效益状况38

（1）资本保值增值率12

（2）主营业务利润率8

（3）盈余现金保障倍数8

（4）成本费用利润率10

2. 资产营运状况 18

（1）存货周转率 5

（2）应收账款周转率 5

（3）不良资产比率 8

3. 偿债能力状况 20

（1）现金流动负债比率 10

（2）速动比率 10

4. 发展能力状况 24

（1）三年资本平均增长率 9

（2）三年销售平均增长率 8

（3）技术投入比率 7

（三）评议指标权数 100

指标

1. 经营者基本素质 18

2. 产品市场占有能力（服务满意度）16

3. 基础管理水平 12

4. 发展创新能力 14

5. 经营发展战略 12

6. 在岗员工素质 10

7. 技术装备更新水平（服务硬环境）10

8. 综合社会贡献 8

四、评价标准

评价标准是实施企业效绩评价的参照系。评价标准包括计量指标评价标准和评议指标（非计量指标）评价参考标准两类。

（一）计量指标评价标准

计量指标评价标准是基本指标和修正指标评价的依据，由标准值和标准系数构成。

1. 计量指标全国评价标准值由国家财政主管部门根据全国企业会计报表数据资料及有关统计信息，在剔除有关企业不合理数据的基础上，结合国民经济近期发展水平，运用移动加权平均等数理统计方法统一制定。

(1) 根据《国民经济行业分类与代码》和《企业规模划分标准》等国家标准，按照行业重要程度和样本数量，企业效绩评价计量指标评价标准值划分为四个层次约150个行业，在各行业全行业标准值下又划分为大型、中型、小型三种规模。具体见《企业效绩评价行业基本分类》。

(2) 为了提高评价计分的准确性，每个计量指标评价标准值划分为五个水平档次，分别为优（A）、良（B）、中（C）、低（D）、差（E）。具体详见《企业效绩评价标准值》。

2. 标准系数是评价标准值所对应的水平系数，反映了评价指标实际值对应评价标准值所达到的水平档次。与优（A）、良（B）、中（C）、低（D）、差（E）五档评价标准值相对应的标准系数分别为1.0、0.8、0.6、0.4、0.2，差（E）以下为0。

（二）评议指标参考标准

评议指标参考标准以国家的有关经济政策、法律法规、制度等为基础，结合我国国情和企业管理经验，按照重要性原则具体制定。每个评议指标参考标准分为优（A）、良（B）、中（C）、低（D）、差（E）五个等级。每个等级对应的等级参数分别为1.0、0.8、0.6、0.4、0.2。每个等级的具体含义详见《企业效绩评价评议指标参考标准》。

（三）评价标准的选用

正确选用评价标准是公正评价企业经营效绩的前提。评价标准的选用按以下要求执行。

1. 计量指标评价标准的选用

(1) 除评价组织机构根据评价目的作出特别规定外，一般企业计量指标评价标准值的选用程序是：首先，根据企业经营领域对照企业效绩评价行业基本分类，自下而上逐层遴选被评价企业适用的行业标准值；然后根据被评价企业的规模，在已确定的行业中选择不同规模的评价标准值。

(2) 集团型企业计量指标评价标准值的选用分两种情况：一是主业突出的集团型企业，原则上采用其主业所在行业的标准值。二是多业经营、主业不突出的集团型企业，可对照企业效绩评价行业基本分类，采用基本可以覆盖其多种经营业务的上一层次的评价标准值；或者根据其下属企业所属行业，分别选取相关行业标准值进行评价，然后按照各下属企业销售收入占被评价企业全部销售收入的比重，加权形成集团评价得分。

(3) 如果被评价企业所在行业因样本原因没有统一的评价标准，或按以上方法仍无法确定被评价企业评价标准值，则在征得评价组织机构同意后，直接选用国民经济十大门类标准或全国标准。

2. 评议指标评价参考标准的选用

评议指标参考标准具有行业普遍性和一般性，除区分工业和商业（服务业）外，没有更细的行业划分。在进行评议时，要根据不同行业的经营特点，灵活把握个别评议指标的参考标准。对于评议标准没有列示，但对被评价企业经营效绩产生重要影响的因素，在评议时也应予以充分考虑。

五、评价计分方法

企业效绩评价的主要计分方法是功效系数法，用于计量指标的评价计分；辅助计分方法是综合分析判断法，用于评议指标的评价计分。根据评价指标体系的三层次结构，企业效绩评价的计分方法分为基本指标计分方法、修正指标计分方法、评议指标计分方法和定量与定性结合计分方法。

（一）基本指标计分方法

基本指标计分方法是指运用企业效绩评价基本指标，将指标实际值对照相应评价标准值，计算各项指标实际得分。计算公式为：

基本指标总得分 = ∑单项基本指标得分

单项基本指标得分 = 本档基础分 + 调整分

本档基础分 = 指标权数 × 本档标准系数

调整分 = ［（实际值 - 本档标准值）/（上档标准值 - 本档标准值）］×（上档基础分 - 本档基础分）

上档基础分 = 指标权数 × 上档标准系数

对有关指标的分母为零或为负数时，作如下具体处理规定：

1. 对于净资产收益率、资本积累率指标，当分母为 0 或小于 0 时，该指标得 0 分。

2. 对于已获利息倍数指标，当分母为 0 时，则按以下两种情况处理：

(1) 如果利润总额大于 0，则指标得满分；

(2) 如果利润总额小于或等于 0，则指标得 0 分。

在每一部分指标评价分数计算出来后，要计算该部分指标的分析系数。分析系数是指企业财务效益、资产营运、偿债能力、发展能力四部分评价内容各自的评价分数与该部分权数的比率。基本指标分析系数的计算公式为：

某部分基本指标分析系数 = 该部分指标得分/该部分权数

（二）修正指标计分方法

修正指标计分方法是在基本指标计分结果的基础上，运用修正指标对企业效绩基本指标计分结果作进一步调整。修正指标的计分方法仍运用功效系数法原理，以各部分基本指标的评价得分为基础，计算各部分的综合修正系数，再据此计算出修正指标分数。计算公式为：

修正后总得分 = Σ 四部分修正后得分

各部分修正后得分 = 该部分基本指标分数 × 该部分综合修正系数

综合修正系数 = Σ 该部分各指标加权修正系数

某指标加权修正系数 = （修正指标权数/该部分权数）× 该指标单项修正系数

某指标单项修正系数 = 1.0 + （本档标准系数 + 功效系数 × 0.2 − 该部分基本指标分析系数）

功效系数 = （指标实际值 − 本档标准值）/（上档标准值 − 本档标准值）

该部分基本指标分析系数 = 该部分基本指标得分/该部分权数

在计算修正指标的修正系数时，对有关指标的单项修正系数作如下特殊规定：

1. 当盈余现金保障倍数的分母为 0 或负数时，如果分子为正，则其单项修正系数确定为 1.0；如果分子也为负，则其单项修正系数确定为 0.9。

2. 如果资本保值增值率和三年资本平均增长率指标的分子、分母出现负数或分母为 0 时，则按如下方法确定其单项修正系数：

（1）如果分母为负，分子为正，则单项修正系数确定为 1.1。

（2）如果分母及分子都为负，但分子的绝对值小于分母的绝对值，则单项修正系数确定为 1.0；反之，分子的绝对值大于分母的绝对值，则单项修正系数确定为 0.8。

（3）如果分母为正，分子为负，则单项修正系数确定为 0.9。

（4）当分母为0时，如果分子为正，其单项修正系数确定为1.0；如果分子为负，其单项修正系数确定为0.9。

3. 如果不良资产比率指标实际值低于或等于行业平均值，单项修正系数确定为1.0；如果高于行业平均值，用以上计算公式计算。

4. 如果技术投入比率指标没有行业标准，该指标单项修正系数确定为1.0。

在每一部分修正后的评价分数计算出来后，要计算该部分修正后的分析系数，用于分析每部分的得分情况。计算公式为：

某部分修正后分析系数 = 该部分修正后分数/该部分权数

（三）评议指标计分方法

评议指标计分方法是根据评价工作需要，运用评议指标对影响企业经营效绩的相关非计量因素进行深入分析，作出企业经营状况的定性分析判断。具体根据评议指标所考核的内容，由不少于5名的评议人员依据评价参考标准判定指标达到的等级，然后计算评议指标得分。公式为：

评议指标总分 = Σ单项指标分数

单项指标分数 = Σ（单项指标权数 × 每位评议人员选定的等级参数）/评议人员总数

如果被评价企业会计信息发生严重失真、丢失或因客观原因无法提供真实、合法会计数据资料等异常情况，以及受国家政策、市场环境等因素的重大影响，利用企业提供的会计数据已无法形成客观、公正的评价结论时，经相关的评价组织机构批准，可单独运用评议指标进行定性评价，得出评价结论。

（四）定量与定性结合计分方法

定量与定性结合计分方法是将定量指标评价分数和定性指标评议分数按照规定的权重拟合形成综合评价结果，即根据评议指标得分对定量评价结论进行校正，计算出综合评价得分，其计算公式为：

定量与定性结合评价得分 = 定量指标分数 × 80% + 定性指标分数 × 20%

六、评价基础数据

企业效绩评价的基础数据主要来源于企业提供的评价年度会计决算报

表等资料。为确保基础数据的真实、完整、合理，在具体评价前必须对评价基础数据进行核实，对有关数据的口径进行确认。

（一）基础数据核实确认的依据、范围和原则

1. 企业效绩评价的基础数据应当根据《企业财务会计报告条例》、《企业会计制度》、《企业会计准则》、《企业年度汇总会计信息报告制度》等行政法规、规章制度进行核实确认，以充分体现公平、公正的原则。

2. 评价基础数据核实确认的范围主要是企业提供的年度会计决算报表等财务会计信息资料。对于集团型企业，原则上合并范围内的企业均属于基础数据的核实范围，如果不能对集团内的全部企业基础数据进行核实，纳入核实范围的企业资产总额一般不应少于集团资产总额的70%。

3. 对评价基础数据的确认，要坚持谨慎性和重要性原则，避免被评价企业主观意愿的影响。

（二）基础数据核实确认的重点和口径

1. 关于社会负担问题。为公平反映新老企业、国有企业与非国有企业在社会负担方面的差异，对于一些国有企业举办的义务教育机构、司法机构、面向社会的医疗机构等，可以根据实际情况将其从企业的评价基础数据中剔除，并相应调整有关资产、损益项目。

2. 关于历史遗留问题。为鼓励企业消化和处理历史遗留问题，对于当期消化历史挂账（如消化以前年度潜亏、政策性亏损、应付工资和应付福利费等）的，评价时可以将其还原为企业的当期利润，但相应挂账科目应同还原。

3. 关于清产核资损失核销问题。如果企业评价当期发生清产核资损失核销事项，应当按照核销金额相应调整企业相关科目年初数。

4. 关于资产重组问题。如果企业评价当期发生资产无偿划入，划入时间在6月30日前的，纳入合并范围评价；划入时间在6月30日之后的，可以不纳入评价范围。凡是评价当期发生资产无偿划出、关闭、破产（含进入破产程序）事项的，均不纳入评价范围。如果当期发生债务重组（含债转股），按照不重组进行评价，并相应调整有关指标。

5. 关于执行新《企业会计制度》的影响。在多数企业没有执行新《企业会计制度》的情况下，对执行新《企业会计制度》提取8项减值准备等产生的与执行旧制度的重大差异，可以按原会计制度还原；如果多数

国有企业都已执行新《企业会计制度》，则不再进行调整。

6. 关于非标准无保留审计意见的处理。如果注册会计师或政府审计机关对被评价企业出具了非无保留意见的审计报告，应对这些审计意见作进一步的核实，并根据企业主管财政机关的处理意见对影响企业经营效绩的重大事项进行调整。

7. 关于三年前数据的调整。对于三年资本平均增长率和三年销售平均增长率指标中的三年前所有者权益和三年前主营业务收入，对三年内的客观变动事项按照重要性原则，进行追溯调整。新设企业，这两项指标不修正，即单项修正系数确定为1.0。

以上经确认调增评价年度利润事项的，不予调增相关资产、权益指标数据。

（三）基础数据核实确认程序

1. 检查企业所提供数据资料内容的完整性，数据资料不完整的，应要求企业补充。

2. 根据企业提供的数据资料和审计报告等进行表间、表内鉴别，确定数据核实范围，制定核实计划。

3. 核实基础数据的客观性和有效性，采取包括审计方法在内的各种方法，对企业的相关基础数据进行核实。对于各级政府派驻监事会的国有企业，在基础数据核实时要与监事会沟通意见。

4. 数据调整事项要在企业说明原因并签字确认的基础上，报请评价组织机构复核认定。

5. 对相关数据的调整，要在评价报告中进行披露，并在评价报告附件中作详细说明。

6. 评价基础数据确认事项不作为当期企业财务会计报表的调整依据。

（四）评价基础数据核实确认责任

1. 企业对其提供的年度会计决算报表等评价基础资料的真实性、合法性负有法律责任，评价人员对评价基础数据负有核实确认责任。

2. 对企业主动报告的差异调整事项要进行认真核实确认，如果情况属实并合理合法，评价人员可直接进行基础数据的调整。但评价实施机构要将该差异事项通报同级企业会计决算主管部门。

3. 对于评价人员查证的在评价基础数据资料中存在的弄虚作假、故意虚报、瞒报和漏报等行为，不但要视情节和金额大小相应扣减评价分数1—5分，而且评价实施机构要写出书面材料，交同级会计决算主管部门按照《会计法》、《企业财务会计报告条例》等有关规定进行处理。

七、评价结果

企业效绩评价结果以评价得分和评价类型加评价级别表示，并据此编制评价报告。评价类型是评价分数体现出来的企业经营效绩水平，用文字和字母表示，分为优（A）、良（B）、中（C）、低（D）、差（E）五种类型；评价级别是指对每种类型再划分级次，以体现同一类型中的不同差异，采用在字母后标注“+、”号的方式表示。

（一）类型判定

评价类型以评价得分为依据，按85、70、50、40四个分数线作为类型判定的资格界线。

优（A）：评价得分达到85分以上（含85分）；

良（B）：评价得分达到70—85分（含70分）；

中（C）：评价得分达到50—70分（含50分）；

低（D）：评价得分在40—50分（含40分）；

差（E）：评价得分在40分以下。

（二）级别标注

以上五种评价类型再划分为十个级别，分别是：

优：A++　　A+　　A

良：B+　　B　　B-

中：C　　C-

低：D

差：E

当评价得分属于“优”、“良”类型时，以本类分数段最低限为基准，每高出5分（含5分，小数点四舍五入），提高一个级别；当评价得分属“中”类型，60分以下用“C-”表示，60分以上（含60分）用“C”表示；当评价得分属于“低”、“差”类型，不分级别，一律用“D”、“E”表示。

企业效绩评价结果以汉字、英文和“+、-”符号共同标示，如优

(A+)、低(D)。

(三)评价报告

评价报告是企业经营效绩的综合评述文件，参照《评价文本格式》的规定编制。有关具体要求如下：

1. 报告内容应包括被评价企业基本概况及企业财务效益状况、资产营运状况、偿债能力状况、发展能力状况等四个主要方面效绩的文字描述。

2. 评价报告应明确评价年限、工作范围及所采用的评价标准值，评价结论要有充分的说服力。

3. 语言应简洁、规范，字数在2000字左右。

4. 评语表达应含义明确，尽量避免产生歧义。

5. 对影响企业经营效绩评价结果的有关重要事项应进行充分披露。

6. 评价报告应标明评价时间，评价实施单位及评价负责人需要签名盖章。

八、适用范围

本细则主要适用于一般正常生产经营的国有工商企业。交通运输及施工、房地产、旅游服务等企业及其他非国有企业，可参照本细则实施。金融企业的效绩评价操作细则另行制定。

原财统字［99］2号中的《国有资本金效绩评价操作细则》以及《国有资本金效绩评价计分方法》（财统字［99］6号）同时废止。凡与本细则不一致的企业效绩评价相关规定，一律以本细则为准。

附表一：企业效绩评价指标体系与指标权数表

附表二：企业效绩评价计分表（格式）（略）

附件：企业效绩评价指标解释（略）

附表一：

企业效绩评价指标体系与指标权数表

评价指标		基本指标		修正指标		评议指标	
评价内容：	权数 100	指标	权数 100	指标	权数 100	指标	权数 100
一、财务效益状况	38	净资产收益率	25	资本保值增值率	2	经营者基本素质	18
				主营业务利润率	8	产品市场占有能力	16
		总资产报酬率	13	盈余现金保障倍数	8		
				成本费用利润率	10		
二、资产营运状况	18	总资产周转率	9	存货周转率	5	（服务满意度）	
				应收账款周转率	5	基础管理水平	12
		流动资产周转率	9	不良资产比率	8	发展创新能力	14
三、偿债能力状况	20	资产负债率	12	现金流动负债比率	10	经营发展战略	12
		已获利息倍数	8	速动比率	10	在岗员工素质	10
四、发展能力状况	24	销售（营业）增长率	12	三年资本平均增长率	9	技术装备更新水平	10
		资本积累率	12	三年销售平均增长率	8	（服务硬环境）	
				技术投入比率	7	综合社会贡献	8
		80%				20%	

二、中央企业综合绩效评价管理暂行办法

国务院国有资产监督管理委员会令

第 14 号

《中央企业综合绩效评价管理暂行办法》已经国务院国有资产监督管理委员会第 38 次主任办公会议审议通过，现予公布，自 2006 年 5 月 7 日起施行。

主任　李荣融

2006 年 4 月 7 日

中央企业综合绩效评价管理暂行办法

第一章　总　则

第一条　为加强对国务院国有资产监督管理委员会（以下简称国资委）履行出资人职责企业（以下简称企业）的财务监督，规范企业综合绩效评价工作，综合反映企业资产运营质量，促进提高资本回报水平，正确引导企业经营行为，根据《企业国有资产监督管理暂行条例》和国家有关规定，制定本办法。

第二条　本办法所称综合绩效评价，是指以投入产出分析为基本方法，通过建立综合评价指标体系，对照相应行业评价标准，对企业特定经营期间的盈利能力、资产质量、债务风险、经营增长以及管理状况等进行的综合评判。

第三条　企业综合绩效评价根据经济责任审计及财务监督工作需要，分为任期绩效评价和年度绩效评价。

（一）任期绩效评价是指对企业负责人任职期间的经营成果及管理状

况进行综合评判。

（二）年度绩效评价是指对企业一个会计年度的经营成果进行综合评判。

第四条 为确保综合绩效评价工作的客观、公正与公平，有效发挥对企业的全面评判、管理诊断和行为引导作用，开展综合绩效评价工作应当以经社会中介机构审计后的财务会计报告为基础。

按规定不进行社会中介机构审计的企业，其综合绩效评价工作以经企业内部审计机构审计后的财务会计报告为基础。

第五条 开展企业综合绩效评价工作应当遵循以下原则：

（一）全面性原则。企业综合绩效评价应当通过建立综合的指标体系，对影响企业绩效水平的各种因素进行多层次、多角度的分析和综合评判。

（二）客观性原则。企业综合绩效评价应当充分体现市场竞争环境特征，依据统一测算的、同一期间的国内行业标准或者国际行业标准，客观公正地评判企业经营成果及管理状况。

（三）效益性原则。企业综合绩效评价应当以考察投资回报水平为重点，运用投入产出分析基本方法，真实反映企业资产运营效率和资本保值增值水平。

（四）发展性原则。企业综合绩效评价应当在综合反映企业年度财务状况和经营成果的基础上，客观分析企业年度之间的增长状况及发展水平，科学预测企业的未来发展能力。

第六条 国资委依据本办法组织实施企业综合绩效评价工作，并对企业内部绩效评价工作进行指导和监督。

第二章 评价内容与评价指标

第七条 企业综合绩效评价由财务绩效定量评价和管理绩效定性评价两部分组成。

第八条 财务绩效定量评价是指对企业一定期间的盈利能力、资产质量、债务风险和经营增长四个方面进行定量对比分析和评判。

（一）企业盈利能力分析与评判主要通过资本及资产报酬水平、成本费用控制水平和经营现金流量状况等方面的财务指标，综合反映企业的投入产出水平以及盈利质量和现金保障状况。

（二）企业资产质量分析与评判主要通过资产周转速度、资产运行状态、资产结构以及资产有效性等方面的财务指标，综合反映企业所占用经济资源的利用效率、资产管理水平与资产的安全性。

（三）企业债务风险分析与评判主要通过债务负担水平、资产负债结构、或有负债情况、现金偿债能力等方面的财务指标，综合反映企业的债务水平、偿债能力及其面临的债务风险。

（四）企业经营增长分析与评判主要通过销售增长、资本积累、效益变化以及技术投入等方面的财务指标，综合反映企业的经营增长水平及发展后劲。

第九条 财务绩效定量评价指标依据各项指标的功能作用划分为基本指标和修正指标。

（一）基本指标反映企业一定期间财务绩效的主要方面，并得出企业财务绩效定量评价的基本结果。

（二）修正指标是根据财务指标的差异性和互补性，对基本指标的评价结果作进一步的补充和矫正。

第十条 管理绩效定性评价是指在企业财务绩效定量评价的基础上，通过采取专家评议的方式，对企业一定期间的经营管理水平进行定性分析与综合评判。

第十一条 管理绩效定性评价指标包括企业发展战略的确立与执行、经营决策、发展创新、风险控制、基础管理、人力资源、行业影响、社会贡献等方面。

第十二条 企业财务绩效定量评价指标和管理绩效定性评价指标构成企业综合绩效评价指标体系。各指标的权重，依据评价指标的重要性和各指标的引导功能，通过参照咨询专家意见和组织必要测试进行确定。

第三章 评价标准与评价方法

第十三条 企业综合绩效评价标准分为财务绩效定量评价标准和管理绩效定性评价标准。

第十四条 财务绩效定量评价标准包括国内行业标准和国际行业标准。

（一）国内行业标准根据国内企业年度财务和经营管理统计数据，运用数理统计方法，分年度、分行业、分规模统一测算并发布。

（二）国际行业标准根据居于行业国际领先地位的大型企业相关财务指标实际值，或者根据同类型企业组相关财务指标的先进值，在剔除会计核算差异后统一测算并发布。

第十五条 财务绩效定量评价标准的行业分类，按照国家统一颁布的国民经济行业分类标准结合企业实际情况进行划分。

第十六条 财务绩效定量评价标准按照不同行业、不同规模及指标类别，分别测算出优秀值、良好值、平均值、较低值和较差值五个档次。

第十七条 大型企业集团在采取国内标准进行评价的同时，应当积极采用国际标准进行评价，开展国际先进水平的对标活动。

第十八条 管理绩效定性评价标准根据评价内容，结合企业经营管理的实际水平和出资人监管要求，统一制定和发布，并划分为优、良、中、低、差五个档次。管理绩效定性评价标准不进行行业划分，仅提供给评议专家参考。

第十九条 企业财务绩效定量评价有关财务指标实际值应当以经审计的企业财务会计报告为依据，并按照规定对会计政策差异、企业并购重组等客观因素进行合理剔除，以保证评价结果的可比性。

第二十条 财务绩效定量评价计分以企业评价指标实际值对照企业所处行业、规模标准，运用规定的计分模型进行定量测算。

管理绩效定性评价计分由专家组根据评价期间企业管理绩效相关因素的实际情况，参考管理绩效定性评价标准，确定分值。

第二十一条 对企业任期财务绩效定量评价计分应当依据经济责任财务审计结果，运用各年度评价标准对任期各年度的财务绩效进行分别评价，并运用算术平均法计算出企业任期财务绩效定量评价分数。

第四章 评价工作组织

第二十二条 企业综合绩效评价工作按照“统一方法、统一标准、分类实施”的原则组织实施。

（一）任期绩效评价工作，是企业经济责任审计工作的重要组成部分，依据国资委经济责任审计工作程序和要求组织实施。

（二）年度绩效评价工作，是国资委开展企业年度财务监督工作的重要内容，依据国资委年度财务决算工作程序和财务监督工作要求组织实施。

第二十三条 国资委在企业综合绩效评价工作中承担以下职责：

（一）制定企业综合绩效评价制度与政策；

（二）建立和完善企业综合绩效评价指标体系与评价方法；

（三）制定和公布企业综合绩效评价标准；

（四）组织实施企业任期和年度综合绩效评价工作，通报评价结果；

（五）对企业内部绩效评价工作进行指导和监督。

第二十四条 任期绩效评价工作可以根据企业经济责任审计工作需要，聘请社会中介机构协助配合开展。受托配合的社会中介机构在企业综合绩效评价工作中承担以下职责：

（一）受托开展任期各年度财务基础审计工作；

（二）协助审核调整任期各年度评价基础数据；

（三）协助测算任期财务绩效定量评价结果；

（四）协助收集整理管理绩效定性评价资料；

（五）协助实施管理绩效定性评价工作。

第二十五条 管理绩效定性评价工作应当在财务绩效定量评价工作的基础上，聘请监管部门、行业协会、研究机构、社会中介等方面的资深专家组织实施。管理绩效评价专家承担以下工作职责：

（一）对企业财务绩效定量评价结果发表专家意见；

（二）对企业管理绩效实际状况进行分析和判断；

（三）对企业管理绩效状况进行评议，并发表咨询意见；

（四）确定企业管理绩效定性评价指标分值。

第二十六条 企业在综合绩效评价工作中承担以下职责：

（一）提供有关年度财务决算报表和审计报告；

（二）提供管理绩效定性评价所需的有关资料；

（三）组织开展子企业的综合绩效评价工作。

第五章 评价结果与评价报告

第二十七条 评价结果是指根据综合绩效评价分数及分析得出的评价

结论。

第二十八条 综合绩效评价分数用百分制表示，并分为优、良、中、低、差五个等级。

第二十九条 企业综合绩效评价应当进行年度之间绩效变化的比较分析，客观评价企业经营成果与管理水平的提高程度。

（一）任期绩效评价运用任期最后年度评价结果与上一任期最后年度评价结果进行对比。

（二）年度绩效评价运用当年评价结果与上年评价结果进行对比。

第三十条 任期绩效评价结果是经济责任审计工作中评估企业负责人任期履行职责情况和认定任期经济责任的重要依据，并为企业负责人任期考核工作提供参考。

第三十一条 年度绩效评价结果是开展财务监督工作的重要依据，并为企业负责人年度考核工作提供参考。

第三十二条 企业综合绩效评价报告是根据评价结果编制、反映被评价企业绩效状况的文件，由报告正文和附件构成。

（一）企业综合绩效评价报告正文应当说明评价依据、评价过程、评价结果，以及需要说明的重大事项。

（二）企业综合绩效评价报告附件包括经营绩效分析报告、评价计分表、问卷调查结果分析、专家咨询意见等，其中：经营绩效分析报告应当对企业经营绩效状况、影响因素、存在的问题等进行分析和诊断，并提出相关管理建议。

第三十三条 对企业综合绩效评价揭示和反映的问题，应当及时反馈企业，并要求企业予以关注。

（一）对于任期绩效评价反映的问题，应当在下达企业的经济责任审计处理意见书中明确指出，并要求企业予以关注和整改。

（二）对于年度绩效评价结果反映的问题，应当在年度财务决算批复中明确指出，并要求企业予以关注和整改。

第六章　工作责任

第三十四条 企业应当提供真实、全面的绩效评价基础数据资料，企业主要负责人、总会计师或主管财务会计工作的负责人应当对提供的年度财务会计报表和相关评价基础资料的真实性负责。

第三十五条 受托开展企业综合绩效评价业务的机构及其相关工作人员应严格执行企业综合绩效评价工作的规定，规范技术操作，确保评价过程独立、客观、公正，评价结论适当，并严守企业的商业秘密。对参与造假、违反程序和工作规定，导致评价结论失实以及泄露企业商业秘密的，国资委将不再委托其承担企业综合绩效评价业务，并将有关情况通报其行业主管机关，建议给予相应处罚。

第三十六条 国资委的相关工作人员组织开展企业综合绩效评价工作应当恪尽职守、规范程序、加强指导。对于在综合绩效评价过程中不尽职或者徇私舞弊，造成重大工作过失的，给予纪律处分。

第三十七条 所聘请的评议专家应当认真了解和分析企业的管理绩效状况，客观公正地进行评议打分，并提出合理的咨询意见。对于在管理绩效评价过程中不认真、不公正，出现评议结果或者咨询意见不符合企业实际情况，对评价工作造成不利影响的，国资委将不再继续聘请其为评议专家。

第七章 附 则

第三十八条 根据本办法制定的《中央企业综合绩效评价实施细则》和评价标准另行公布。

第三十九条 企业开展内部综合绩效评价工作，可依据本办法制定具体的工作规范。

第四十条 各地区国有资产监督管理机构开展综合绩效评价工作，可参照本办法执行。

第四十一条 本办法自2006年5月7日起施行。

三、中央企业综合绩效评价实施细则

国务院国有资产监督管理委员会
国资发评价［2006］157号

关于印发《中央企业综合绩效评价实施细则》的通知

各中央企业：

为做好中央企业综合绩效评价工作，根据《中央企业综合绩效评价管理暂行办法》（国资委令第14号），我们制定了《中央企业综合绩效评价实施细则》，现印发给你们，请结合本企业实际认真执行。

国务院国有资产监督管理委员会
2006年9月12日

中央企业综合绩效评价实施细则

第一章　总　　则

第一条　为规范开展中央企业（以下简称企业）综合绩效评价工作，有效发挥综合绩效评价工作的评判、引导和诊断作用，推动企业提高经营管理水平，根据《中央企业综合绩效评价管理暂行办法》（国资委令第14号），制定本实施细则。

第二条　开展企业综合绩效评价应当充分体现市场经济原则和资本运营特征，以投入产出分析为核心，运用定量分析与定性分析相结合、横向对比与纵向对比互为补充的方法，综合评价企业经营绩效和努力程度，促进企业提高市场竞争能力。

第三条 开展企业综合绩效评价应当制定既符合行业实际又具有标杆引导性质的评价标准，并运用科学的评价计分方法，计量企业经营绩效水平，以充分体现行业之间的差异性，客观反映企业所在行业的盈利水平和经营环境，准确评判企业的经营成果。

第四条 企业综合绩效评价工作按照产权管理关系进行组织，国资委负责其履行出资人职责企业的综合绩效评价工作，企业集团（总）公司负责其控股子企业的综合绩效评价工作。

第五条 企业年度综合绩效评价工作，一般结合对企业年度财务决算审核工作组织进行；企业任期综合绩效评价工作，一般结合对企业负责人任期经济责任审计组织实施。

第二章 评价指标与权重

第六条 企业综合绩效评价指标由二十二个财务绩效定量评价指标和八个管理绩效定性评价指标组成。

第七条 财务绩效定量评价指标由反映企业盈利能力状况、资产质量状况、债务风险状况和经营增长状况等四个方面的八个基本指标和十四个修正指标构成，用于综合评价企业财务会计报表所反映的经营绩效状况（定量评价指标计算公式见附件1）。

第八条 企业盈利能力状况以净资产收益率、总资产报酬率两个基本指标和销售（营业）利润率、盈余现金保障倍数、成本费用利润率、资本收益率四个修正指标进行评价，主要反映企业一定经营期间的投入产出水平和盈利质量。

第九条 企业资产质量状况以总资产周转率、应收账款周转率两个基本指标和不良资产比率、流动资产周转率、资产现金回收率三个修正指标进行评价，主要反映企业所占用经济资源的利用效率、资产管理水平与资产的安全性。

第十条 企业债务风险状况以资产负债率、已获利息倍数两个基本指标和速动比率、现金流动负债比率、带息负债比率、或有负债比率四个修正指标进行评价，主要反映企业的债务负担水平、偿债能力及其面临的债务风险。

第十一条 企业经营增长状况以销售（营业）增长率、资本保值增值率两个基本指标和销售（营业）利润增长率、总资产增长率、技术投入比率三个修正指标，主要反映企业的经营增长水平、资本增值状况及发展后劲。

第十二条 企业管理绩效定性评价指标包括战略管理、发展创新、经营决策、风险控制、基础管理、人力资源、行业影响、社会贡献等八个方面的指标，主要反映企业在一定经营期间所采取的各项管理措施及其管理成效。

（一）战略管理评价主要反映企业所制定战略规划的科学性，战略规划是否符合企业实际，员工对战略规划的认知程度，战略规划的保障措施及其执行力，以及战略规划的实施效果等方面的情况。

（二）发展创新评价主要反映企业在经营管理创新、工艺革新、技术改造、新产品开发、品牌培育、市场拓展、专利申请及核心技术研发等方面的措施及成效。

（三）经营决策评价主要反映企业在决策管理、决策程序、决策方法、决策执行、决策监督、责任追究等方面采取的措施及实施效果，重点反映企业是否存在重大经营决策失误。

（四）风险控制评价主要反映企业在财务风险、市场风险、技术风险、管理风险、信用风险和道德风险等方面的管理与控制措施及效果，包括风险控制标准、风险评估程序、风险防范与化解措施等。

（五）基础管理评价主要反映企业在制度建设、内部控制、重大事项管理、信息化建设、标准化管理等方面的情况，包括财务管理、对外投资、采购与销售、存货管理、质量管理、安全管理、法律事务等。

（六）人力资源评价主要反映企业人才结构、人才培养、人才引进、人才储备、人事调配、员工绩效管理、分配与激励、企业文化建设、员工工作热情等方面的情况。

（七）行业影响评价主要反映企业主营业务的市场占有率、对国民经济及区域经济的影响与带动力、主要产品的市场认可程度、是否具有核心竞争能力以及产业引导能力等方面的情况。

（八）社会贡献评价主要反映企业在资源节约、环境保护、吸纳就业、工资福利、安全生产、上缴税收、商业诚信、和谐社会建设等方面的贡献程度和社会责任的履行情况。

第十三条 企业管理绩效定性评价指标应当根据评价工作需要作进一步细化，能够量化的应当采用量化指标进行反映。

第十四条 企业综合绩效评价指标权重实行百分制，指标权重依据评价指标的重要性和各指标的引导功能，通过征求咨询专家意见和组织必要的测试进行确定。

第十五条 财务绩效定量评价指标权重确定为70%，管理绩效定性评价指标权重确定为30%。在实际评价过程中，财务绩效定量评价指标和管理绩效定性评价指标的权数均按百分制设定，分别计算分项指标的分值，然后按70：30折算（各评价指标权重见附件2）。

第三章 评价标准选择

第十六条 财务绩效定量评价标准划分为优秀（A）、良好（B）、平均（C）、较低（D）、较差（E）五个档次，管理绩效定性评价标准分为优（A）、良（B）、中（C）、低（D）、差（E）五个档次。

第十七条 对应五档评价标准的标准系数分别为1.0、0.8、0.6、0.4、0.2，差（E）以下为0。标准系数是评价标准的水平参数，反映了评价指标对应评价标准所达到的水平档次。

第十八条 评价组织机构应当认真分析判断评价对象所属行业和规模，正确选用财务绩效定量评价标准值。

第十九条 企业财务绩效定量评价标准值的选用，一般根据企业的主营业务领域对照企业综合绩效评价行业基本分类，自下而上逐层遴选被评价企业适用的行业标准值。

第二十条 多业兼营的集团型企业财务绩效指标评价标准值的选用应当区分主业突出和不突出两种情况：

（一）存在多个主业板块但某个主业特别突出的集团型企业，应当采用该主业所在行业的标准值。

（二）存在多个主业板块但没有突出主业的集团型企业，可对照企业综合绩效评价行业基本分类，采用基本可以覆盖其多种经营业务的上一层次的评价标准值；或者根据其下属企业所属行业，分别选取相关行业标准值进行评价，然后按照各下属企业资产总额占被评价企业集团汇总资产总额的比重，加权形成集团评价得分；也可以根据集团的经营领域，选择有关行业标准值，以各领域的资产总额比例为权重进行加权平均，计算出用于集团评价的标准值。

第二十一条 如果被评价企业所在行业因样本原因没有统一的评价标准，或按第二十条规定方法仍无法确定被评价企业财务绩效定量评价标准值，则在征得评价组织机构同意后，直接选用国民经济十大门类标准或全国标准。

第二十二条 根据评价工作需要可以分别选择全行业和大、中、小型规模标准值实施评价。企业规模划分执行国家统计局《关于统计上大中小型企业划分办法（暂行）》（国统字［2003］17号）和国资委《关于在财务统计工作中执行新的企业规模划分标准的通知》（国资厅评价函［2003］327号）的规定。

第二十三条 管理绩效定性评价标准具有行业普遍性和一般性，在进行评价时，应当根据不同行业的经营特点，灵活把握个别指标的标准尺度。对于定性评价标准没有列示，但对被评价企业经营绩效产生重要影响的因素，在评价时也应予以考虑。

第四章 评价计分

第二十四条 企业综合绩效评价计分方法采取功效系数法和综合分析判断法，其中：功效系数法用于财务绩效定量评价指标的计分，综合分析判断法用于管理绩效定性评价指标的计分。

第二十五条 财务绩效定量评价基本指标计分是按照功效系数法计分原理，将评价指标实际值对照行业评价标准值，按照规定的计分公式计算各项基本指标得分。计算公式为：

基本指标总得分＝∑单项基本指标得分

单项基本指标得分＝本档基础分＋调整分

本档基础分＝指标权数×本档标准系数

调整分＝功效系数×（上档基础分－本档基础分）

上档基础分＝指标权数×上档标准系数

功效系数＝（实际值－本档标准值）/（上档标准值－本档标准值）

本档标准值是指上下两档标准值居于较低等级一档。

第二十六条 财务绩效定量评价修正指标的计分是在基本指标计分结果的基础上，运用功效系数法原理，分别计算盈利能力、资产质量、债务风险和经营增长四个部分的综合修正系数，再据此计算出修正后的分数。计算公式为：

修正后总得分 =Σ 各部分修正后得分

各部分修正后得分 = 各部分基本指标分数 × 该部分综合修正系数

某部分综合修正系数 =Σ 该部分各修正指标加权修正系数

某指标加权修正系数 = （修正指标权数/该部分权数）× 该指标单项修正系数

某指标单项修正系数 =1.0 + （本档标准系数 + 功效系数 ×0.2 - 该部分基本指标分析系数），单项修正系数控制修正幅度为 0.7—1.3

某部分基本指标分析系数 = 该部分基本指标得分/该部分权数

第二十七条 在计算修正指标单项修正系数过程中，对于一些特殊情况作如下规定：

（一）如果修正指标实际值达到优秀值以上，其单项修正系数的计算公式如下：

单项修正系数 =1.2 + 本档标准系数 - 该部分基本指标分析系数

（二）如果修正指标实际值处于较差值以下，其单项修正系数的计算公式如下：

单项修正系数 =1.0 - 该部分基本指标分析系数

（三）如果资产负债率 ≥100%，指标得 0 分；其他情况按照规定的公式计分。

（四）如果盈余现金保障倍数分子为正数，分母为负数，单项修正系数确定为 1.1；如果分子为负数，分母为正数，单项修正系数确定为 0.9；如果分子分母同为负数，单项修正系数确定为 0.8。

（五）如果不良资产比率 ≥100% 或分母为负数，单项修正系数确定为 0.8。

（六）对于销售（营业）利润增长率指标，如果上年主营业务利润为负数，本年为正数，单项修正系数为 1.1；如果上年主营业务利润为零本年为正数，或者上年为负数本年为零，单项修正系数确定为 1.0。

（七）如果个别指标难以确定行业标准，该指标单项修正系数确定为1.0。

第二十八条 管理绩效定性评价指标的计分一般通过专家评议打分形式完成，聘请的专家应不少于7名；评议专家应当在充分了解企业管理绩效状况的基础上，对照评价参考标准，采取综合分析判断法，对企业管理绩效指标做出分析评议，评判各项指标所处的水平档次，并直接给出评价分数。计分公式为：

管理绩效定性评价指标分数＝Σ单项指标分数

单项指标分数＝（Σ每位专家给定的单项指标分数）/专家人数

第二十九条 任期财务绩效定量评价指标计分，应当运用任期各年度评价标准分别对各年度财务绩效定量指标进行计分，再计算任期平均分数，作为任期财务绩效定量评价分数。计算公式为：

任期财务绩效定量评价分数＝（Σ任期各年度财务绩效定量评价分数）/任期年份数

第三十条 在得出财务绩效定量评价分数和管理绩效定性评价分数后，应当按照规定的权重，耦合形成综合绩效评价分数。计算公式为：

企业综合绩效评价分数＝财务绩效定量评价分数×70%＋管理绩效定性评价分数×30%

第三十一条 在得出评价分数以后，应当计算年度之间的绩效改进度，以反映企业年度之间经营绩效的变化状况。计算公式为：

绩效改进度＝本期绩效评价分数/基期绩效评价分数

绩效改进度大于1，说明经营绩效上升；绩效改进度小于1，说明经营绩效下滑。

第三十二条 对企业经济效益上升幅度显著、经营规模较大，有重大科技创新的企业，应当给予适当加分，以充分反映不同企业努力程度和管理难度，激励企业加强科技创新。具体的加分办法如下：

（一）效益提升加分。企业年度净资产收益率增长率和利润增长率超过行业平均增长水平10%—40%加1—2分，超过40%—100%加3—4分，超过100%加5分。

（二）管理难度加分。企业年度平均资产总额超过全部监管企业年度平均资产总额的给予加分，其中：工业企业超过平均资产总额每100亿元加0.5分，非工业企业超过平均资产总额每60亿元加0.5分，最多加

5 分。

（三）重大科技创新加分。重大科技创新加分包括以下两个方面：企业承担国家重大科技攻关项目，并取得突破的，加 3—5 分；承担国家科技发展规划纲要目录内的重大科技专项主体研究，虽然尚未取得突破，但投入较大，加 1—2 分。

（四）国资委认定的其他事项。

以上加分因素合计不得超过 15 分，超过 15 分按 15 分计算。对加分前评价结果已经达到优秀水平的企业，以上加分因素按以下公式计算实际加分值：

实际加分值 = （1 - X%）×6. 6Y

其中：X 表示评价得分，Y 表示以上因素合计加分。

第三十三条 对被评价企业所评价期间（年度）发生以下不良重大事项，应当予以扣分：

（一）发生属于当期责任的重大资产损失事项，损失金额超过平均资产总额 1% 的，或者资产损失金额未超过平均资产总额 1%，但性质严重并造成重大社会影响的，扣 5 分。正常的资产减值准备计提不在此列；

（二）发生重大安全生产与质量事故，根据事故等级，扣 3—5 分；

（三）存在巨额表外资产，且占合并范围资产总额 20% 以上的，扣 3—5 分；

（四）存在巨额逾期债务，逾期负债超过带息负债的 10%，甚至发生严重的债务危机，扣 2—5 分；

（五）国资委认定的其他事项。

第三十四条 对存在加分和扣分事项的，应当与企业和有关部门进行核实，获得必要的外部证据，并在企业综合绩效评价报告中加以单独说明。

第五章 评价基础数据调整

第三十五条 企业综合绩效评价的基础数据资料主要包括企业提供的评价年度财务会计决算报表及审计报告、关于经营管理情况的说明等资料。

第三十六条 为确保评价基础数据的真实、完整、合理，在实施评价前应当对评价期间的基础数据进行核实，按照重要性和可比性原则进行适当调整。

第三十七条 在任期经济责任审计工作中开展任期财务绩效定量评价，其评价基础数据以财务审计调整后的数据为依据。

第三十八条 企业评价期间会计政策与会计估计发生重大变更的，需要判断变更事项对经营成果的影响，产生重大影响的，应当调整评价基础数据，以保持数据口径基本一致。

第三十九条 企业评价期间发生资产无偿划入划出的，应当按照重要性原则调整评价基础数据。原则上划入企业应纳入评价范围，无偿划出、关闭、破产（含进入破产程序）企业，不纳入评价范围。

第四十条 企业被出具非标准无保留意见审计报告的，应当根据审计报告披露的影响企业经营成果的重大事项，调整评价基础数据。

第四十一条 国资委在财务决算批复中要求企业纠正、整改，并影响企业财务会计报表、能够确认具体影响金额的，应当根据批复调整评价基础数据。

第四十二条 企业在评价期间损益中消化处理以前年度或上一任期资产损失的，承担国家某项特殊任务或落实国家专项政策对财务状况和经营成果产生重大影响的，经国资委认定后，可作为客观因素调整评价基础数据。

第六章 评价工作程序

第四十三条 企业综合绩效评价包括财务绩效定量评价和管理绩效定性评价两个方面内容。由于任期绩效评价和年度绩效评价的工作目标不同，评价工作内容应有所区别。

（一）任期绩效评价作为任期经济责任审计工作的重要组成部分，需要对企业负责人任职期间企业的绩效状况进行综合评价，工作程序包括财务绩效评价和管理绩效评价两方面内容。

（二）年度绩效评价除根据监管工作需要组织财务绩效与管理绩效的综合评价外，一般作为年度财务决算管理工作的组成部分，每个年度只进行财务绩效定量评价。

第四十四条 财务绩效定量评价工作具体包括提取评价基础数据、基础数据调整、评价计分、形成评价结果等内容。

（一）提取评价基础数据。以经社会中介机构或内部审计机构审计并经评价组织机构核实确认的企业年度财务会计报表为基础提取评价基础数据。

（二）基础数据调整。为客观、公正的评价企业经营绩效，根据本细则第五章的有关规定，对评价基础数据进行调整，其中：年度绩效评价基础数据以国资委审核确认的财务决算合并报表数据为准。

（三）评价计分。根据调整后的评价基础数据，对照相关年度的行业评价标准值，利用绩效评价软件或手工评价计分。

（四）形成评价结果。对任期财务绩效评价需要计算任期内平均财务绩效评价分数，并计算绩效改进度；对年度财务绩效评价除计算年度绩效改进度外，需要对定量评价得分深入分析，诊断企业经营管理存在的薄弱环节，并在财务决算批复中提示有关问题，同时进行所监管企业的分类排序分析，在一定范围内发布评价结果。

第四十五条 管理绩效定性评价工作具体包括收集整理管理绩效评价资料、聘请咨询专家、召开专家评议会、形成定性评价结论等内容。

（一）收集整理管理绩效评价资料。为了深入了解被评价企业的管理绩效状况，应当通过问卷调查、访谈等方式，充分收集并认真整理管理绩效评价的有关资料。

（二）聘请咨询专家。根据所评价企业的行业情况，聘请不少于7名的管理绩效评价咨询专家，组成专家咨询组，并将被评价企业的有关资料提前送达咨询专家。

（三）召开专家评议会。组织咨询专家对企业的管理绩效指标进行评议打分。

（四）形成定性评价结论。汇总管理绩效定性评价指标得分，形成定性评价结论。

第四十六条 管理绩效专家评议会一般按下列程序进行：

（一）阅读相关资料，了解企业管理绩效评价指标实际情况；

（二）听取评价实施机构关于财务绩效定量评价情况的介绍；

（三）参照管理绩效定性评价标准，分析企业管理绩效状况；

（四）对企业管理绩效定性评价指标实施独立评判打分；

（五）对企业管理绩效进行集体评议，并提出咨询意见，形成评议咨询报告；

（六）汇总评判打分结果。

第四十七条 根据财务绩效定量评价结果和管理绩效定性评价结果，按照规定的权重和计分方法，计算企业综合绩效评价总分，并根据规定的加分和扣分因素，得出企业综合绩效评价最后得分。

第七章 评价结果与评价报告

第四十八条 企业综合绩效评价结果以评价得分、评价类型和评价级别表示。

评价类型是根据评价分数对企业综合绩效所划分的水平档次，用文字和字母表示，分为优（A）、良（B）、中（C）、低（D）、差（E）五种类型。

评价级别是对每种类型再划分级次，以体现同一评价类型的不同差异，采用在字母后标注“+、-”号的方式表示。

第四十九条 企业综合绩效评价结果以85、70、50、40分作为类型判定的分数线。

（一）评价得分达到85分以上（含85分）的评价类型为优（A），在此基础上划分为三个级别，分别为：A++≥95分；95分>A+≥90分；90分>A≥85分。

（二）评价得分达到70分以上（含70分）不足85分的评价类型为良（B），在此基础上划分为三个级别，分别为：85分>B+≥80分；80分>B≥75分；75分>B-≥85分。

（三）评价得分达到50分以上（含50分）不足70分的评价类型为中（C），在此基础上划分为两个级别，分别为：70分>C≥60分；60分>C-≥50分。

（四）评价得分在40分以上（含40分）不足50分的评价类型为低（D）。

（五）评价得分在40分以下的评价类型为差（E）。

第五十条 企业综合绩效评价报告是根据评价结果编制、反映被评价企业综合绩效状况的文本文件，由报告正文和附件构成。

附录

第五十一条 企业综合绩效评价报告正文应当包括：评价目的、评价依据与评价方法、评价过程、评价结果及评价结论、重要事项说明等内容。企业综合绩效评价报告的正文应当文字简洁、重点突出、层次清晰、易于理解。

第五十二条 企业综合绩效评价报告附件应当包括：企业经营绩效分析报告、评价结果计分表、问卷调查结果分析、专家咨询报告、评价基础数据及调整情况，其中：企业经营绩效分析报告是根据综合绩效评价结果对企业经营绩效状况进行深入分析的文件，应当包括评价对象概述、评价结果与主要绩效、存在的问题与不足、有关管理建议等。

第八章 附 则

第五十三条 企业集团内部开展所属子企业的综合绩效评价工作，可参照本细则制定符合集团内部监管需要的实施细则。

第五十四条 各地区国有资产监督管理机构开展所监管企业的综合绩效评价工作，可参照本细则执行。

第五十五条 本细则由国资委负责解释。

第五十六条 本细则自2006年10月12日起施行。

附件1：企业财务绩效定量评价指标计算公式

附件2：企业综合绩效评价指标及权重表

附件1：

企业财务绩效定量评价指标计算公式

一、盈利能力状况

（一）基本指标

1. 净资产收益率＝净利润/平均净资产×100%

平均净资产＝（年初所有者权益＋年末所有者权益）/2

2. 总资产报酬率＝（利润总额＋利息支出）/平均资产总额×100%

平均资产总额＝（年初资产总额＋年末资产总额）/2

（二）修正指标

1. 销售（营业）利润率 = 主营业务利润/主营业务收入净额 ×100%

2. 盈余现金保障倍数 = 经营现金净流量/（净利润 + 少数股东损益）

3. 成本费用利润率 = 利润总额/成本费用总额 ×100%

成本费用总额 = 主营业务成本 + 主营业务税金及附加 + 经营费用（营业费用）+ 管理费用 + 财务费用

4. 资本收益率 = 净利润/平均资本 ×100%

平均资本 = [（年初实收资本 + 年初资本公积）+（年末实收资本 + 年末资本公积）]/2

二、资产质量状况

（一）基本指标

1. 总资产周转率（次）= 主营业务收入净额/平均资产总额

2. 应收账款周转率（次）= 主营业务收入净额/应收账款平均余额

应收账款平均余额 =（年初应收账款余额 + 年末应收账款余额）/2

应收账款余额 = 应收账款净额 + 应收账款坏账准备

（二）修正指标

1. 不良资产比率 =（资产减值准备余额 + 应提未提和应摊未摊的潜亏挂账 + 未处理资产损失）/（资产总额 + 资产减值准备余额）×100%

2. 资产现金回收率 = 经营现金净流量/平均资产总额 ×100%

3. 流动资产周转率（次）= 主营业务收入净额/平均流动资产总额

平均流动资产总额 =（年初流动资产总额 + 年末流动资产总额）/2

三、债务风险状况

（一）基本指标

1. 资产负债率 = 负债总额/资产总额 ×100%

2. 已获利息倍数 =（利润总额 + 利息支出）/利息支出

（二）修正指标

1. 速动比率 = 速动资产/流动负债 ×100%

速动资产 = 流动资产 - 存货

2. 现金流动负债比率 = 经营现金净流量/流动负债 ×100%

3. 带息负债比率 =（短期借款 + 一年内到期的长期负债 + 长期借款 + 应付债券 + 应付利息）/负债总额 ×100%

4. 或有负债比率 = 或有负债余额/（所有者权益 + 少数股东权益）×100%

或有负债余额 = 已贴现承兑汇票 + 担保余额 + 贴现与担保外的被诉事项金额 + 其他或有负债

四、经营增长状况

（一）基本指标

1. 销售（营业）增长率 =（本年主营业务收入总额 - 上年主营业务收入总额）/上年主营业务收入总额 ×100%

2. 资本保值增值率 = 扣除客观增减因素的年末国有资本及权益/年初国有资本及权益 ×100%

（二）修正指标

1. 销售（营业）利润增长率 =（本年主营业务利润总额 - 上年主营业务利润总额）/上年主营业务利润总额 ×100%

2. 总资产增长率 =（年末资产总额 - 年初资产总额）/年初资产总额 ×100%

3. 技术投入比率 = 本年科技支出合计/主营业务收入净额 ×100%

附件2：

企业综合绩效评价指标及权重表

企业综合绩效评价指标及权重表

<table>
<tr><th colspan="2" rowspan="2">评价内容
与权数</th><th colspan="4">财务绩效（70%）</th><th colspan="2">管理绩效（30%）</th></tr>
<tr><th>基本指标</th><th>权数</th><th>修正指标</th><th>权数</th><th>评议指标</th><th>权数</th></tr>
<tr><td>盈利能力状况</td><td>34</td><td>净资产收益率
总资产报酬率</td><td>20
14</td><td>销售（营业）利润率
盈余现金保障倍数
成本费用利润率
资本收益率</td><td>10
9
8
7</td><td rowspan="4">战略管理
发展创新
经营决策
风险控制
基础管理
人力资源
行业影响
社会贡献</td><td rowspan="4">18
15
16
13
14
8
8
8</td></tr>
<tr><td>资产质量状况</td><td>22</td><td>总资产周转率
应收账款周转率</td><td>10
12</td><td>不良资产比率
流动资产周转率
资产现金回收率</td><td>9
7
6</td></tr>
<tr><td>债务风险状况</td><td>22</td><td>资产负债率
已获利息倍数</td><td>12
10</td><td>速动比率
现金流动负债比率
带息负债比率
或有负债比率</td><td>6
6
5
5</td></tr>
<tr><td>经营增长状况</td><td>22</td><td>销售（营业）增长率
资本保值增值率</td><td>12
10</td><td>销售（营业）利润增长率
总资产增长率
技术投入比率</td><td>10
7
5</td></tr>
</table>

四、中央企业负责人经营业绩考核暂行办法

国务院国有资产监督管理委员会令

第22号

《中央企业负责人经营业绩考核暂行办法》已经国务院国有资产监督管理委员会第84次委主任办公会议修订通过，现将修订后的《中央企业负责人经营业绩考核暂行办法》公布，自2010年1月1日起施行。

国务院国有资产监督管理委员会主任　李荣融

2009年12月28日

中央企业负责人经营业绩考核暂行办法

第一章　总　则

第一条　为切实履行企业国有资产出资人职责，维护所有者权益，落实国有资产保值增值责任，建立有效的激励和约束机制，根据《中华人民共和国企业国有资产法》、《企业国有资产监督管理暂行条例》等有关法律法规，制定本办法。

第二条　本办法考核的中央企业负责人是指经国务院授权由国务院国有资产监督管理委员会（以下简称国资委）履行出资人职责的国家出资企业（以下简称企业）的下列人员：

（一）国有独资企业的总经理（总裁）、副总经理（副总裁）、总会计师；

（二）国有独资公司的董事长、副董事长、董事，列入国资委党委管理的总经理（总裁）、副总经理（副总裁）、总会计师；

（三）国有资本控股公司国有股权代表出任的董事长、副董事长、董事，列入国资委党委管理的总经理（总裁）、副总经理（副总裁）、总会

计师。

第三条 企业负责人的经营业绩，实行年度考核与任期考核相结合、结果考核与过程评价相统一、考核结果与奖惩相挂钩的考核制度。

第四条 年度经营业绩考核和任期经营业绩考核采取由国资委主任或者其授权代表与企业负责人签订经营业绩责任书的方式进行。

第五条 企业负责人经营业绩考核工作应当遵循以下原则：

（一）按照国有资产保值增值和股东价值最大化以及可持续发展的要求，依法考核企业负责人经营业绩。

（二）按照企业所处的不同行业、资产经营的不同水平和主营业务等不同特点，实事求是，公开公正，实行科学的分类考核。

（三）按照权责利相统一的要求，建立企业负责人经营业绩同激励约束机制相结合的考核制度，即业绩上、薪酬上，业绩下、薪酬下，并作为职务任免的重要依据。建立健全科学合理、可追溯的资产经营责任制。

（四）按照科学发展观的要求，推动企业提高战略管理、价值创造、自主创新、资源节约、环境保护和安全发展水平，不断增强企业核心竞争能力和可持续发展能力。

（五）按照全面落实责任的要求，推动企业建立健全全员业绩考核体系，增强企业管控力和执行力，确保国有资产保值增值责任层层落实。

第二章 年度经营业绩考核

第六条 年度经营业绩考核以公历年为考核期。

第七条 年度经营业绩责任书包括下列内容：

（一）双方的单位名称、职务和姓名；

（二）考核内容及指标；

（三）考核与奖惩；

（四）责任书的变更、解除和终止；

（五）其他需要规定的事项。

第八条 年度经营业绩考核指标包括基本指标与分类指标。

（一）基本指标包括利润总额和经济增加值指标。

1. 利润总额是指经核定的企业合并报表利润总额。利润总额计算可以加上经核准的当期企业消化以前年度潜亏，并扣除通过变卖企业主业优质资产等取得的非经常性收益。

2. 经济增加值是指经核定的企业税后净营业利润减去资本成本后的余额（考核细则见附件1）。

（二）分类指标由国资委根据企业所处行业特点，针对企业管理“短板”，综合考虑企业经营管理水平、技术创新投入及风险控制能力等因素确定，具体指标在责任书中明确。

第九条 确定军工企业和主要承担国家政策性业务等特殊企业的基本指标与分类指标，可优先考虑政策性业务完成情况，具体指标及其权重在责任书中确定。

第十条 确定科研类企业的基本指标与分类指标，突出考虑技术创新投入和产出等情况，具体指标及其权重在责任书中确定。

第十一条 年度经营业绩责任书按照下列程序签订：

（一）报送年度经营业绩考核目标建议值。每年第四季度，企业负责人按照国资委年度经营业绩考核要求和企业发展规划及经营状况，对照同行业国际国内先进水平，提出下一年度拟完成的经营业绩考核目标建议值，并将考核目标建议值和必要的说明材料报送国资委。考核目标建议值原则上不低于上年考核指标实际完成值或者前三年考核指标实际完成值的平均值。

（二）核定年度经营业绩考核目标值。国资委根据“同一行业、同一尺度”原则，结合宏观经济形势、企业所处行业发展周期、企业实际经营状况等，对企业负责人的年度经营业绩考核目标建议值进行审核，并就考核目标值及有关内容同企业沟通后加以确定。凡企业年度利润总额目标值低于上年目标值与实际完成值的平均值的，最终考核结果原则上不得进入A级（处于行业周期性下降阶段但与同行业其他企业相比仍处于领先水平的企业除外）。

（三）由国资委主任或者其授权代表同企业负责人签订年度经营业绩责任书。

第十二条 国资委对年度经营业绩责任书执行情况实施动态监控。

（一）年度经营业绩责任书签订后，企业负责人每半年必须将责任书执行情况报送国资委，同时抄送派驻本企业的监事会。国资委对责任书的执行情况进行动态跟踪。

（二）建立重大生产安全事故、环境污染事故和质量事故，重大经济损失，重大法律纠纷案件，重大投融资和资产重组等重要情况的报告制度。企业发生上述情况时，企业负责人应当立即向国资委报告，同时向派驻本企业监事会报告。

第十三条 年度经营业绩责任书完成情况按照下列程序进行考核：

（一）每年4月底前，企业负责人依据经审计的企业财务决算数据，对上年度经营业绩考核目标的完成情况进行总结分析，并将年度总结分析报告报送国资委，同时抄送派驻本企业的监事会。

（二）国资委依据经审计并经审核的企业财务决算报告和经审查的统计数据，结合企业负责人年度总结分析报告并听取监事会对企业负责人的年度评价意见，对企业负责人年度经营业绩考核目标的完成情况进行考核（计分细则见附件2），形成企业负责人年度经营业绩考核与奖惩意见。

（三）国资委将最终确认的企业负责人年度经营业绩考核与奖惩意见反馈各企业负责人及其所在企业。企业负责人对考核与奖惩意见有异议的，可及时向国资委反映。

第三章 任期经营业绩考核

第十四条 任期经营业绩考核以三年为考核期。

第十五条 任期经营业绩责任书包括下列内容：

（一）双方的单位名称、职务和姓名；

（二）考核内容及指标；

（三）考核与奖惩；

（四）责任书的变更、解除和终止；

（五）其他需要规定的事项。

第十六条 任期经营业绩考核指标包括基本指标和分类指标。

（一）基本指标包括国有资本保值增值率和主营业务收入平均增长率。

1. 国有资本保值增值率是指企业考核期末扣除客观因素（由国资委核定）后的国有资本及权益同考核期初国有资本及权益的比率。计算方法为：任期内各年度国有资本保值增值率的乘积。企业年度国有资本保值增值率以国资委确认的结果为准。

2. 主营业务收入平均增长率是指企业任期内三年主营业务的平均增长情况。计算公式为：

三年主营业务收入平均增长率

$$=\left(\sqrt[3]{\frac{\text{考核期末当年主营业务收入}}{\text{考核期前一年主营业务收入}}}-1\right)\times 100\%$$

（二）分类指标由国资委根据企业所处行业特点，综合考虑企业技术创新能力、资源节约和环境保护水平、可持续发展能力及核心竞争力等因素确定，具体指标在责任书中确定。

第十七条 确定军工企业和主要承担国家政策性业务等特殊企业的基本指标与分类指标，可优先考虑政策性业务完成情况，具体指标及其权重在责任书中确定。

第十八条 任期经营业绩责任书按照下列程序签订：

（一）报送任期经营业绩考核目标建议值。考核期初，企业负责人按照国资委任期经营业绩考核要求和企业发展规划及经营状况，对照同行业国际国内先进水平，提出任期经营业绩考核目标建议值，并将考核目标建议值和必要的说明材料报送国资委。考核目标建议值原则上不低于前一任期的考核指标实际完成值，或者不低于目标值与实际完成值的平均值。

（二）核定任期经营业绩考核目标值。国资委根据“同一行业、同一尺度”原则，结合宏观经济形势、企业所处行业发展周期及企业实际经营状况等，对企业负责人的任期经营业绩考核目标建议值进行审核，并就考核目标值及有关内容同企业沟通后加以确定。

（三）由国资委主任或者其授权代表同企业负责人签订任期经营业绩责任书。

第十九条 国资委对任期经营业绩责任书执行情况实施年度跟踪和动态监控。

第二十条 任期经营业绩责任书完成情况按照下列程序进行考核：

（一）考核期末，企业负责人对任期经营业绩考核目标的完成情况进行总结分析，并将总结分析报告报送国资委，同时抄送派驻本企业的监事会。

（二）国资委依据任期内经审计并经审核的企业财务决算报告和经审查的统计数据，结合企业负责人任期经营业绩总结分析报告并听取监事会对企业负责人的任期评价意见，对企业负责人任期经营业绩考核目标的完成情况进行综合考核（计分细则见附件3），形成企业负责人任期经营业绩考核与奖惩意见。

（三）国资委将最终确认的企业负责人任期经营业绩考核与奖惩意见反馈各企业负责人及其所在企业。企业负责人对考核与奖惩意见有异议的，可及时向国资委反映。

第四章　奖　　惩

第二十一条　根据企业负责人经营业绩考核得分，年度经营业绩考核和任期经营业绩考核最终结果分为A、B、C、D、E五个级别，完成全部考核目标值（经济增加值指标除外）为C级进级点。

第二十二条　国资委依据年度经营业绩考核结果和任期经营业绩考核结果对企业负责人实施奖惩，并把经营业绩考核结果作为企业负责人任免的重要依据。

第二十三条　对企业负责人的奖励分为年度绩效薪金奖励和任期激励或者中长期激励。

第二十四条　企业负责人年度薪酬分为基薪和绩效薪金两个部分。绩效薪金与年度考核结果挂钩。绩效薪金=绩效薪金基数×绩效薪金倍数。具体计算公式为：

当考核结果为E级时，绩效薪金为0；

当考核结果为D级时，绩效薪金按照“绩效薪金基数×（考核分数－D级起点分数）/（C级起点分数－D级起点分数）”确定，绩效薪金在0－1倍绩效薪金基数之间；

当考核结果为C级时，绩效薪金按照“绩效薪金基数×［1+0.5×（考核分数－C级起点分数）/（B级起点分数－C级起点分数）］”确定，绩效薪金在1倍绩效薪金基数到1.5倍绩效薪金基数之间；

当考核结果为B级时，绩效薪金按照“绩效薪金基数×［1.5+0.5×（考核分数－B级起点分数）/（A级起点分数－B级起点分数）］”确定，绩效薪金在1.5倍绩效薪金基数到2倍绩效薪金基数之间；

当考核结果为A级时，绩效薪金按照“绩效薪金基数×［2+（考核分数－A级起点分数）/（A级封顶分数－A级起点分数）］”确定，绩效薪金在2倍绩效薪金基数到3倍绩效薪金基数之间。

但对于利润总额低于上一年的企业，无论其考核结果处于哪个级别，其绩效薪金倍数应当低于上一年。

第二十五条 被考核人担任企业主要负责人的，其分配系数为1，其余被考核人的系数由企业根据各负责人的业绩考核结果，在0.6—0.9之间确定，报国资委备案后执行。

第二十六条 绩效薪金的60%在年度考核结束后当期兑现；其余40%根据任期考核结果等因素，延期到任期考核结束后兑现。对于离任的法定代表人，还应当根据经济责任审计结果，确定延期绩效薪金兑现方案。

第二十七条 对于任期经营业绩考核结果为A级、B级和C级的企业负责人，按期兑现延期绩效薪金。根据考核结果、经济增加值改善情况等，给予企业负责人相应的任期激励或者中长期激励。

第二十八条 对于任期经营业绩考核结果为D级和E级的企业负责人，根据考核分数扣减延期绩效薪金。

具体扣减绩效薪金的公式为：

扣减延期绩效薪金=任期内积累的延期绩效薪金×（C级起点分数-实得分数）/C级起点分数。

第二十九条 未完成任期经营业绩考核目标或者连续两年未完成年度经营业绩考核目标，且无重大客观原因的，对企业负责人予以调整。

第三十条 对业绩优秀及在自主创新、管理增效、节能减排方面取得突出成绩的，给予任期特别奖（实施细则见附件4）。对承担国家重大结构性调整任务且取得突出成绩的，年度考核给予加分奖励。

第三十一条 实行企业负责人经营业绩考核谈话制度。对于年度考核结果为D级和E级、发生重大生产安全责任事故和重大环境污染责任事故、严重违规经营和存在重大经营风险等情形的企业，经国资委主任办公会议批准，由国资委业绩考核领导小组与企业主要负责人进行谈话，帮助企业分析问题、改进工作。

第三十二条 对于全员业绩考核工作开展不力的企业，扣减经营业绩考核得分（计分细则见附件2）。

第三十三条 企业违反《中华人民共和国会计法》、《企业会计准则》

等有关法律法规规章，虚报、瞒报财务状况的，国资委根据具体情节给予降级或者扣分处理，并相应扣发企业法定代表人及相关负责人的绩效薪金、任期激励或者中长期激励；情节严重的，给予纪律处分或者对企业负责人进行调整；涉嫌犯罪的，依法移送司法机关处理。

第三十四条 企业法定代表人及相关负责人违反国家法律法规和规定，导致重大决策失误、重大安全与质量责任事故、重大环境污染责任事故、重大违纪和法律纠纷案件，给企业造成重大不良影响或者造成国有资产流失的，国资委根据具体情节给予降级或者扣分处理，并相应扣发其绩效薪金、任期激励或者中长期激励；情节严重的，给予纪律处分或者对企业负责人进行调整；涉嫌犯罪的，依法移送司法机关处理。

第五章 附 则

第三十五条 对于在考核期内企业发生清产核资、改制重组、主要负责人变动等情况的，国资委可以根据具体情况变更经营业绩责任书的。

第三十六条 国有独资企业、国有独资公司和国有资本控股公司党委（党组）书记、副书记、常委（党组成员）、纪委书记（纪检组长）的考核及其奖惩依照本办法执行。

第三十七条 国有资本参股公司、被兼并破产企业中由国资委党委管理的企业负责人，其经营业绩考核参照本办法执行。具体经营业绩考核事项在经营业绩责任书中确定。

第三十八条 对符合下列条件的国有独资公司，国资委授权董事会对高级管理人员的经营业绩进行考核：

（一）公司法人治理结构完善；

（二）经营业绩考核制度健全；

（三）外部董事人数超过董事会全体成员半数；

（四）薪酬与考核委员会成员全部由外部董事担任。

国资委依据有关规定和规范性文件，对董事会业绩考核工作进行指导和监督。

第三十九条 各省、自治区、直辖市国有资产监督管理机构，设区的市、自治州级国有资产监督管理机构对国家出资企业负责人的经营业绩考核，可参照本办法执行。

第四十条 本办法由国资委负责解释。

第四十一条 本办法自2010年1月1日起施行。

附件1：经济增加值考核细则

附件2：年度经营业绩考核计分细则

附件3：任期经营业绩考核计分细则

附件4：任期特别奖实施细则

附件1：

经济增加值考核细则

一、经济增加值的定义及计算公式

经济增加值是指企业税后净营业利润减去资本成本后的余额。

计算公式：

经济增加值＝税后净营业利润－资本成本＝税后净营业利润－调整后资本×平均资本成本率

税后净营业利润＝净利润＋（利息支出＋研究开发费用调整项－非经常性收益调整项×50%）×（1－25%）

调整后资本＝平均所有者权益＋平均负债合计－平均无息流动负债－平均在建工程

二、会计调整项目说明

（一）利息支出是指企业财务报表中“财务费用”项下的“利息支出”。

（二）研究开发费用调整项是指企业财务报表中“管理费用”项下的“研究与开发费”和当期确认为无形资产的研究开发支出。对于为获取国家战略资源，勘探投入费用较大的企业，经国资委认定后，将其成本费用情况表中的“勘探费用”视同研究开发费用调整项按照一定比例（原则上不超过50%）予以加回。

（三）非经常性收益调整项包括：

1. 变卖主业优质资产收益：减持具有实质控制权的所属上市公司股权取得的收益（不包括在二级市场增持后又减持取得的收益）；企业集团（不含投资类企业集团）转让所属主业范围内且资产、收入或者利润占集团总体10%以上的非上市公司资产取得的收益。

2. 主业优质资产以外的非流动资产转让收益：企业集团（不含投资类企业集团）转让股权（产权）收益，资产（含土地）转让收益。

3. 其他非经常性收益：与主业发展无关的资产置换收益、与经常活动无关的补贴收入等。

（四）无息流动负债是指企业财务报表中“应付票据”、“应付账款”、“预收款项”、“应交税费”、“应付利息”、“其他应付款”和“其他流动负债”；对于因承担国家任务等原因造成“专项应付款”、“特种储备基金”余额较大的，可视同无息流动负债扣除。

（五）在建工程是指企业财务报表中的符合主业规定的“在建工程”。

三、资本成本率的确定

（一）中央企业资本成本率原则上定为5.5%。

（二）承担国家政策性任务较重且资产通用性较差的企业，资本成本率定为4.1%。

（三）资产负债率在75%以上的工业企业和80%以上的非工业企业，资本成本率上浮0.5个百分点。

（四）资本成本率确定后，三年保持不变。

四、其他重大调整事项

发生下列情形之一，对企业经济增加值考核产生重大影响的，国资委酌情予以调整：

（一）重大政策变化；

（二）严重自然灾害等不可抗力因素；

（三）企业重组、上市及会计准则调整等不可比因素；

（四）国资委认可的企业结构调整等其他事项。

附件2：

年度经营业绩考核计分细则

一、年度经营业绩考核综合计分

年度经营业绩考核综合得分＝（利润总额指标得分＋经济增加值指标得分＋分类指标得分）×经营难度系数＋奖励分－考核扣分

上述年度经营业绩考核指标中，若某项指标（不含经济增加值指标）未达到基本分，则该项指标正常计分，其他指标只得基本分，所有考核指标得分不再乘经营难度系数。

二、年度经营业绩考核各指标计分

（一）利润总额指标计分

利润总额指标的基本分为30分。企业负责人完成目标值时，得基本分30分。该指标计分以基准值为基础。基准值是指上年实际完成值和前三年实际完成值平均值中的较低值。

1. 利润总额考核目标值不低于基准值时，完成值每超过目标值3%，加1分，最多加6分。完成值每低于目标值3%，扣1分，最多扣6分。

2. 利润总额考核目标值低于基准值时，该指标按照以下规则计分：

（1）目标值比基准值低20%（含）以内的，完成值每超过目标值3%，加1分，最多加5分。完成值每低于目标值3%，扣1分，最多扣6分。

（2）目标值比基准值低20%—50%的，完成值每超过目标值3%，加1分，最多加4分。完成值每低于目标值3%，扣1分，最多扣6分。

（3）目标值比基准值低50%（含）以上的，完成值每超过目标值3%，加1分，最多加3分。完成值每低于目标值3%，扣1分，最多扣6分。

3. 利润总额考核目标值为负数，完成值减亏部分折半计算，盈利部分正常计算；超额完成考核目标，最多加3分；减亏但仍处于亏损状态，考核得分不超过C级最高限；扭亏为盈，考核得分不超过B级最高限。

（二）经济增加值指标计分

经济增加值指标的基本分为40分。企业负责人完成目标值时，得基本分40分。该指标计分以基准值为基础。基准值是指上年实际完成值和前三年实际完成值平均值中的较低值。

1. 经济增加值考核目标值不低于基准值时，完成值每超过目标值（绝对值）2%，加1分，最多加8分。完成值每低于目标值（绝对值）3%，扣1分，最多扣8分。

2. 经济增加值考核目标值低于基准值时，完成值每超过目标值（绝对值）3%，加1分，最多加8分。完成值每低于目标值（绝对值）3%，扣1分，最多扣8分。

3. 经济增加值考核目标值在零附近的，计分给予特别处理。

（三）分类指标计分

分类指标应当确定2个。分类指标加分与扣分的上限与下限为该项指标基本分的20%。

（四）考核指标目标值达到行业优秀水平的，企业负责人完成目标值时，该项指标直接加满分。

三、奖惩计分

（一）奖励计分

承担国家结构性调整任务且取得突出成绩的企业，国资委根据有关规定视任务完成情况加0.5—2分。

（二）考核扣分

1. 企业发生重大资产损失、发生生产安全责任事故、环境污染责任事故等，国资委按照有关规定给予降级、扣分处理。

2. 企业发生违规违纪或者存在财务管理混乱等问题，国资委按照有关规定视情节轻重扣0.5—2分。

3. 企业全员业绩考核制度不健全，未对集团副职、职能部门负责人、下属企业负责人进行经营业绩考核的，视情况扣减0.1—1分。

4. 剔除重组和会计准则调整等客观因素影响，利润总额目标值与完成值差异超过50%以上的，依据差异程度相应扣减0.1—2分。本条款不受其他条款限制。

四、经营难度系数

经营难度系数根据企业资产总额、营业收入、利润总额、净资产收益率、职工平均人数、经济增加值等因素加权计算，分类确定。

附件3：

任期经营业绩考核计分细则

一、任期经营业绩考核综合计分

任期经营业绩考核综合得分 =（国有资本保值增值率指标得分 + 主营业务收入平均增长率指标得分 + 分类指标得分）× 经营难度系数 + 任期内三年的年度经营业绩考核结果指标得分 – 考核扣分

上述任期经营业绩考核指标中，若某项指标未达到基本分，则该项指标正常计分，其他指标只得基本分，所有考核指标得分不再乘经营难度系数。

二、任期经营业绩考核各指标计分

（一）国有资本保值增值率指标计分

国有资本保值增值率指标的基本分为40分。企业负责人完成目标值时，得基本分40分。该指标计分以基准值为基础。基准值是指前一任期实际完成值和前一任期考核目标值与实际完成值平均值中的较低值。

1. 国有资本保值增值率考核目标值不低于基准值时，完成值每超过目标值0.4个百分点，加1分，最多加8分。完成值低于目标值但大于100%，每低于目标值0.4个百分点，扣0.5分，最多扣4分；完成值低于100%，每低于目标值0.4个百分点，扣1分，最多扣8分。该指标考核目标值达到行业优秀水平的，完成目标值时直接加满分。

2. 国有资本保值增值率考核目标值低于基准值时，该指标按照以下规则计分：

（1）目标值比基准值低30%（含）以内的，完成值每超过目标值

附录

0.4 个百分点，加 1 分，最多加 7 分。完成值低于目标值但高于 100%，每低于目标值0.4 个百分点，扣0.5 分，最多扣4 分；完成值低于 100%，每低于目标值 0.4 个百分点，扣 1 分，最多扣 8 分。

（2）目标值比基准值低 30%—50% 的，完成值每超过目标值 0.4 个百分点，加 1 分，最多加 6 分。完成值低于目标值但高于 100%，每低于目标值 0.4 个百分点，扣 0.5 分，最多扣 4 分；完成值低于 100%，每低于目标值 0.4 个百分点，扣 1 分，最多扣 8 分。

（3）目标值比基准值低 50%（含）以上的，完成值每超过目标值 0.4 个百分点，加 1 分，最多加 5 分。完成值低于目标值但高于 100%，每低于目标值0.4 个百分点，扣0.5 分，最多扣4 分；完成值低于 100%，每低于目标值 0.4 个百分点，扣 1 分，最多扣 8 分。

（4）目标值低于基准值，但处于行业领先水平的，该指标加分上限可以调整为 8 分。

3. 国有资本保值增值率考核目标值低于 100% 的，完成值超过目标值，不予加分。完成值低于目标值，每低于 0.4 个百分点，扣 1 分，最多扣 8 分。

（二）主营业务收入平均增长率指标计分

主营业务收入平均增长率指标基本分为 20 分。企业负责人完成目标值时，得基本分 20 分。该指标计分以基准值为基础。基准值是指前一任期实际完成值和前一任期考核目标值与实际完成值平均值中的较低值。

1. 主营业务收入平均增长率考核目标值不低于基准值时，完成值每超过目标值 1 个百分点，加 1 分，最多加 4 分。完成值每低于目标值 1 个百分点，扣 1 分，最多扣 4 分。该指标考核目标值达到行业优秀水平的，完成目标值时直接加满分。

2. 主营业务收入平均增长率考核目标值低于基准值时，该指标按照以下规则计分：

（1）目标值比基准值低 30%（含）以内的，完成值每超过目标值 1 个百分点，加 1 分，最多加 3 分。完成值每低于目标值 1 个百分点，扣 1 分，最多扣 4 分。

（2）目标值比基准值低 30%—50% 的，完成值每超过目标值 1 个百分点，加 1 分，最多加 2 分。完成值每低于目标值 1 个百分点，扣 1 分，最多扣4分。

(3) 目标值比基准值低50%（含）以上的，完成值每超过目标值1个百分点，加1分，最多加1分。完成值每低于目标值1个百分点，扣1分，最多扣4分。

(4) 目标值低于基准值，但处于行业领先水平的，该指标加分上限可以调整为4分。

3. 主营业务收入平均增长率考核目标值为负数，完成值超过目标值，不予加分。完成值低于目标值，每低于1个百分点，扣1分，最多扣4分。

（三）分类指标计分

分类指标应当确定2个。分类指标加分与扣分的上限与下限为该项指标基本分的20%。

分类指标考核目标值达到行业先进水平的，完成目标值时直接加满分。

（四）任期内三年的年度经营业绩考核结果指标计分

任期内三年的年度经营业绩考核结果指标的基本分为20分。企业负责人三年内的年度经营业绩综合考核结果每得一次A级得8分；每得一次B级得7.335分；每得一次C级得6.667分；每得一次D级及以下得6分。

三、考核扣分

（一）未完成节能减排考核目标的，视情况扣减0.1—2分。

（二）剔除重组、结构调整和会计准则调整等因素的影响后，基本指标考核目标值与实际完成值差异超过8个百分点以上的，依据差异程度相应扣减0.1—2分。本款不受其他条款限制。

四、经营难度系数

经营难度系数根据企业任期内最后一年的资产总额、营业收入、利润总额、净资产收益率、职工平均人数、经济增加值等因素加权计算，分类确定。

附件 4：

任期特别奖实施细则

一、奖项设立

国资委在任期考核中设立任期特别奖，包括“业绩优秀企业奖”、“科技创新企业奖”、“管理进步企业奖”和“节能减排优秀企业奖”。

二、获奖条件及评定办法

（一）对任期考核结果为 A 级且在该任期中年度考核获得三个 A 级或者两个 A 级、一个 B 级的企业，授予“业绩优秀企业奖”。

（二）符合以下条件之一的企业，授予“科技创新企业奖”：

1. 任期中获得国家科技进步或者技术发明一等奖以上，且为项目主要承担者的。

2. 在国际标准制订中取得重大突破的。

（三）资产负债率控制在合理范围内（工业企业 75%，非工业企业 80%），同时符合下列条件之一的企业，授予“管理进步企业奖”，奖励名额根据具体情况确定：

1. 效益大幅度增加。

以任期中企业利润总额增长率排名为评选依据，计算方法为：任期内最后一年利润总额/任期前一年利润总额 ×100%。按照任期前一年利润总额为 5 亿元以上和 5 亿元以下（含）两个类别分别评定。

2. 盈利水平显著提高。

以任期中企业净资产收益率增长幅度排名为评选依据，计算方法为：任期内最后一年末净资产收益率 – 任期前一年末净资产收益率。按照任期前一年末净资产规模为 80 亿元以上及 80 亿元以下（含）两个类别分别评定。

3. 价值创造能力优异。

以任期中企业经济增加值增长率排名为评选依据，计算方法为：任期内最后一年经济增加值/任期前一年经济增加值。按照任期前一年末总资产规模为100亿元以上及100亿元以下（含）两个类别分别评定。

4. 扭亏增效成绩突出。

对于任期前一年经营亏损的企业，以任期中扭亏增效幅度排名为评选依据，计算公式为：任期内最后一年利润总额－任期前一年利润总额。

（四）符合以下条件之一的企业，授予“节能减排优秀企业奖”：

1. 任期末，主要产品单位能耗、污染物排放水平达到国内同行业最好水平，接近或者达到国际同行业先进水平的。

2. 任期内，单位综合能耗降低率、主要污染物排放总量降低率在中央企业居于前列的。

3. 任期内，节能减排投入较大，在节能减排技术创新方面取得重大突破，在推动全行业、全社会节能减排方面作出突出贡献的。

三、奖励方式

每个任期结束时，国资委对上述奖项进行评定，并对获奖企业进行表彰。

五、铁道部企业效绩评价指标权数

评价内容	基本指标	权数	修正指标	权数	评议指标（权数）
财务效益状况	净资产收益率	40	运输营业利润率	22	
			投资收益比率	10	领导班子基本素质（20）
	总资产报酬率	15	国有资本保值增值率	23	
资产营运状况	总资产周转率	8	流动资产周转率	5	
			不良资产比率	3	服务满意度（20）
偿债能力	资产负债率	8	速动比率	8	
发展能力状况	营业收入增长率	18	运输收入增长率	5	基础管理水平（15）
			货运直通吨公里收入率增长率	4	
			换算周转量增长率	5	在岗员工素质（15）
			其他业务利润增长率	4	
主要资源运用状况	运用货车日产量	3	货车周转时间	3	发展创新能力（15）
	支配机车千千瓦功率日产量	4	货运机车日产量	4	
	铁路运输业劳动生产率（按工作量计算）	4	铁路运输业劳动生产率（按价值量计算）	4	企业经营发展策略（15）
合计		100	合计	100	合计（100）

六、成长型中小企业评价方法（2003修订案）

2000年初，原国家经贸委中小企业司、国家统计局工业交通统计司和中国企业评价协会，共同发起设立了《中小企业发展问题研究》课题，重点研究我国中小企业，特别是成长型中小企业的发展状况与变动趋势。2001年4月，课题组联合首次发布了《中国成长型中小企业发展报告》，引起了社会各界的广泛关注。其后，课题组进行了为期2年的中小企业成长性的个案研究，积累了大量的实证研究成果。2003年，课题组又联合了国家工商总局个体经济监管司、全国工商联经济部，在认真总结首次实际评估效果、广泛征询专家意见和连续开展了2年的企业个案研究的基础上，按国家新发布的中小企业划分标准，针对我国非公经济6.8万家中小企业进行评估，现对“成长型中小企业评价方法”提出如下修订方案。

一、研究意义

20世纪以来，中小企业在世界各国的企业中都占有数量上的绝对多数。但是，如何实现政府宏观管理的有效性问题，始终是各国面临的亟待认真研究和解决的课题。事实上，无论哪个国家，在所有中小企业中，优势企业毕竟只是一小部分，劣势企业也不过是一小部分，多数企业则是处于这两者之间的。而如何判定中小企业的优劣，至今在国际上亦不过是经验性和非规范化的。选择一种以企业财务实绩指标和反映企业经营管理实际水平的非定量化指标为直接依据，而非笼统判断或人为因素过多的综合评估判定方法，无疑是我国各级政府部门把握中小企业总体状况，制定系统和有针对性的发展政策，以及进行分类指导和社会相关组织开展有效咨询服务的基本前提。

设立《中小企业发展问题研究》课题，着重研究“成长型中小企业评价方法”，就是要确立一种科学、规范的综合评估方法，整体把握我国中小企业发展的总体状况和未来发展趋势。这不仅有助于理论界深入研究我国中小企业的成长机理，保障我国中小企业的健康发展；而且有助于各级政府职能部门把握中小企业的总体状况，制定系统的和有针对性的政策措施，促进我国中小企业的进一步发展；同时，也有助于社会各种服务机构为中小企业组织、开展有效的社会咨询服务。

从2001年4月课题组发布《中国成长型中小企业发展报告》的实际影响来看，对中小企业的成长性进行评估，能够总体判断我国中小企业的发展状况，客观地分析中小企业的产业结构状况和地区分布状况；同时，也能够为进一步研究中小企业的成长机理、改善企业的成长环境提供必要的数据支持。

1. 各级政府职能部门可以据此对中小企业的发展状况作出整体判断，制定有针对性的促进中小企业发展的方针、政策和措施，进一步贯彻落实中小企业“分类指导”原则，集中力量扶持并抓好一批优势企业，促进中小企业整体的健康发展。

2. 企业可以据此全面了解其他中小企业发展的基本状况，判断本企业在行业或全产业中的业绩水平；同时，依据评价结果能够进一步分析企业的成长源和潜力点，有助于企业明确强化管理、提高经济效益和成长速度的基本方向。

3. 有助于社会研究机构开展更加深入的实证分析和理论研究。在我国，对中小企业发展问题的研究仍属起步阶段，各种可供研究的数据、资料还十分匮乏。开展成长型中小企业的评估工作，可以为社会各界提供大量的实证分析和数据支持，有利于深化我国中小企业的研究。

此外，对金融机构来说，可以将成长型中小企业的评价结果作为参考依据，决定自己信贷的规模、结构或具体领域；对于社会中介、咨询等社会服务机构而言，可以据此围绕成长型中小企业开展全社会范围的有效的中介、咨询服务，直接或间接地帮助中小企业快速发展；对于广大的社会公众和投资者来说，则可以参照评估结果做出个人消费或投资流向的具体决策。

二、分析评价企业成长性的基本思路

企业的成长性是指企业具有不断挖掘未利用资源而持续实现潜在的价值生产的能力，是人们依据企业的现有发展状况和其他内外部客观因素所做出的对该企业的一种未来发展预期（企业成长理论请参见附件1）。所谓成长型企业，是指那些在一定时期（如3—5年）内，具有持续挖掘未利用资源能力，不同程度地呈现整体扩张态势，未来发展预期良好的企业。

企业规模只是企业成长的一种表现形式，在许多方面，企业的成长并不表现为生产能力和资源规模的扩张。只有当企业在生产能力、资产规模、市场份额以及企业的经营、管理和员工整体素质等诸多方面均保持某种程度的整体增长或提高状态时，才能被认为具有成长性。如果一个企业只有个别财务指标，如销售额或利润出现了增长，其他指标并未发生相应变化，则并不能构成严格意义上的成长型企业。

判定企业成长状况最重要的指标是企业的成长速度。企业成长速度是指在现存生命期内企业的年平均增长速度。但是，影响与决定企业成长速度的因素相当广泛，逐一考察这些因素既不现实，也确无必要。现实的选择是从这些因素中遴选出一些具有代表性的典型因素进行综合评估，测算企业一定时期内的成长指数，并以此考察企业的成长性。

需要强调指出的是，课题组在经过近4年广泛、深入的研究调查基础上认为，衡量企业的成长性应当包括综合考察企业的定量（量化）指标测评系统（A系统）、定性（非量化）指标测评系统（B系统）和未来成长预期测评系统（C系统）三个子系统。本次修订方案是课题组在部分修订原有的以定量指标为主的评价体系的基础上，增加定性分析评价系统。鉴于目前对企业未来成长预测指标的设定和实际测算方法尚乏共识，而且人为因素会在较大程度上左右预期指标标值，造成评估结果的人为偏差等原因，本次修订方案暂不考虑未来成长预期评价系统，待条件成熟时再作补充修订。

三、指标体系与评价方法

（一）评价指标体系

经充分分析和广泛论证，“中小企业成长性评价方法”的综合指标体系和层次结构（A系统指标体系和B系统指标体系）确定如下（指标分析与筛选请参见附件2，略）：

1. 定量（财务）指标体系（A系统）

A系统指标体系：定量指标体系

A1 发展状况

A11 销售收入增长率

A12 净利润增长率

A13 净资产增长率

A2 盈利水平

A21 内在投资价值

A22 总资产报酬率

A3 经济效率

A31 销售净利润率

A32 工资增加值率

A33 资本收益率

A4 偿债能力

A41 资产负债率

A5 行业成长性

A51 行业销售收入增长率

2. 定性（非定量）指标体系（B 系统）

B 系统指标体系：定性指标体系

B1 管理能力

B11 企业质量管理

B12 企业产销网络和销售率

B13 企业对市场的熟知程度

B14 企业信息化水平

B15 企业战略实施

B2 人力资源状况

B21 企业员工素质水平

B22 员工绩效考核

B23 企业中高层管理人员的构成

B3 创新能力

B31 研发机构的设立

B32 研发人员的构成

B33 产品研发周期

B4 融资能力

B41 企业的融资渠道

B42 企业的融资方式

B43 企业的信用等级

B5 成长环境

B51 企业融资的信用担保机构

B52 企业生存和发展的外部环境

B53 企业享有国家相关的优惠政策

B54 企业关键技术模仿难易程度

（二）子系统评价方法

1. A 系统评价方法

从量化指标的角度评估企业是否具有成长性，必须连续考察企业的动态发展状况。因此，“中小企业成长性评价方法”中，A 系统采用二维判断评估法（综合评估方法的比较分析与选择请参见附件 3，略）。

所谓二维判断法，就是从两方面同时考察企业的变动状况：一是空间概念，即正确反映中小企业在本行业（或全产业）时点状态所处的地位；二是时间概念，即尽可能考察一段时期内中小企业连续成长的速度和质量。

二维判断法的评估方法是：首先确定中小企业所在行业的总体状况，然后测算评估期前若干年（一般为 3—5 年，本方案选择 3 年）企业的发展状况（包扩企业在行业中的变动状况和企业自身的变动状况），最后用企业评估期的实际水平与前若干年的发展状况再进行比较，最终从整体上反映评估期中小企业的变动状况是越来越好，还是有进有退，亦或是逐渐萎缩。

二维判断法评估中小企业成长性的数学模型为：

$$DA\ i = Did + (Zis - Zid) / (Zig - Zid) \times (Dig - Did)$$

$$DA\ t = Dtd + (Ztm - Ztd) / (Ztg - Ztd) \times (Dtg - Dtd)$$

逆指标或状态指标为：

$$DA\ i = Did - (Zis - Zid) / (Zig - Zid) \times (Did - Dig)$$

$$DA\ t = Dtd - (Ztm - Ztd) / (Ztg - Ztd) \times (Dtd - Dtg)$$

式中：D A i 表示企业评估期指标实际分值；D A t 表示企业基期（评

估期前若干年）指标平均分值；Zis 表示评估期企业指标实际数值；Zid 表示评估期企业实际指标数值所在区间下限数值；Zig 表示评估期企业实际指标数值所在区间上限数值；Did 表示评估期指标下限数值对应的标准分值；Dig 表示评估期指标上限数值对应的标准分值；Ztm 表示企业基期实际指标数值的平均值（前若干年的算数平均）；Ztd 表示基期指标平均值所在区间下限数值；Ztg 表示基期指标平均值所在区间上限数值；Dtd 表示基期指标平均值所在区间下限标准分；Dtg 表示基期指标平均值所在区间上限标准分（指标状态数值、标准分值的确定请参见附件 4）。

对中小企业成长性的评估要着重考察中小企业在本行业的经营实力、以往的经营业绩、目前的经营状况以及未来的变动趋势。以二维判断法确立的“成长型中小企业评价方法”不同于已有的国际、国内开展的企业“经营规模评价”或“经济效益评价”等其他方法的评价目的和方法。它不仅较准确地确定了指标权数作用的区间，而且妥善解决了状态指标的科学评估问题。较之其他方法具有十分明显的优势。（1）时间概念不同。此方法侧重于考察企业的动态发展过程，尊重了企业发展的连续性，使时点评估与动态评估合为一体，从而较客观地反映了企业自身成长的变动状况；其他方法只是考察企业的时点状态，判断时点状态的企业是好还是不好。（2）空间概念不同。此方法注重结合企业空间位置（在行业中的水平）的变动状况评判企业的优劣，不仅能够较准确地反映企业未来的发展趋势，而且使不同行业有了可比性。这一点其他方法是做不到的。（3）适用性不同。此方法需要连续考察企业若干年的变动发展（如果选取最低标准，即企业评估期前 3 年的指标数据，则实际要连续考察企业 4 年的发展变化情况。当然，也可以根据实际需要和可能考察更多年份的情况），排除了中小企业创业初期高成长或高死亡等不稳定期的许多变异因素，保证评估结果的准确性。（4）实用性不同。此方法能够较为科学地确定不同企业的成长状态，而且能够依据“个体指标成长指数”进一步分析企业的成长源，判断企业改善经营状况提高成长速度的潜在增长点，为企业提供一些有效的咨询服务。

2. B 系统评价方法

从定性指标的角度评估企业是否具有成长性，必须综合考察影响企业发展最主要的内部和外部环境因素，同时确保参与评价的指标间能够建立有机的联系。因此，“中小企业成长性评价方法”中，B系统的评估方法采用模糊数学评价方法。

模糊评价的评估方法是：首先根据各项指标的方差贡献率来测定指标的权数，并令所有指标的权数之和为1，由此可以确定评价指标的权数矩阵，即［P＝（P1，P2，…，P18）］。然后根据实际的企业调查问卷结果，确定企业关于每一项评价指标的实际数值，即｛［λ＝（λ1，λ2，…，λ18）］｝（企业调查问卷请参见附件5）。在测定指标权重的情况下，即可将企业定性指标进行量化处理，得到企业定性指标的量化结果，即D＝［D1，D2，…，D18］。

由此，模糊评价方法评估中小企业成长性的数学模型为：

$$DB\,i = \sum Dk = \sum \lambda k \times Pk$$

式中：DB i表示企业定性指标实际分值；Dk表示企业定性指标的量化值；λi表示指标的实际数值；Pk表示指标得权数，且$\sum Pk = 100$。

模糊评价方法的特点主要表现在：第一，它不直接依赖于某一项指标，也不过分地依赖于绝对指标，而是采取比较的方法，这样可以避免一般数学评价方法中，由于标准选用不尽合理而导致的评价结果的偏差。第二，评价指标的重要程度通过权数加以体现，但允许在权数选择上有一定的出入，而不至于改变最终的评价结果。第三，在技术处理上，有效地避免了累计误差的影响。第四，模糊评价中算子的选择和隶属函数关系的确立，使各项参与评价的非量化指标间建立了有机联系，使评价结果能够更好地反映出评价对象的整体特征和一般趋势。

（三）综合评价模型

在分别测算出企业定量指标实际分值DA和定性指标实际分值DB的基础上，加入国家产业政策（产业调节系数的确定请参见附件6，略），和企业所在地区的经济发展水平（区域调节系数的确定请参见附件7，略）等影响因素，可进一步测算出企业综合成长指数。

成长型中小企业综合评价模型为：

$$Dn = \sum\ [(K\,i \times DA\,i + Kj \times DB\,i) / (K\,i \times DA\,t + Kj \times DB\,i)] \times Mi \times Pi$$

式中：Dn表示企业综合成长指数；K i表示DA、DB子系统在综合评价系统中的权重；Mi表示产业调节系数；Pi表示区域调节系数。

据此模型可以判断：当 D > 1 时，表明企业具有成长性，且 D 值越大成长性越强；当 D = 1 时，表明企业的发展状况与前若干年基本持平，介于成长与非成长的临界点；当 D < 1 时，表明中小企业具有弱成长性，且 D 值越小成长性越差。同时，也可以据此判断企业成长性增强或减弱的个体指标的贡献或影响度，指导企业今后的努力方向。

四、需要进一步改进和完善的工作

第一，指标设置问题。衡量企业的成长性可以采用多种指标，究竟采用什么样的指标体系能够更加科学、客观、公正地反映企业的成长状况和成长潜力，是今后理论界和实业界面临的共同课题。鉴于目前条件的限定，本课题确定了上述指标体系，这样做在现有条件下可能会使评估结果更加合理，但今后应根据企业实际情况的变化和统计方法的逐步完善而随时调整指标体系。

第二，指标数据的真实性与规范化问题。在数据处理过程中我们发现，有些企业填报的数据的真实性值得怀疑，实际测算时不得不按异常值处理；有些企业填报的数据很不规范，测算时也只能按异常值舍弃，这是相当可惜的。不仅会对整体评估结果产生一定的影响，而且也会影响企业对自身发展水平的判断。如何保证指标数据的真实性与规范化问题，是今后需要我们认真研究的一个重要课题。

第三，评估方法问题。成长型中小企业的评估方法比较复杂，需要具备一定专业知识才能掌握。这方面还需要我们进一步完善运算程序的设计，加强培训工作。

第四，在本方案修订伊始，我们的初衷是建立规范、完整的企业成长性评价体系，即一是增加定性分析体系；二是基于定性与定量分析的基础上，增加对企业未来成长性的预测体系。但是，鉴于目前条件的制约，我们暂时舍弃了这部分内容，以待日后条件具备时再做进一步完善。

2003 年 9 月

七、《文化产业振兴规划》

党的十七大明确提出，要积极发展公益性文化事业，大力发展文化产业，激发全民族文化创造活力，更加自觉、更加主动地推动文化大发展大繁荣。为贯彻落实中央精神，在重视发展公益性文化事业的同时，加快振兴文化产业，充分发挥文化产业在调整结构、扩大内需、增加就业、推动发展中的重要作用，结合当前应对国际金融危机的新形势和文化领域改革发展的迫切需要，特制定本规划。

一、加快文化产业振兴的重要性紧迫性

文化产业是市场经济条件下繁荣发展社会主义文化的重要载体，是满足人民群众多样化、多层次、多方面精神文化需求的重要途径，也是推动经济结构调整、转变经济发展方式的重要着力点。党的十六大以来，党中央、国务院高度重视发展文化产业，采取了一系列政策措施，深入推进文化体制改革，加快推动文化产业发展。国有经营性文化单位转企改制取得重要进展，涌现出一批具有较强实力和竞争力的文化企业和企业集团，文化产业规模逐步壮大，以公有制为主体、多种所有制共同发展的文化产业格局初步形成。文化“走出去”步伐加快，文化进出口贸易逆差逐步缩小，我国文化产业的国际竞争力不断增强。总的看，我国文化产业呈现出健康向上、蓬勃发展的良好态势，正在成为推动社会主义文化大发展大繁荣的重要引擎和经济发展新的增长点。

同时要看到，我国文化产业的发展水平还不高、活力还不强，与人民群众日益增长的精神文化需求还不相适应，与日趋完善的社会主义市场经济体制还不相适应，与现代科学技术迅猛发展及广泛应用还不相适应，与我国对外开放不断扩大的新形势还不相适应。当前，国际金融危机仍未见底，并对文化产业发展产生诸多影响，但困难和挑战中蕴含着新的机遇和有利条件，文化具有反向调节功能，面对经济下滑，文化产业有逆势而上的特点，这为创新文化体制机制、做大做强文化产业带来了契机。要抓住

机遇，大力振兴文化产业，为“保增长、扩内需、调结构、促改革、惠民生”作出贡献。

二、指导思想、基本原则和规划目标

（一）指导思想。全面贯彻党的十七大精神，坚持以邓小平理论和“三个代表”重要思想为指导，深入贯彻落实科学发展观，紧紧围绕《国家“十一五”时期文化发展规划纲要》确定的文化产业发展的各项目标任务和当前文化体制改革的重点，大力培育市场主体，加快转变文化产业发展方式，进一步解放和发展文化生产力，切实维护我国文化安全，推动文化产业又好又快发展，将文化产业培育成国民经济新的增长点。

（二）基本原则。坚持把社会效益放在首位，努力实现社会效益和经济效益的统一；坚持以体制改革和科技进步为动力，增强文化产业发展活力，提升文化创新能力；坚持走中国特色文化产业发展道路，学习借鉴世界优秀文化，积极推动中华民族文化繁荣发展；坚持以结构调整为主线，加快推进重大工程项目，扩大产业规模，增强文化产业整体实力和竞争力；坚持内外并举，积极开拓国内国际文化市场，增强中华文化在国际上的影响力。

（三）规划目标。完成经营性文化单位转企改制，文化市场主体进一步完善，活力进一步增强，文化产业规模不断扩大，推动经济社会发展的功能和作用得到较好发挥。

1. 文化市场主体进一步完善。按照创新体制、转换机制、面向市场、增强活力的原则，基本完成经营性文化单位转企改制，文化市场主体进一步完善，活力进一步增强。

2. 文化产业结构进一步优化。重点行业和项目对文化的拉动作用明显增强，文化创意、影视制作、出版发行、印刷复制、广告、演艺娱乐、文化会展、数字内容和动漫等产业得到较快发展，以资本为纽带推进文化企业兼并重组取得重要进展，力争形成一批跨地区跨行业经营、有较强市场竞争力、产值超百亿的骨干文化企业和企业集团。

3. 文化创新能力进一步提升。文化体制机制创新取得实质性进展，文化产业发展活力明显增强，以企业为主体、市场为导向、产学研相结合的文化创新体系初步形成，文化原创能力进一步提高，数字化、网络化技术广泛运用，文化企业装备水平和科技含量显著提高。

4. 现代文化市场体系进一步完善。市场在文化资源配置中的基础性作用得到更好的发挥，文化产品和生产要素合理流动，城乡文化市场进一步发展，现代流通组织和流通形式逐步成为文化流通领域的主要力量，文化消费领域不断拓展，在城乡居民消费结构中的比重明显增加。

5. 文化产品和服务出口进一步扩大。一批外向型骨干文化企业和国际知名品牌初步形成，对外文化贸易渠道和网络进一步拓展，文化产品和服务出口大幅增长，文化贸易逆差明显缩小，成为我国服务贸易出口的重要增长点。

三、重点任务

当前和今后一个时期，要着力做好以下八个方面工作：

（一）发展重点文化产业。以文化创意、影视制作、出版发行、印刷复制、广告、演艺娱乐、文化会展、数字内容和动漫等产业为重点，加大扶持力度，完善产业政策体系，实现跨越式发展。文化创意产业要着重发展文化科技、音乐制作、艺术创作、动漫游戏等企业，增强影响力和带动力，拉动相关服务业和制造业的发展。影视制作业要提升影片、电视剧和电视节目的生产能力，扩大影视制作、发行、播映和后产品开发，满足多种媒体、多种终端对影视数字内容的需求。出版业要推动产业结构调整和升级，加快从主要依赖传统纸介质出版物向多种介质形态出版物的数字出版产业转型。出版物发行业要积极开展跨地区、跨行业、跨所有制经营，形成若干大型发行集团，提高整体实力和竞争力。印刷复制业要发展高新技术印刷、特色印刷，建成若干各具特色、技术先进的印刷复制基地。演艺业要加快形成一批大型演艺集团，加强演出网络建设。动漫产业要着力打造深受观众喜爱的国际化动漫形象和品牌，成为文化产业的重要增长点。

（二）实施重大项目带动战略。以文化企业为主体，加大政策扶持力度，充分调动社会各方面的力量，加快建设一批具有重大示范效应和产业拉动作用的重大文化产业项目。继续推进国产动漫振兴工程、国家数字电影制作基地建设工程、多媒体数据库和经济信息平台、“中华字库”工程、国家“知识资源数据库”出版工程等重大文化建设项目。选择一批具备实施条件的重点项目给予支持。

（三）培育骨干文化企业。着力培育一批有实力、有竞争力的骨干文化企业，增强我国文化产业的整体实力和国际竞争力。坚持政府引导、市场运作，科学规划、合理布局，在重点文化产业中选择一批成长性好、竞争力强的文化企业或企业集团，加大政策扶持力度，推动跨地区、跨行业联合或重组，尽快壮大企业规模，提高集约化经营水平，促进文化领域资源整合和结构调整。鼓励和引导有条件的文化企业面向资本市场融资，培育一批文化领域战略投资者，实现低成本扩张，进一步做大做强。

（四）加快文化产业园区和基地建设。加强对文化产业园区和基地布局的统筹规划，坚持标准、突出特色、提高水平，促进各种资源合理配置和产业分工。对符合规划的产业园区和基地，在基础设施建设、土地使用、税收政策等方面给予支持。建设若干辐射全国的区域文化产品物流中心，建设一批文化创意、影视制作、出版发行、印刷复制、演艺娱乐和动漫等产业示范基地，支持和加快发展具有地域和民族特色的文化产业群。

（五）扩大文化消费。不断适应当前城乡居民消费结构的新变化和审美的新需求，创新文化产品和服务，提高文化消费意识，培育新的消费热点。加强原创性作品的创作，打造一批具有核心竞争力的知名文化品牌。努力降低成本，提供价格合理、丰富多样的精神文化产品和服务。加快建设具有自主知识产权、科技含量高、富有中国文化特色的主题公园。开发与文化结合的教育培训、健身、旅游、休闲等服务性消费，带动相关产业发展。

（六）建设现代文化市场体系。建立健全门类齐全的文化产品市场和文化要素市场，促进文化产品和生产要素的合理流动。重点建设传输快捷、覆盖广泛的文化传播渠道。发展文艺演出院线，推动主要城市演出场所连锁经营。支持全国文化票务网络建设。推进有线电视网络整合，鼓励通过并购、重组等方式，进行广电网络的区域整合和跨地区经营。推进电影院线、数字电影院线的跨地区整合以及数字影院的建设和改造。支持国有出版发行企业以资本为纽带实行跨地区兼并重组。鼓励非公有资本进入文化创意、影视制作、演艺娱乐、动漫等领域。支持优先选用拥有自主知识产权、产品质量水平高的文化设备及产品。

（七）发展新兴文化业态。采用数字、网络等高新技术，大力推动文化产业升级。支持发展移动多媒体广播电视、网络广播影视、数字多媒体广播、手机广播电视，开发移动文化信息服务、数字娱乐产品等增值业务，为各种便携显示终端提供内容服务。加快广播电视传播和电影放映数字化进程。积极推进下一代广播电视网建设，发挥第三代移动通信网络、宽带光纤接入网络等网络基础设施的作用，制定和完善网络标准，促进互联互通和资源共享，推进三网融合。积极发展纸质有声读物、电子书、手机报和网络出版物等新兴出版发行业态。发展高新技术印刷。运用高新技术改造传统娱乐设施和舞台技术，鼓励文化设备提供商研发新型电影院、数字电影娱乐设备、便携式音响系统、流动演出系统及多功能集成化音响产品。加强数字技术、数字内容、网络技术等核心技术的研发，加快关键技术设备改造更新。

（八）扩大对外文化贸易。落实国家鼓励和支持文化产品和服务出口的优惠政策，在市场开拓、技术创新、海关通关等方面给予支持。制定《2009—2010年度国家文化出口重点企业和项目目录》，形成鼓励、支持文化产品和服务出口的长效机制。重点扶持具有民族特色的文化艺术、展览、电影、电视剧、动画片、网络游戏、出版物、民族音乐舞蹈和杂技等产品和服务的出口，抓好国际营销网络建设。支持动漫、网络游戏、电子出版物等文化产品进入国际市场。鼓励文化企业通过独资、合资、控股、参股等多种形式，在国外兴办文化实体，建立文化产品营销网点，实现落地经营。办好国家重点支持的文化会展，通过中国（深圳）国际文化产业博览会、中国国际广播影视博览会、北京国际图书博览会等推动文化产品和服务出口。支持文化企业参加境外图书展、影视展、艺术节等国际大型展会和文化活动。

四、政策措施

（一）降低准入门槛。落实国家关于非公有资本、外资进入文化产业的有关规定，根据文化产业不同类别，通过独资、合资、合作等多种途径，积极吸收社会资本和外资进入政策允许的文化产业领域，参与国有文化企业的股份制改造，形成以公有制为主体、多种所有制共同发展的文化产业格局。

（二）加大政府投入。中央和地方各级人民政府要加大对文化产业的投入，通过贷款贴息、项目补贴、补充资本金等方式，支持国家级文化产业基地建设，支持文化产业重点项目及跨区域整合，支持国有控股文化企业股份制改造，支持文化领域新产品、新技术的研发。支持大宗文化产品和服务的出口。大幅增加中央财政“扶持文化产业发展专项资金”和文化体制改革专项资金规模，不断加大对文化产业发展和文化体制改革的支持力度。

（三）落实税收政策。贯彻落实《国务院办公厅关于印发文化体制改革中经营性文化事业单位转制为企业和支持文化企业发展两个规定的通知》中的相关税收优惠政策，研究确定文化产业支撑技术的具体范围，加大税收扶持力度，支持文化产业发展。

（四）加大金融支持。鼓励银行业金融机构加大对文化企业的金融支持力度。积极倡导鼓励担保和再担保机构大力开发支持文化产业发展、文化企业“走出去”的贷款担保业务品种。支持有条件的文化企业进入主板、创业板上市融资，鼓励已上市文化企业通过公开增发、定向增发等再融资方式进行并购和重组，迅速做大做强。支持符合条件的文化企业发行企业债券。

（五）设立中国文化产业投资基金。按照有关管理办法，由中央财政注资引导，吸收国有骨干文化企业、大型国有企业和金融机构认购。基金由专门机构进行管理，实行市场化运作，通过股权投资等方式，推动资源重组和结构调整，促进国家文化发展战略目标的实现。

五、保障条件

（一）加强组织领导。地方各级人民政府要按照科学发展观的要求，切实将《文化产业振兴规划》的实施列入重要议事日程，把《文化产业振兴规划》提出的目标任务纳入经济社会发展总体规划，建立相关的考核、评价和责任制度，作为评价地区发展水平、衡量发展质量和领导干部工作实绩的重要内容。文化行政主管部门在党委宣传部门协调指导下，具体组织实施，相关部门密切配合，确保《文化产业振兴规划》提出的各项任务落到实处。

（二）深化文化体制改革。通过深化文化体制改革，进一步解放和发展文化生产力，激发全社会的文化创造活力。要紧紧抓住转企改制、重塑市场主体这个中心环节，加快推进出版发行单位转企改制和兼并重组，加快电影制片、发行、放映单位和文艺院团转企改制，抓好党报党刊发行体制和广播电视节目制播分离改革。大力推动行政管理体制改革和政府职能转变，建立统一高效的文化市场综合执法机构。

（三）培养文化产业人才。继续抓好全国宣传文化系统“四个一批”人才培养工程，着力加强领军人物和各类专门人才的培养。继续办好经营管理人才培训班，培养一批熟悉市场经济规律，懂经营、善管理的人才。吸引财经、金融、科技等领域的优秀人才进入文化产业领域。注重海外文化创意、研发、管理等高端人才的引进，为我国文化产业发展提供强有力的人才保障。

（四）加强立法工作。进一步完善法律体系，依法加强对文化产业发展的规范管理。完善国家知识产权保护体系，严厉打击各类盗版侵权行为，促进国家文化创新能力建设。

后　记

对长期形成的传统的出版管理体制进行改革是一场深刻的制度革命，是新体制对阻碍文化生产力发展的旧体制的突破，没有这种制度性的变革，文化就不会实现大发展大繁荣。近年来，我国文化体制改革快速推进，2009 年 9 月 26 日，新中国成立以来首部《文化产业振兴规划》出台，标志着文化产业已“升格”为国家战略层面，标志着文化产业已经成为我国国民经济体系中的一个先导性、战略性的产业。发展文化产业是实现文化大发展大繁荣的突破口，是推动经济结构调整、转变经济发展方式的重要着力点。国际经验表明，当人均 GDP 达到 3000 美元以上时，文化消费将会出现跳跃式的“井喷”，并且保持长期的增长势头。2009 年，我国人均 GDP 已经超过 3400 美元，进入中等收入国家行列，这就意味着城乡居民消费结构将不断升级，文化消费的比重将大幅增加。与其他产业显著不同的是，文化产业以创意为动力、以内容为核心，其发展主要靠精神成果和智力投入，而不是物质形态的资源。据最新统计资料显示，文化产业已经占到全球生产总值的 7%，约为 1.3 万亿美元，以创意为核心的文化产业一直是世界贸易中最有活力的产业之一。出版业是一个国家或地区文化创意产业的重要组成部分，随着社会发展和科学技术的进步，出版业已成为“朝阳产业”。

实行改革开放以来，我国出版业得到长足发展，出书品种和出版码洋增长较快，出版物品种日益丰富，无论是经营性出版单位转企改制还是事业单位内部机制改革，无论是新闻出版产业发展还是新闻出版公共服务建设，都取得了新的突破，出版物市场发生了从“书荒”到“书海”的巨大变化，取得了显著的成绩。据《人民日报》报道，2009 年，我国新闻出版业总产值突破 1 万亿元大关，与 2008 年相比增长 20% 左右，图书销售增长20%，我国有1.2万余家报刊，每天出版报纸1亿多份，新兴的数字出版产业发展异常迅猛，总产值达到750亿元，同比增长42%，投资总额增长35%左右，首次超过纸质出版的产值。在国际金融危机冲击、经济发展困难增多的不利环境下，我国新闻出版业呈现逆势上扬之势，已进入世界出版大国行列。但与欧美发达国家的出版业相比，在无论在图书质量、发展规模、发展格局、发展方式、发展质量、国际竞争力、管理水平、运营机制、人员素质方面，还是在出版技术以及对出版业的管理等方面，也还存在着较大的差距，我国还不是一个出版强国。具体表现在：一是出版单位普遍规模较小。数据显示，发达国家的一个集团一年的销售额动辄上百亿、数百亿美元，而我们国内最大的出版集团，则刚刚突破了百亿元人民币大关。2009年，我国27家出版集团中，资产额在50亿元以上有11家，还有10家是在20亿以下；二是单品种的发行量太小，在世界上有影响的出版产品不多。从单品种的影响力来看，《哈利·波特》在全球几十个国家总计销售超过了4亿册，在世界上产生了巨大的社会影响和经济影响。而我们虽然每年出版的图书品种达20余万种，但单品种发行上千万册的图书很少，在世界上产生重大影响的出版物更少；三是资本实力不足，难以有效参与国际竞争。诸如此类的现实与日趋完善的社会主义市场经济体制不相适应，与对外开放不断扩大的新要求不相适应，与现代科学技术和传播手段迅猛发展和广泛应用的新形势不相适应。正基于此，国家新闻出版总署提出的建设目标是要尽快实现由出版大国向出版强国的转变。柳斌杰署长描绘了今后十年从出版大国到出版强国的发展目标是：形成科学合理的新闻出版产业结构，形成能够创造出更多社会效益与经济效益俱佳的新闻出版产品的生产机制，形成一批拥有自主知识产权和知名品牌、国际竞争力突出的骨干出版传媒企业，形成以企业为主体、市场为导向、产学研相结合的新闻出版创新体系，形成统一开放、竞争有序、健康繁荣的新闻出版大市场体系。传统新闻出版产业基本完成数字化升级转型，新兴产业形成良好经营模式，在世界出版传媒产业的市场份额中占有重要位置。到2020年，新闻出版产业总产值占当年全国GDP的5%左右，成为国家经济发展的重要产业。

绩效管理是一个相对较新的概念，其核心部分当属绩效评价。所谓企业绩效评价，是指对企业资本运营效益和经营者业绩评估的简称，它是综合运用数理统计学、经济计量学等多学科理论与方法，对企业一定经营期间资本运营效益和经营者业绩进行全面和科学的定性定量分析，作出客观、公正、权威、准确的综合评价。与现代企业制度相适应的企业效绩评价体系，可以从所有者、债权人、工会、政府管理者多个角度进行评价。从不同的角度，利用不同的指标进行评价得出的结论服务于不同的目的。可以从企业组织效率、竞争能力、财务能力、创新能力、持续发展能力等全方位综合进行，以反映整个企业的运作效率。

近年来，我国陆续出台并实施了一些效绩评价体系，但效绩指标的设计均以财务指标为侧重点，对非财务指标基本没有涉及。为推动我国业绩评价体系与国际接轨，探索在市场经济条件下政府间接管理企业的有效方法，促进企业激励机制和约束机制的健全和发展，1999 年 6 月，财政部等四部委颁发了《国有资本金效绩评价规则》和《国有资本金效绩评价操作细则》，对国有企业绩效的考核采用了新的评价指标和标准。这是我国首次由政府权威机构颁发的既包括财务性定量分析指标，又涉及非财务性定性指标的一套较为科学、完整的企业经营效绩评价体系。尽管评价指标的设计还存在这样或那样的问题，但它首次把企业的整体素质、内部控制、公众形象、未来潜力四个方面的非财务指标纳入业绩评价系统，并将工商类竞争性企业效绩评价指标体系分为三个层次，即基本指标、修正指标和评议指标，还对指标采取了综合评分的方法。这些对督促企业同时关注长短期发展能力、提高管理水平和改善人力资源状况具有十分重要的意义。

我国对企业效绩评价的研究自 20 世纪 90 年代以来逐步有一些成果问世，如上市公司业绩的“主成分评价法”、企业财务状况综合评价的“层次分析法”等。由于我国出版行业由传统的事业转向产业的时间尚短，出版单位绩效评价的重要性尚未引起理论界和企业界的足够重视，无论在研究深度还是广度上，均有待进一步深化和拓展。我国出版领域现代企业制度的建立和规范，迫切需要一套科学完善的出版单位效绩评价体系，它将在企业效益评价、企业经营者业绩评估、企业金融信贷管理、企业管理诊断、政府相关政策的制订等方面发挥积极作用。本课题的研究对我国出版业的市场化改革具有突出的实践指导意义，对出版领域的国有资本及其他所有者资本的增值考核具有重大的指导意义，可以为国家选拔和评价经营者提供重要理论依据，也为管理科学拓展新的研究空间。

随着我国市场经济体系的不断发展和完善，企业已成为市场经济的主体。如何评判经营者的经营业绩，如何有效激励和约束经营者，成为企业所有者十分关注的课题。目前我国国有企业的业绩评价制度，主要采用财政部、原国家经贸委、原人事部和原国家计委联合颁布的效绩评价体系。该评价体系的不足之处在于：在指标体系上偏重财务指标，不能反映企业效绩的全貌，全面性差；在理论层次上，缺乏成熟理论体系支撑，对企业效绩的评价侧重事后定量分析，预警性差；在实践层次上，行业分析和实证分析不足，针对性差；在考核者主体上不够明确，主要侧重国家管理者角度，效绩评价的结果难以获得经营者的认可，权威性差。结合出版业自身特点的绩效评价体系尚属空白。

2004 年起，我有幸参与了国家新闻出版总署重大课题“中国新闻出版业绩效考核指标体系研究”的工作，主持和参与该项目研究工作的领导和成员还有国家新闻出版总署计财司司长孙明、处长王泉、副处长冀素琛，商务部舒云，中国出版科学研究所副所长魏玉山、徐升国，北京印刷学院华宇虹、何志勇等。前后持续 2 年多的时间，期间召开了多次有出版、发行、杂志、行业协会、著名大学的学者和出版业界的资深人士的座谈，走访了许多成功的出版社和杂志社，积累了大量的研究资料，本课题的研究成果经进一步修改和充实后成为本书的重要内容。

《中国出版业绩效评估研究》一书是课题组同仁对中国出版业绩效问题思考的理论总结。本书立足于我国出版业发展的现状，结合出版业这一特殊的产业形态，着重探讨如何把非财务指标导入业绩评价系统，对出版单位的绩效进行科学合理的评价，为政府职能部门制定具体的有差别的宏观政策提供参考。该书研究的重点是根据企业绩效管理活动的规律和我国出版业的实际情况，探索出版业绩效评价与管理活动的基本理论与方法，构建我国出版业绩效评价的指标体系，并对如何提高我国出版业绩效管理的科学化水平进行了初步探讨。本书内容主要包括：企业绩效研究的相关理论和方法、中国出版业发展现状与变革、出版业绩效评价指标体系与评价方法、中国出版业绩效管理中存在的问题与对策等内容。这对我国出版业体制改革和提高出版业整体管理水平无疑具有积极的意义。书中的资料和观点对出版管理部门、出版业从业人员、出版社经营管理者、出版产业的研究人员以及关心中国出版产业发展的人士提供认识出版、了解出版、为出版业腾飞献计献策的理论舞台。

在本课题研究过程中，得到了许多专家和朋友们的关心和帮助，张淼、连雪静、马敬凤、马洪艳4位同学参与了部分章节的资料整理、分析和撰写工作，李琴、王志成、王黎皓、陈黎琴、吴玉红、惠建社、何志勇、付海燕、林秀雨、刘纪云、陈丹、刘寿先、杨永龙、王丽芳、惠建妮、胡研斌、冯琳、孙宇、唐晓亮、王华妮、郑冬松、舒宜文、曹萍等老师和研究生给予作者无私帮助。书中的许多内容来自于出版业界许多领导和专家的改革思路和前沿探索，凝聚着他们思考中国出版业改革与发展过程中形成的智慧，在此向他们表示衷心的感谢。另外，书后参考文献中列出的图书和论文的作者，他们的研究理论和成果给了我许多帮助和启发，虽不相识，但要对他们表示诚挚的感谢和敬意。中国财政经济出版社编审周桂元教授为本书的顺利出版付出了艰辛的劳动，借本书出版之际谨向如上领导、专家和同仁表示衷心的感谢，书中不当之处敬请各位读者理解并给予指正。

王关义

2009年2月于北京